難関中学受験名門
KEIMEIKAN 啓明館

啓明館が紡（つむ）ぐ

小学国語
読解の基礎

て・考えて・広がる世界
国語っておもしろい!!

【解答解説】

1. ノート不要の　書きこみ解答式
2. 感性をやしなう　厳選された題材
3. 納得のいく　ていねいな解説

みらい

※本書解答での符号 （ ）・〔 〕・／ の意味

答（。）	。があってもなくても正解
答（こと）	答だけでも、（ ）内のことばがあっても正解
答〔ので。〕	設問の解答らんに～ので。と続いていました
答／答	上下どちらも正解。答の例を二つ書きました

目次

◆おけいこ 7ページ こそあどことば（指示語）1

1 どこ〔へ行ったか〕 あの〔汽車〕 その〔きれいな砂〕
この〔砂〕 どこ〔で〕 そんな〔こと〕

2 ①この ②あの ③そんな ④どいつ

◆おけいこ 14ページ こそあどことば（指示語）2

① 自分にとってたいせつ
② 暑さのため、たえず地中の水がじょうはつしていく
③ たよりないくらい広々とした
④ 明くんがおこった理由
⑤ 勝利の予告せんげん

◆おけいこ 15ページ 「書きぬきなさい」って？

1 バター、牛 ～ とう、しお
2 先生にも友 ～ のをいう子
3 まだま ～ こころ
4 カブトムシ ～ 集めること

※4…「とは何ですか」ときかれているので、「□です」の□におきかえられるよう、「集めること」と答えます。「集める」だと、おきかえた時「集めるです」となり、変(へん)です。

◆おけいこ 18ページ つなぎことば（接続語）1

1 ①エ ②ア ③ウ ④オ ⑤イ
2 ①エ ②イ ③ア ④ウ
3 ①D ②B ③A ④E ⑤C

◆おけいこ　19ページ　つなぎことば（接続語）2

1イ　2ウ　3エ　4ア

◆おけいこ　25ページ　きかれたとおりに答え終わる

①空気、水、食物
②色のない、白と黒とはい色の世界
③体の色や形が気味悪く、あまり気もちのいい動物ではないから。
※③…「なぜ」ときかれているので、「〜ので。」「〜から。」と答え終わります。

◆おけいこ　30ページ　「気もちを説明しなさい」って？

①自分の子どものころの家族を思い出してなつかしむ気もち。
②しかられるのをかくごしていたのに、おばあさんが笑っていたので、信じられない気もち（がしている）。
③母をうしなうかなしみと、事実をかくされているいかりや不信から、心みだれている。
※「説明しなさい」＝「説明する文を作りなさい」です。文なのだから必ず「。」をつけて終わります。

◆おけいこ　36ページ　気もちをあらわすことば1

①転校して行く「ぼく」を心配して宝物を分けてくれる友だち——。その心づかいがうれしく、友情に感げきしている。
②五月の気もちのよい午後を、のんびりネコとひなたぼっこする幸せを味わっている。
※「気もちを説明しなさい」なので、①は「感げきする気もち。」、②は「味わう気もち。」と答えてもよいです。この場合も「説明」する文なので、「。」をつけて、答え終わります。

◆おけいこ　37ページ　気もちをあらわすことば2

①水野くんがお金をぬすんだ場面を見てしまい、どうしていいのかわからず、取りみだしている気もち。
②弟にくらべて平ぼんな自分がものたりなく、両親からも注目されていない感じがしてさみしい気もち。
※「どんな気もちですか」ときかれているので「〜気もち。」と答え終わります。「のべなさい」とあるので、文として答え終わるつもりで「。」をつけます。

◆おけいこ　44ページ　表現技法1　くり返し・ついく

①1（行目から）4（行目）と9（行目から）12（行目）
②北の海の浪が、つめたくはてしなくあれているようす（が強調されている）。
※詩の中で「浪」と表現されているので、その漢字のまま書くほうがよいでしょう。「波浪注意報」ということばもあり、「浪」のほうが「波」よりも強くはげしいイメージです。「どんなようすが強調されていますか」ときかれているので、「〜ようす（が強調されている）。」と、おうむ返しに答え終わります。

◆おけいこ　47ページ　表現技法2　よびかけ・ぎせい語・ぎたい語

1　A（擬声語）…ホーホケキョ・ぱしゃぱしゃ
　　B（擬態語）…にっこり・きらきら・ぐらり
2　①蛙よ（1行目と11行目）
　　②擬声語…ぎょ、ぎょ、ぎょ、ぎょ　　擬態語…ほっ

◆おけいこ　48ページ　表現技法3　ひゆ・ぎじんほう

① 直喩（ひゆ）
② ぎじんほう（擬人法）
③ まるで砂のひとつぶひとつぶの中で小さな火が燃えているように、光りかがやいている。
④ A「のろづきおほん、おほん、～　おほん」→★（擬声語）
B「きしきし」→★（擬声語）
C「りん」→●（擬態語）

※③の言いかえ方は本篇48ページ上段の【おやくそく】を見ましょう。

◆おけいこ　65ページ「具体的に答えなさい」って?

1 五

※一、二、三…を漢数字、1 2 3を算用数字と呼びます。

2 ①3行目「じぶんが通ると」～9行目「すててしまいました。」（四角でかこむ）
②子どもの具体例（丸でかこむ）
…11行目「（この草鞋をはいた子どもは、）盗人であるじぶんに牛の仔をあずけてくれました。」
仔牛の具体例（丸でかこむ）
…12行目「（この仔牛も、）じぶんをちっともいやがらず、おとなしくしております。じぶんが母牛ででもあるかのように、そばにすりよっています。」

◆おけいこ　69ページ「事実」と「意見」をくべつする

1 ぼくは（で・ぼくも小さ
2 思うに、秋　～　うだろう。

◆おけいこ　73ページ　筆者は何について（話題）、どんなこと（結論）を、言いたいんだろう?

① 最近、手や足の骨をおる小学生の数がふえているそうです。
② いったいどうしてそんなにかんたんに骨をおってしまうのでしょうか。
③ ようするに、最近の子どもは体じたいも弱く、体を動かす技術も、昔の子どもにくらべて落ちているのだ、と言えそうです。

◆おけいこ　112ページ　表現技法4　体言止め・とうちほう

① 3・4
② 1 2　8 9　8 10
③ ★…くり返し　●…対句　▲…対句　◆…対句

◆おけいこ　124・125ページ　表現技法のおさらい

①（1）倒置法／とうちほう
（2）表現方法…くり返し／反復法／はんぷくほう／リフレーン
効果…同じ表現をくりかえすことで、リズムをととのえ、強調する
② 擬人法／ぎじんほう
③ 体言止め／たいげんどめ
④ 擬態語／ぎたいご

※擬声語か?と、なやみます。「ぐつぐつ」なら実さいにそういう音がしています。でも「ぐらぐら」は鍋（なべ）の中のものが「ぐらりぐらり」とゆれるようすに近いとより、擬態語を正解とします。

⑤ 呼びかけ

◆おけいこ　129ページ　生活の中にある五七調の調べ

1 ①イ　②ア　③エ　④ウ
2 ①エ　②イ　③ウ　④ア

文章の種類と話題1（1ページ）

「二ひきの蛙」・『植物はすごい』・「注文の多い料理店」・「雲」・『大人になるまでガマンする』・『ホンモノの日本語を話していますか？』・『痛快！寂聴源氏塾』

解答

問1　二ひきのかえる〔が〕けんかをはじめた〔お話〕

問2　解答例…一年中、緑の葉っぱをつけている樹木

　　別解例…冬の寒さの中を緑の葉っぱのままで過ごす樹木／「常緑樹」といわれる樹木

問3　[1]の文章…だれかが作ったお話。つづきのすじがある。

　　[2]の文章…ものごとについてくわしく説明している。

問4　二人の若い紳士〔が、〕（だいぶ）山奥〔に、〕鳥やけものをてっぽうでうちにきた〔お話〕

問5　1

問6　解答例・文が短い。
・一つの文が一行ずつ書かれている。
・「、」（読点）や「。」（句点）がない。
・よびかけや会話の形で書かれている。
・「ゆくんだ」「ゆくんか」とリズムがある。

問7　解答例（1）登場人物がいて、人の行動や会話が書かれているところ。

（2）会話（せりふ）で話が進んでいるところ。
動作が（　）の中に書いてあるところ。
●通学路、と場所を書いてあるところ。

問8　（1）人と仲良くする〔こと〕・同じ意見を持つ〔こと〕

（2）「あなたも私と同じ気持ちでしょう」〔という意味〕／相手が自分と同じ意見だとかくにんする〔という意味〕

問9　解答例・姿形が美しい〔から。〕／（桁外れの）美男子だ〔から。〕
・学問の見識もある〔から。〕
・芸術的センスも並み外れている〔から。〕
・帝の子どもだった〔から。〕／血筋のよさがある〔から。〕

解説

問1 2 3　解答らんの大きさを見て、だいじなことから書いていきます。ここでの解答と解説にあたるものは、テキストの2ページに書いてありますので、よく読んでください。

問4　文章の中からさがすことができます。「だれが（人物）」「どこに（場所）」などは、まずもっともだいじなことを書き、スペースによゆうがあったら次にだいじなことをつけくわえていきます。たとえば「すっかりイギリスの兵隊のかたちをした二人の紳士」〔が、〕と、本文の書きぬきのまま答えようとしても、空らんに入りきりません。

問5　[1]（「二ひきの蛙」）は作られたお話で〈文学的文章〉です。[2]（『植物はすごい』）は実さいのものごとの説明で、〈説明的文章〉でした。[3]（「注文の多い料理店」）の文章は、作られたお話であって、[1]とおなじ〈文学的文章〉だということが、会話や話の内容からわかります。

問6　[4]は「詩」という種類の文です。よびかけや、リズムのあることばづかいで、短くても印しょうぶかいのが特ちょうです。

問7　[5]は、「きゃく本」。つまり、おしばいやドラマの台本です。役ごとにせりふ（人物の会話）がわりふられ、せりふのやりとりで話が進んでいます。動作は（　）の中で別に示しており、場所もメモ書きのように書かれています。

問8　（1）「和という精神」を説明しつつ、「こと」につづくような表現が、4行目にあります。漢字もそのまま書き写します。

（2）6行目「外国人が」からあとに「ね」という言葉について、書かれています。9行目に「日本人はわかる」とあり、ここで「ね」の意味が説明されています。

問9　本文を順に読んで、光源氏の「スーパースター」ぶりを語っただいじなところを○でかこんだり、横に線をひいたりして答をしぼりこんでいきます。箇条書きにするときは、本文のことばを使いながら、できるだけ短く答えます。

「名の世界」（8ページ）

解答

問1　なんとなく、響きが実年齢より老けているような気がした〔から。〕

問2　ア　列車のバー　イ　夜行列車のバー

問3　5～15

問4　解答例…真理子　ほんとうの世界／理想を求める世界

解説

角田光代（かくた・みつよ）の随筆集『これからはあるくのだ』（理論社）に収められた短い随筆です。筆者は『ぼくはきみのおにいさん』（河出書房新社）で坪田譲治文学賞を、『キッドナップ・ツアー』（理論社）で産経児童出版文化賞・路傍の石文学賞などの児童文学賞を受賞しました。また『対岸の彼女』（文藝春秋）では直木賞を受賞しています。気取りのない文章で次々と小説や随筆を発表し、注目されている作家です。

問1　ぼう線の直後の文に「別に深い理由からではない」とあり、次に「なんとなく……」とあります。筆者が自分の名前を「なんか、いやだなあ……」と感じている理由がここに書かれていると読みとれます。あとは空らんのあとの〔から。〕にぐあいよくつながるかどうか。字数が合うかどうか。その二点に注意しましょう。字数を数えるのも、ひと苦労かもしれません。

字数の数え方は「１２３４…」と数えるより、「２４６８…」と二字ずつ横線をつけ、十字ごとの区切りで⑩⑳…と目印を書いておくとまちがえにくく、あとで見直しもしやすくなります。

また書きぬき問題で、まだ習っていない漢字はどうしたらよいでしょうか？　この答の場合は「響」「齢」が習っていない漢字です。実は書きぬき問題では、習ってない漢字も、本文のとおりに書き写すのがおやくそくです。

問2　「どこですか」ときかれています。筆者はどこで「しこたま（＝たっぷり）（お酒を）飲んだ」のでしょうか。ぼう線部から前へさかのぼって答のありかをさがします。イでは、アより二文字分くわしく書きたします。「列車のバー」の「列車」ってどんな列車？　そう考えてさらに前にさかのぼると「夜行列車」ということばを見つけることができます。

問3　「感動」のもとになった体験が書かれた場所の始まりから終わりまでをさがします。「体験」なので、「いつ」「どこで」「どんな」ことをしたのかがわかるような文中のことばに印をつけます。そうすると、5行目の「二ヵ月ほど前…」から15行目の「…洋子という名。」までだとわかります。

算用数字とは算数で書く「１２３４…」という字のことです。これに対し「一二三四…」という字が漢数字です。

問4　みなさんの名前も、お父さんやお母さんがつけてくれたものです。自分の名前にこめられた世界の味わいを考えてみましょう。

『エジソン』（10ページ）

解答

問1 ウ

問2 1 ウ　2 ア　3 イ

問3 (1)〔エジソンが〕二十さいをすぎる〔ころ〕

(2) 電信技士〔から〕発明家〔にかわっていった。〕

問4 エジソンの発明を研究する目的と、エジソンが考えはしたけれど実現しなかったアイディアを研究して、未来の発明に役立てる目的（のため）。

解説

本文は『おもしろくてやくにたつ子どもの伝記シリーズ』（ポプラ社）の20巻の中の一つ『10・エジソン』からとりました。すばらしい仕事をなしとげた人たちも、むかしはみんな子どもでした。同じ子どもとして、その人の歩みを見ていけること、そしてまた、それが今の世につながっていると実感できるところに、伝記を読むおもしろさがあります。筆者は児童むけの本を多く出している桜井信夫（さくらい・のぶお）です。

問1 「『気もちがすまない』とはここではどういう意味ですか」ときかれています。「ここでは」とは「本文のこの場合では」ということ。ですからぼう線の前や後を読み直します。すると2行前に「（電信のうでまえだけでは）満足できません」とあります。また、ぼう線の後には「いつでもノートをもちある」き、食事中でもアイディアを書きつけているエジソンのすがたが書かれています。次々とわくアイディアを、いつでもどこでもむちゅうになって書くのですから、答は**ウ**（いても立ってもいられない）です。

問2 ようすを表わすぴったりのことばをえらぶ問題です。〈せっせと書く〉→熱心に書くようす、〈ふっとアイディアがわく〉→絵で書くと頭上に電球マークがついたようなもので、頭によい考えがひらめいた時に使います。「ぱっと」でもあてはまります。〈どんどんふくらんでいく〉は、「どんどん〜（して）いく」と、ていどがはげしくなるようすを言います。

問3 (1) 設問の「このころ」とはエジソンがアイディアを書きつけるノートをもちあるくようになったころをさします。この変化の時期を8字ちょうどで表した所をさがすと、1行目に「電信技士として各地をわたりあるくエジソンのくらしぶりは、二十さいをすぎると、そろそろかわろうとしていました」とあります。

(2) 27行目に「ノートにメモをとりはじめたエジソンは、発明家の道をあゆみはじめていた」とあります。

問4 30行目〜に注目しましょう。「このノートのなかから、たくさんの発明品が生まれました。じっさいにはつくられなかった未来の発明のアイディアも、かぞえきれないほど書きこまれています」とあります。

エジソンのノートから実さいに発明品となったもの（過去）と、実現はしなかったけれど、今後のヒントとなるもの（未来）の二通りを、エジソンノート研究の目的として書くべきでしょう。設問は「のべてみましょう。」とあるので、答の終わりは文を書き終えた印の意味で「。」をつけます。

『「いい人」をやめると楽になる』（12ページ）

解答

問1　イ
問2　②知的な人　③物知り
問3　トンマ、マヌケ、グズ、などという特徴
問4　1　「知的な人」になりたかった若いころの私
　　　4　第二の理由…優越感と教える幸せを人にあげられるから
問5　1・234・5

解説

　本文は曽野綾子（その・あやこ）が書いた随筆をまとめたアンソロジー『「いい人」をやめると楽になる』（祥伝社）からの抜すいです。
　筆者は作家であるとともに、キリスト教徒として、また日本財団の理事として、海外宣教師の活動の援助や、辺地での寄付金の適正な使われ方のチェックをボランティアで行うなどしています。小説『天上の青』は海外にもほん訳されており、『現代に生きる聖書』（祥伝社黄金文庫）などの聖書をめぐる本や、現代へのするどい評論集『幸福不感症』（小学館文庫）など、数多くの本を書いています。

問1　いくつか用意された答からふさわしいものをえらぶ問題を【選択問題】とよび、用意された答の群れを【選択肢】とよびます。解き方はこうです。①明らかにちがう答をはずす。→②指定のぼう線や記号の前後の本文を読み返す。→③のこりの選択肢から本文の内容に一番近いものをえらぶ。
　ここではぼう線の直前に「そんなことも知らないのかという感じで」という表現があります。けいべつする、ばかにする……そんな感じです。このふんい気に一番あてはまるのはイ、人をあわれむような表情、です。「あわれむ」とは気のどくに思って同情するという心やさしい場合と、自分より低い者と見くだしてばかにする、心やさしくない場合とがあります。本文では後者の、見くだしているようすと読みとれます。作問者（問題を作る人）はまぎらわしい選択肢を落とし穴のようにおくものなので、選択肢だけの「それらしさ」にまどわされないように気をつけます。本文とよくてらし合わせて、正解のこんきょ（理由）をさがしましょう。

問2　字数指定と「これ以前の文中から」書きぬく……がヒントです。

問3　「どういう特徴ですか」ときいているのですから、「〜〜特徴」となっている所をさがします。答え方のおやくそく〈指示語1〉（7ページ）で、前にもどって「＝」になることばをさがせばよい、とありましたね。20字以内という条件で、答は18字です。2字余りますが条件には、あてはまっています。〈○字以内で〉という場合、その字数の5分の4ていどから字数ぴったりで答えるようにします。たとえば「10字以内で」と指定されたら、8字から10字で答えるのがよいでしょう。「、」（読点）も書きもらさないように注意。

問4　「他の小見出しの例にならって」がヒントです。第1段落は次の第2段落にならって「いつごろのどんな自分か」と考えてタイトルづけします。第4段落は第3段落をまねてタイトルづけできます。

問5　問4の小見出しをじ〜っと見つめてください。すると、第3・第4段落が第2段落の理由の説明になっているのがわかります。3・4は2にくっつき、したがっているのです。とすると、1と5が別々だとわかります。本文全体を三つに分けると、
一…1　若いころの「私」は知的な人になりたかったのだけれど、
二…234　四十代後半から考え方が変わって気にしなくなった。
三…5　ぎゃくにトンマ・マヌケ・グズのほうが、世界のうるおいになっているのではなかろうか。
こんな三つの大きな区切りができます。
　本文で一字下がっている、見た目の段落を形式段落と呼ぶのに対し、意味のかたまりでまとめた段落を意味段落と呼びます。この問題では、右の12345が形式段落で、一、二、三が意味段落です。

『はじめてわかる国語』（16ページ）

解答

問1 (1) 次の会話を○でかこむ。
「てゆうか、おれ、マジむかついてたしィ」
「なんかうぜえんだよ、なんもかもが。逆ギレもしてたし」
「わかんねえけど、超やべえ感じじゃん」
(2) 言語能力が低い〈人〉
(3) イ

問2 のなら（原文）／なら(ば)／と(したら)／とすると／のであれば

問3 専門家

問4 国語がで　～　も伸びる

問5 3・8

問6 1・6

解説

本書『はじめてわかる国語』（講談社）は「国語とはこんなに間口が広くて、奥行きが深い学問だったのか、ということが『はじめてわかる』でしょうという意味」だそうです。国語力は知しきや説明する力・考える力の土台だというのが、本文のテーマです。

清水義範（しみず・よしのり）の本としては、このシリーズ（講談社）で『おもしろくても理科』・『どうころんでも社会科』・『いやでも楽しめる算数』があります。また愛知県名古屋出身の特長をいかした名古屋ネタの本『蕎麦ときしめん』（講談社文庫）や、『わが子に教える作文教室』（講談社現代新書）など、親しみやすい本も数多く書いています。このあたりのふんい気は本文中の「言語能力の低い人」の会話（「てゆうか、おれ、マジ…」など）にも、いきいきと出ています。

問1 会話は質問→答→質問→答……とやりとりされています。口調からも、「その人」の特定ができます。その話しぶりは「むかついて」「うぜえ」「やべえ感じ」と、自分の感情を口走っているだけで、理由の説明は何もありません。相手によくわかるようにものごとを筋道だてのべる「言語能力が低」く、ものをよく考えられないようすは、まるで「思考」に「深い霧がかかっている」ようです。

問2 17行目「もし（国語力が著しく低くて）」に注目。「もし（も）」は、「～なら（ば）」などのことばと結びつく言い方です。

問3 プロとはプロフェッショナル、つまり、経験ゆたかなその道の専門家のことです。「くろうと」と呼ぶこともあります。反対語はアマ（アマチュア）で、「しろうと」とも呼びます。

問4 正答箇所は30行目～「国語ができれば他の学科の成績も伸びる」です。25行目～「国語ができる子は、ほかの科目の勉強をしても成績が伸びる」も内容はよいのですが、「20字以内で」という字数に収まりません。答え方がよくわからない人は、15ページ「答え方のおやくそく〈「書きぬきなさい」って?〉」を読み返しましょう。

問5 ▇部分でのべているのは、国語が「読み書き」だけでなく、言語能力も思考力も高めようとしている、ということです。〈国語→思考力〉の流れで書かれた段落は……というと、第3段落と第8段落になります。

問6 「会話をとりいれて」という条件にあう段落……つまり「　」（かぎかっこ）のある段落に注目すればよいのです。すると、第1段落と第6段落の二つになります。たしかにこの二つの段落では、若者のみじゅくな話しぶりや、筆者の弟の経験談がいきいきと書かれています。

「読者にありありとようすが思いえがけるように」というのを、ひと言で「具体的に」といいます。おぼえておきましょう。

『ほんにゃら数学のすすめ』（20ページ）

解答

問1　とくい
問2　「生きる力」なんて〔もの〕
問3　力を必要としない〔生き方〕
問4　ア
問5　うまく切りぬける
問6　ア・エ・オ
問7　6
問8　そこ〔ぢから〕

解説

数学者、森毅（もり・つよし）の文章です。『ほんにゃら数学のすすめ』（青土社）という変わった題からもわかる通り、脱力系の文章です。他に『考えすぎないほうがうまく行く』（三笠書房知的生き方文庫）、『寄り道して考える』（養老孟司（ようろう・たけし）との共著）（PHP文庫）、『元気がなくてもええやんか』（青土社）など、力まない、自然体の生き方をすすめる本を、数多く出しています。

数学者としての顔が見える本では『魔術から数学へ』（講談社学術文庫）という、科学者・数学者せいぞろいのごうかな本もあります。むずかしいけれど、わくわくする本です。これは高校生くらいになったら読んでみてください。さて、本文です。なるべくなら「力」をぬいて生きたいという筆者。その筆者が考える「本当の力」とは何か。ていねいに読みとりましょう。

問1　「苦手」とは「思い通りにいかないこと、うまくできないこと」です。反対の言葉は、「とくい（得意）」です。設問に「考えて答えなさい」とあるときは、書きぬき問題ではなく、自分の頭で思いめぐらして答を出さなくてはいけません。

問2　「そんなもの」と低く見た、少し投げやりな言い方をしています。ですから「生きる力」、で終わらずに、「なんて」までふくめましょう。「生きる力」という言葉が出てくるときには、たいてい下に「～をしなくては」などと、強制的・きょうはく的な言い方がされます。こうした、「ねばならない」的おしつけを、筆者がうさんくさく、「にがて」に感じているようすを「なんて」に反映させます。

問3　筆者の言う「すんなり生きていたい」に近い表現を、設問条件の第6段落～第8段落からさがします。すると第7段落に「力を必要としないで人生を送ることができれば、こんないいことはない」とあります。ここから「生きかた」につながるよう「力を必要としない」を書きぬきます。

問4　つなぎことば（接続語）の問題です。ここでのつなぎことばの以前と以後は、「まちがわず迷わなければ（よいけれど）人間はまちがったり迷ったりする」という、逆接のつながりかたをしています。

問5　「なんとかする」のですから、積極的なことばをさがします。「第6段落から」「8字で」という指定がヒントです。

問6　ア～カの「力（ちから）」は大きく二つに分けることができます。一つは「テストで早く正しく解ける」ような機械的な力（イ・ウ・カ）です。もう一つは「迷ったりつまずいたりしたときに何とかする」ような問題解決能力、つまり実力（ア・エ・オ）です。

問7　「迷ったり、つまずいたり」という表現が第6段落にも出てきて、その具体例として大学入試のことが書かれています。

問8　「いざというときに発揮される力」をなんと言うでしょうか。いろいろと考えてみます。「くそぢから」も、「火事場のくそぢから」という言いかたなら、緊急時に思わぬ力が出る例として使われますが、「くそぢから」だけでは、少々表現不足で△です。答としても、できるだけ上品なことばを使いたいものです。

『能力・努力・運』（22ページ）

解答

問1　ウ
問2　ア
問3　オ
問4　解答例（下の絵）
問5　心の奥底の〝しこり〟／心のなかの〝しこり〟

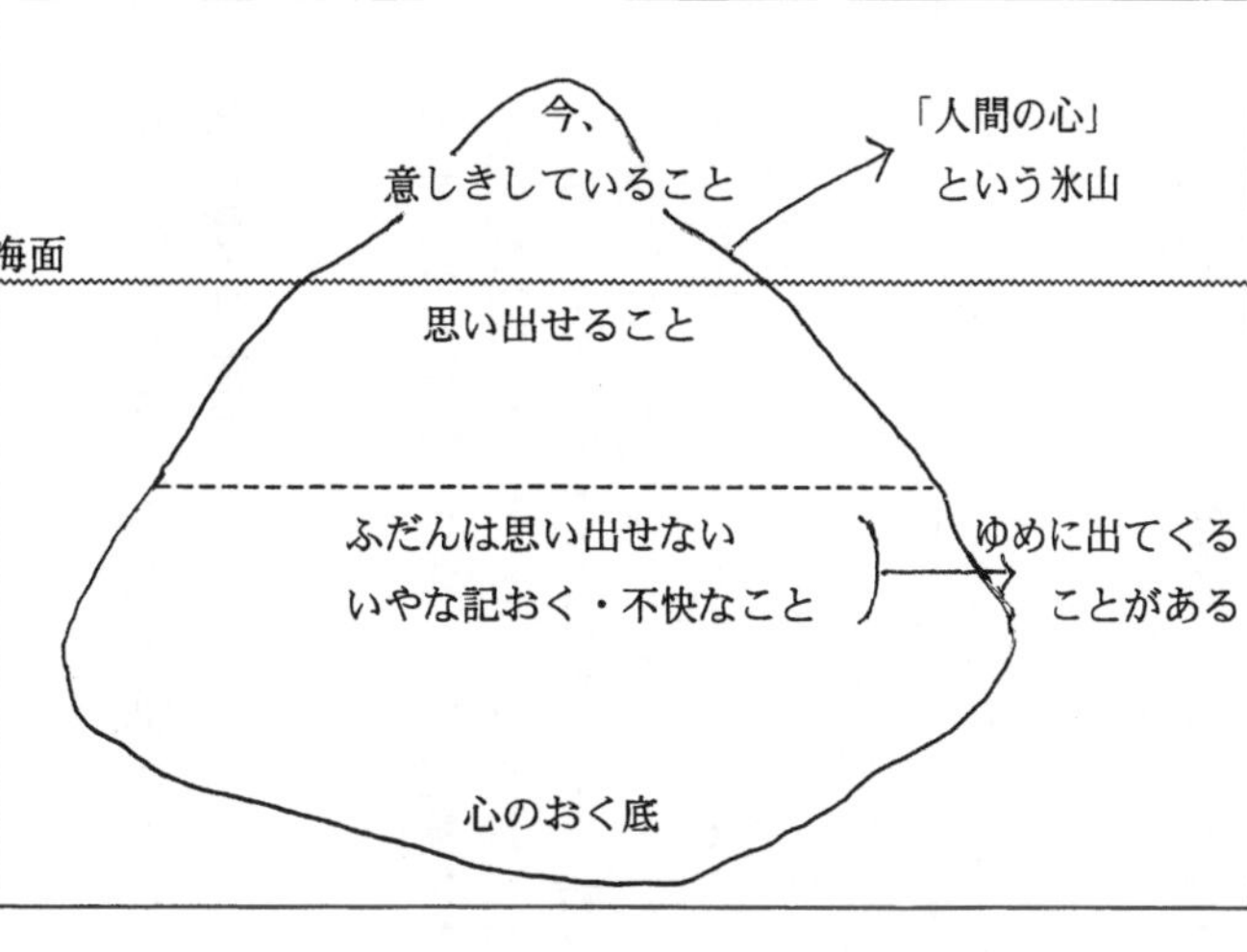

解説

『能力・努力・運』（岩波ジュニア新書）は、現在書店では入手できない本ですが、きょうみぶかい文章なのでとりあげました。筆者の宮城音弥（みやぎ・おとや）は「心理学」や「精神分せき」を日本にわかりやすくしょうかいし、広めました。筆者の本にみちびかれて心理学の道に入った学者も多いということで、この分野のさきがけをつとめた学者です。著書としては『新・心理学入門』（岩波新書　黄版）、『ストレス』（講談社現代新書）などがあります。

問4では絵をかいてもらいました。その絵はいずれみなさんが大学に入り心理学を学ぶことになったとき、出会うことでしょう。

問1　二重否定という言い方です。「お金を持っていないというわけでもない」＝「すこしはお金を持っている」とおなじです。

問2　ふだんは強く心にとめてないことなので、わすれたかのようにすごしていますが、記おくをたどれば思い出せるのです。逆に心にひっかかりやつかえがあると、自分でも意しきしないまま思い出せないことがある…と、筆者は第3段落からあとで、のべています。

問3　つなぎことば（接続詞）の問題。この□らんの前には「思い出せます」とありますが、後には「どうしても思い出せないもの…もあるのです」と逆のことが書かれています。逆接のつながりです。

問4　「大海にうかぶ氷山」をたて切りでえがき、本文の大事なことをメモ書きします。氷山というのは上の部分が少し海面に出て見えているだけで、のこりの見えない大きな部分は水面の下です。

問5　第12段落に「他人にからかわれたこと～……、そんなことは心の中に〝しこり〟をつくりますが、それが努力のエネルギー源になることがあるのです」とあります。設問は「10字で書きぬきなさい」です。「〇字で」とは、〇字ちょうど（ぴったり）で、ということです。そこで答は「心のなかの〝しこり〟」（30行目）、あるいは「心の奥底の〝しこり〟」（48行目）となります。〝などの符号も、特に言われないかぎり字数として数えるのがふつうです。

『魔女の宅急便』（26ページ）

解答

問1　あとをついで〔ほしい〕
問2　Aエ　Bイ　Cカ
問3　ほうきで（空高く自由に）飛ぶことがだいすきになってしまったから。
問4　自分でえらんだ（原文）／自分で考え決めた／すきだから決めた
問5　(1) キキ〔の〕細長いほうき〔で〕ひとり立ち〔のとき使うもの〕
　(2) 抱いてねたりした
問6　「かあさん」の助けをかりずに、自分で出発の用意をすべてととのえたいと思っているから。
問7　イ・エ
問8　むかしのしきたりにとらわれず、自分自身で決め、行動していく（自立した）魔女になるんだと、強く決意する気もち。

解説

角野栄子（かどの・えいこ）作『魔女の宅急便』です。野間児童文芸賞・小学館文学賞を受賞した物語です。宮崎駿（みやざき・はやお）がアニメ化した映画をみた人も多いでしょう。筆者の本では『ズボン船長さんの話』（旺文社児童文学賞受賞）などがあります。

本書の主人公キキは「魔女」であること以外は、ごくフツウの女の子です。いつか「自分のすきなものにな」り、それを「自分で決める」と思っていました。「魔女になる」ことは、母親が望んでいたことでもあったかもしれませんが、キキは「あとつぎ」になったつもりはありません。「新しい魔女になる」とは、母親からのさわやかな自立のせんげんでもあるのです。

問1　友だちが母親の「あとをついで」美容師になるのだというのをきいて、キキも自分のしょうらいを考え始めます。母親である「コキリさん」はキキが魔女になることを願っています。

問2　A…キキは初めて「ほうきにまたがって」飛ぼうとします。初めての経験は不安でもあり、「おずおず」。

B…「ほうきにまたがって、地をけった」ら、キキはかんたんに「空中に浮いて」しまいます。おどろきや喜びのあまり、キキはつい「さけんで」しまったのですから、「思わず」。

C…空を飛んで「いい気持」になり、「もっと、もっと」と欲が出て、またたくまにキキは「飛ぶことがだいすきになり」ました。ですから「たちまち」が答です。

問3　ぼう線部の直前を見ましょう。キキは「飛ぶことがだいすきになって」、そして魔女になる決心をします。「理由をのべなさい。」とあるので、「ので。」「から。」で必ず終わらなければいけません。

問4　キキが魔女になる決意したのは、「血すじ」が理由ではありません。9行目に「あたしは自分のすきなものになるんだ。自分で決めるんだ」という一文があります。ずっとそう心にちかっていたキキが、結果として母親と同じ魔女になろうと決意したのです。答には「自分で」や「決めた」などいうことばを入れたいですね。

問5　(1) 次の行に「あれ」が「物置のほうに」あるとわかります。その物置の軒下には「細長いほうき」があります。
(2) キキがほうきを「抱いてねたりした」ことがあったと、ジジは43行目の会話で語っています。

問6　自分の考えと力で「ひとり立ち」してみたい……そんなキキの気もちがぼう線部から読みとれます。この設問も「理由をのべなさい」とあるので、必ず、「ので。」「から。」で終わらせます。

問7　「あんなきれいになったわ」から、一つの正解が**イ**だとわかります。**ア**もこうほですが、「かすれた声」は日のあたったほうきの美しさにうっとりした声と判だんできるので、やはり答は**イ**。

もう一つの正解は**エ**。キキは「なにもかも新しくして」ひとり立ちへの旅に出発しようと考えます。「たっぷりお日さまにあたった」ほうきは今や「白く光って」おり、新しく再生されています。キキは旅立ちの近いことにむねをおどらせます。

問8　直前の母親のことばをうち消していることに注目。61行目〜「古い血すじ」であることや、「むかしからのことはたいせつにしなくちゃ」という母親の考えに反発しているのです。自分のことは自分で決めたいし、その生き方を通そうという決意が「新しい魔女」ということばに出ています。「のべなさい」なので「。」で終わります。

「死神」（31ページ）

解答

問1（1）長い髪 ～ ていた（すがた）

（2）冬の夕方、人気のない橋の真ん中（で見た。）

問2 橋の上で、そばに通行人がいないのをたしかめたはずなのに、とつぜん後ろで声がしたから。

問3 A エ　B ア

問4・箱にはふたがしてあったのに、（「あれ」は）中に死がいが入っているのを見ぬいていたから。

・「あれ」の声がなんともいえずものすごく、しみじみと優しくて、人間ばなれしていたから。

解説

筆者の石原慎太郎（いしはら・しんたろう）は作家であると同時に東京都知事を何年もつとめ、才人として有名です。今回出題の「死神」を収めた『わが人生の時の時』（新潮社）は、近現代のすぐれた日本文学を海外にほんやく・しょうかいする文化庁のプロジェクトで、夏目漱石（なつめ・そうせき）『坊っちゃん』などとならぶ27作品の一つにえらばれました。死のにおいやふしぎなできごとにするどく反応する感性がかおり立つ随筆集です。ほかにも「同じ男」「ひとだま」「私は信じるが」……の奇妙な体験談など、印しょう的なお話がふくまれています。本自体は大人むけですが、わかりやすいお話を題材にしました。

「いつ」「どこで」「どんなできごとが」あったのか、注意しましょう。

問1（1）「どんなすがた」ときいています。「長い髪をばさばさに解いて肩にたらした女が、冬なのになぜか浴衣を着て立っていた」（19行目～）〔すがた〕、が答です。40字以内という指定が確にんの材料となります。数えまちがえないように。

（2）「いつ」「どんな所に」をおさえます。26行目～を見ます。

問2 知人はまず「橋のたもとで」「通行人が橋をいき過ぎるのをみはからい」、次に「橋の真ん中まで来てもう一度左右に人のいないのを確かめ」てから、箱を川に落そうとしました。二度も確にんしたのに背後で声がしたら、だれでもぎょっとします。

問3 この場面では、ありえないできごとが書かれています。だれもいるはずのない後ろで声がしたら、まずおどろくでしょう。「死んだんですね」と同意を求める言い方に反射的に答えようとしつつ、頭のどこかで「これはへんじゃないのか?」という疑いが生まれます。この疑問をはっきり意しきしたしゅん間、本格的な恐怖が背中にぞぞっ……と走ります。あとはもうにげるだけ。そこでAには「いいようのない」〔恐ろしさ〕が入り、Bには、いっときも早くその場からにげたい気持ちの、「ひったくる」〔ように自転車をかかえて〕が入ることになります。

問4 「これよりあとの文章を手がかりにしてのべなさい」という注文です。問いじたいが〈これよりあとを読めばいい〉というヒントです。また「書きぬきなさい」ではなく「のべなさい」は、本文そのままでなくてよい、ということです。「もの凄く」という難しい漢字も「ものすごく」と書いてよいし、「蓋」という漢字も「ふた」と書いてよいのです。そのかわり「書きぬきだけの答」は×になります。自分の頭をフィルターにして、本文から大事なことをおさえ、文として組み立てます。この問題では、「中に何が入っているのか俺以外にわかる訳はない」と、「人間があんなにしみじみと優しい声を出す訳はない」の二か所に注目しましょう。二つとも「……訳はない」という言いかたが共通しています。「理由を…のべなさい」なので、文末は「ので。」「から。」に。

「十一歳の自転車」（33ページ）

解答

問1 イ　問2 エ
問3 Aエ　Bイ　Cア　Dウ
問4 「あのリス」はカゴにいる四ひきの中では遠くにいるリス、をさす。
「アノリス」は少年の心になじんだ特定のリスの名前をさす。
問5 アその　イこの／コノ
問6 ①エ　②ウ　③イ
問7 ウ

解説

千刈あがた（ひかり・あがた）は一九八〇年代の古い時代に女性の自立や新しい家族のありかたを、きずつきながら実せんした先がけの女性作家でした。家族小説の代表作としては『ウホッホ探険隊』（福武文庫）があります。『十一歳の自転車』（集英社）も同じ年頃の少年を主人公にした短ぺん集です。

本文は、ある一匹のシマリスを飼いたいと思った少年が、二週間おこづかいを貯めて買いにゆくお話です。きっと毎日、「あのリスを他の人が買って行ってしまわないだろうか……」とやきもきしていたはずで、あまりにも「あのリス」のことばかり考え、お姉さんにも話していたのでしょう。「あのリス」がそのまま「アノリス」という名前になってしまった……そんないきさつを読み取りたいものです。「いつ、だれが、どこで、なぜ、何をしたのか」という物語の基本設定をここでもおさえましょう。また、指示語（こそあどことば）の復習にもなるはずです。

問1 少年が「駆け出した」理由を考えます。その後の本文から、何日も貯めたお金で「アノリス」を買おうとデパートにやって来たことがわかります。「駆け出した」には、アノリスに向けてはじけるような少年の心の動きが表れています。

問2 「！」（感たん符）はおどろいた時・感動した時・あまりのことに声も出ない時、に使われます。ここでは（アノリスだ）という心のつぶやきにつけ加えられており、（やった！）（よかった！）という気もちが出ています。少年が他のどのリスでもない、心に決めたリスが他の人に買われずにそこにいた、それを喜ぶ心情があふれています。ですから「よかったなあ、まだいたんだね」の**エ**をえらびます。

問3 ようすをよりくわしく示すことばを、前後の文の流れに合うようにえらびます。A…《すっかり》気に入る、B…毎日五十円のアイス代を貯めて《やっと》満額になった、C…《もう》少年と一緒にいるのだから、D…少年は《ずっと》家であのリスのことを考えていた、とつながるのが適切です。

問4 「あのリス」はきょりのはなれた所にいるリス。同じカゴの四匹の中では遠い位置にいたものと考えられます。指示語の「あの」のおさらいです。「アノリス」は自然についてしまったリスの名前です。40行目～「少年は…アノリスが名前になってしまった」に注目。

問5 **ア**では、少年がのぞきこんだカゴの中の一匹のシマリスが「焦茶色の丸い眼で少年を見」ています。他のリスではなく《その》シマリスに少年は「話しかけ」ています。

イ リスは「少年と一緒にいるのだから」に注目。近くにいる《この》（リス）、またはそれを名前化した《コノ》（リス）が答になります。

問6 主人公の人物ぞうや人がらも物語文ではよく問われます。この設問では空らんの前の表現がヒントです。②の「ああ言えばこう言う」は「口のへらない」などとも言い、負けん気の強さがあることの決まりもんくです。じゅんすいさ・着実さは全体から読みとれます。

問7 「空は夕焼け色にかがやいていた」という美しい表現に注目します。一日の終わりの祝福のような時間帯に「肩にアノリスを乗せて」家路につこうとする少年。少年のみちたりた気もちと情景がよくひびきあっています。

『本を読むわたし My Book Report』（38ページ）

解答

問1　A オ　B カ　C ウ　D エ

問2　学校でシューマンの本を女の子達に笑われたので、シューマンの伝記を持っているところを石井さんにも見られたくなかったから。

問3　ア 誰かを～くなる　イ 堂々と

問4　ア 上手に弾かなければいけない
　　イ よさ（みりょく）がわかるようになった

問5　ウ

問6　ウ

問7　ア

解説

華恵『本を読むわたし』（筑摩書房）より。著者は、十歳のときからファッション・モデルとしてもかつやくしながら、いくつもの作文コンクールで大きな賞を受賞し、十二歳だった二〇〇三年には作文集『小学生日記』（角川書店）を出版。背のびをしない、みずみずしい文章がみりょく的です。

問1 A…石井さんは「図書館の貸し出し用の袋を重そうに抱えて」いました。ですから、この袋の中には本がたくさん入っていたと考えられますね。返却をするために、「ドサドサッと」たくさんの本を袋から出しているところです。

B…「わたし」は、図書館にいつも石井さんがいることに気づいていました。しかし、「石井さんは、わたしには気づいていない」と思い、「別に話しかけようとも」思っていませんでした。しかし、この日は思いがけず石井さんが近づいてきて、「ハナエ、いつもここにいるね」と言ったのです。石井さんが「わたし」がいつも図書館にいることを知っていたことをとつぜん知らされて、体が意外さに「ビクンと」反応しています。

C…「しゃべっている」に続くのですから、「ヒソヒソと」か、「ペラペラと」のどちらかにしぼることができます。34～43行目のやりとりを読むと、「わたし」は、自分のことをたくさん話していますよね。ですから、「ペラペラと」が入ります。

D…自分で「ため息」をついてみると、すぐにわかりますね。

問2 23～28行目に注目しましょう。一昨日の掃除の時間に、「わたし」の机から落ちていた『愛のしらべシューマン』の本が、女の子達にひどいことばとともに笑われていたのですね。笑われてはずかしい思いをした「わたし」は、シューマンの伝記を持っているところを見られたくないと思ったのです。理由を答える設問ですから、答え終わりは「ので。」「から。」でむすびます。

問3 はじめはシューマンの本をかくそうとした「わたし」でしたが、見られてしまった以上はと、31～33行目にあるように、弱みを見せないように堂々としていようと思ったのです。

問4 空らんの前後をよく読んで考えましょう。

ア…コンクールに出る予定だと、どう思ってしまって「曲を味わうよゆう」がなくなるのでしょうか。コンクールだから、うまく弾こうということばかりに気をとられてしまうのです。

イ…アでは「曲を味わうよゆう」がなかったのですが、そのあとに「しかし」とあるので、コンクールに出ないと決めたあとでは「曲を味わうよゆう」ができたのだと考えられます。このことに注意しながら、「それぞれの曲が本来持っていた」に続く内容を考えましょう。

問5 「こんなふうに」とあるので、これより前の部分を読みましょう。石井さんから「わたし」への問いかけを読んでみると、
「シューマン？　何これ？　伝記？」
「へえ。ハナエってこういうの読むんだ」
「ハナエ、ピアノ、やってるんだよね」
「去年、コンクールに出たとか行ってたじゃん？　今年も出るの？」
「ハナエ、なんでシューマンが好きなの？」
…と、「わたし」の話に興味を持ってきちんと聞いてくれていますね。

問6 ぼう線部のすぐあとに、「作文もマンガも得意なのに、こういうのも読んでるわけ？」とあります。「こういうの」とは、『作文の書き方』と『マンガの描き方』のことですね。石井さんは作文もマンガも得意なのに、わざわざ『作文の書き方』や『マンガの描き方』を借りている…、それが「わたし」にとって意外だったのです。

問7 ぼう線部の直前で、「わたし」は、石井さんを見送りながら、石井さんの努力や、きちんとした行動のしかたに心を動かされています。そして、自分もピアノにきちんと向かいたくなったのですね。

「どんどんほったら」（42ページ）

解答

問1　ア・ウ

問2　2・6・10

問3　4・8・12

問4　エ

問5　ウ・エ

解説

阪田寛夫（さかた・ひろお）のリズミカルなひらがな詩です。『サッちゃん』（国土社）という本に入っています。

問1　「しゃべるで　のはらに　あなを　ほる」……この1行だけでも「ほほえましく」「リズムがある」「子どもらしく」「元気で、明るい」があてはまるとわかります。「必ずしもあてはまらないものをえらぶ」ことに注意。

問2　まったく同じくり返しとは、一字一句ぴったり同じ表現ということです。2・6・10行目の「あなを　ほる」がそうです。

問3　4行目「それでも　どんどん　ほってゆく」、8行目「それでも　まだまだ　ほってゆく」、12行目「それでも　ずんずん　ほってゆく」、の三つ。詩句の組み立てが同じで、リズムが生まれています。これを対句と呼びます。ひたすらほってゆく感じが出ています。

問4　子どもなら一度は考える、そぼくな疑問と「想ぞう」の世界です。

問5　現実には地球の向こうがわまでほった人はいません。でも子どもなら「ほったつもり」になって「やったぁ」と、想ぞうの中のまんぞく感を感じることもできるのではないでしょうか。最後の行は「そこがぬけたら」という連想からのシャレですが、（あそびきったら、さぁて、おうちに帰ろうっと）という、帰る場所のある安心感もただよいます。

「若葉よ来年は海へゆこう」（45ページ）

解答

問1　イ

問2　波　砂　貝がら　海そう　やどかり　など

問3　〈海がまるで〉美しくくだけるガラス〈のように〉形をかえるたびにこまかく光を反射する〈ようすを表現している〉

問4　〈きらきら〉オ　〈風琴のように〉イ　　問5　イ

問6　若葉よ。来年になったら海へゆこう。

解説

金子光晴（かねこ・みつはる）の詩集『若葉のうた』（勁草書房）から。初めてのまごむすめ、「若葉」とすごす喜びをうたった詩です。

問1　「若葉」が「海へ行きたがらない」とか「絵本のほうが好き」という手がかりは詩にはありません。「絵本をひらくと、海（の絵）がひらける」けれど、「若葉にはまだ、海がわからない」……。絵の海は動いていないし、海の大きさや広がりはいくら「説明」しても、見たことがなければ実感できません。「海がわからない」は「海を実感できない」ととらえられます。「若葉はまだ」「本ものの海を見たことがない」からこそ、詩人は「来年は海へゆこう」と呼びかけます。

問2　海には楽しく遊べるものがたくさんあります。

問3　【ひゆ】という表現技法の中でも【いんゆ】という高度なくふうがされています。想像力をふくらませてことばをおぎないます。このあとの48ページ【表現技法のおやくそく3】を読んで学びましょう。でも、その前に自分でやってみることもたいせつ。

問4　「きらきら」は目に見えるようすのひらがな表現です。【ぎたい語】と呼びます。「風琴のように」は【ひゆ】の基本【直ゆ】です。

問5　「海からあがってきたきれいな貝たち」はどこにいるのですか。

問6　【くり返し】の復習。詩を読み返せばすぐに見つかります。

「真夜中の散歩」（49ページ）

解答

問1　①エ　②ウ　③オ　④ア　⑤イ
問2　ア・オ
問3　C
問4　(1) 駐車場の突き当り〔にある〕
　(2) 大きなファッションビルの外側〔の階段〕
問5　エ
問6　(1) ひゆ／直ゆ
　(2) ⑦オ　⑨イ
問7　ウ

解説

自分の体験や見聞（見たこと・聞いたこと）をもとに自由に感想や考えをのべた文章を【随筆（文）】と呼びました。その自由さ、筆（文章）ののびやかさという点で、本文はとても随筆らしい随筆です。

この「真夜中の散歩」は、日本エッセイストクラブ賞を受賞した随筆集『妄想の森』（文藝春秋）に収められています。個性的なベテラン女優、岸田今日子（きしだ・きょうこ）の、目覚めて見る夢のようなふんい気を楽しみましょう。あまり理くつで考えず、筆者の体験を実感するつもりで、耳をすまし、目をこらし、心を寄せるほうが、随筆では効果的です。ことば一つ一つの味わいをたいせつにして、語感をするどくはたらかせましょう。

問1　情景や状きょうを想ぞうし、鋭敏に反応する筆者の心情に注目。本文と選択肢に共通する内容やふんい気の語句をひろいます。

①（本文）表へ出る↓（エ）知らない出口から外へ出た
（本文）夏の夜は薄く靄がかかって↓（エ）あてどない感じ

②（本文）その時～人影がまったくないのに気がついた↓（ウ）どきりとしたしゅん間

③（本文）どこへ行ったのだろう↓（オ）どうしてしまったのだろう

④（本文）一種うきうきした気分↓（ア）すすんで楽しむようす

⑤（本文）クチナシの匂い↓（イ）うっとりするような感じ

問2　「都会の真中」の「深夜の大通り」近くなのに「一台の車も通らない」のです。そして「同じようなビルばかり」の合間に「がらんとした駐車場」があるのです。これらから、人の気配のない、都心の無表情なふんい気が伝わります。

問3　「方角を間違えたらしい」と思ったので「左に曲がってみ」たのです。〈原因→結果〉の順接の接続詞「そこで」がきます。

問4　(2) ぼう線⑥「その階段」とはどの階段でしょうか。この次の行に「大きなファッションビル」とあります。

(1) それではその「大きなファッションビル」とはどこにありますか。ぼう線⑥の前にもどると、「がらんとした駐車場の突き当り」は「ビルの外側の階段に通じている」とあります。

問5　本文の7行目に（夜の）十一時半とあります。深夜なのでお店は当然しまっているはずです。「ショウウィンドウの内側（＝店内）は暗かったけれど」、筆者は次々とお店に入ったつもりで空想の買い物を楽しみます。先の真夜中の無表情な都心が、筆者の空想力によって一転して自由な散さくの場となります。

問6　(1)（まるで）～のよう、は【ひゆ】の基本、直ゆでした。

(2)「灯がとも」るのは、あたたかみのある「心なごむ」ものです。
また、「夜しか咲くことのない」「小さな」という表現には、月見草をひかえめで「かれん」に思う心情が読みとれます。

問7　「真夜中」という語と「散歩」という語。その両方の味わいを言いつくせるのは、（ウ）「ひそやかな自由さ」だけです。

「全国どこでも自販機横丁」（52ページ）

解答

問1 あれ…自動販売機
その人…日本に初めてやってきたあるアメリカ人のジャーナリスト

問2 ウ

問3 実さいにある例／具体的な例／目にうかぶ内容

問4 第1段落…なぜか気になる自動販売機
第23段落…冷たいものを飲みたかったインドネシアでの体験
第6段落…海外では見かけない自販機

問5 ウ

解説

本文の筆者、椎名誠（しいな・まこと）は冒険家でもあり、はば広い体験にうらうちされたパワーあふれる作家・随筆家です。わが子の子ども時代をモデルにした『岳物語』（集英社文庫）はよく知られています。

本文は『活字の海に寝ころんで』（岩波新書）からとりあげました。筆者みずからが「自動販売機について考えてみる」と最初にせんげんしていますので、「論考をのべたもの」、つまり説明文としてあつかいます。私たちにとって、ごくあたりまえの自販機のある風景――。それは、世界レベルでは実はとても特しゅなものらしい……。こうした筆者の結論とおどろきも、本文の具体例のゆたかさやおもしろさによって、「なるほどなぁ」とうなずけるように書かれています。

問1 【指示語】（こそあどことば）のおさらいです。言いかえとなるような具体的な表現をさがし、特定して書きぬきます。「その人」の答はたとえば「アメリカ人」とか「ジャーナリスト」だけでは×です。「日本の街の風景で驚いていた」（25行目～）その人を特定する表現を書きぬかなくてはいけません。書きぬきは、本文から一字も脱落や写しまちがいなどのないように注意します。

問2 （まるで）～よう、は【比ゆ】の基本、【直ゆ】でした。まるで氷のノミで「喉を削っていく」ような、冷たくそうかいなのどごしのビール……それをみごとにたとえた表現技法です。

問3 「たとえば」を漢字で書くと「例えば」です。具体的な（もののすがたが目にうかぶような）例をしょうかいする時、「たとえば」と書き始めます。

問4 小見出し（タイトル）づけは、その段落の要点（だいじな点）をしぼりこむ作業です。絵をかくとき、まずりんかく線をかくでしょう。それと同じです。第23段落は、わざとじょうぜつ（おしゃべり）っぽく書いていて、それがこの文章のおもしろさでもありますが、細かいところに注目しすぎると、だいじな全体ぞうが見えなくなります。

問5 「筆者がもっとも言いたかったこと」とは？ 冒頭（最初）の「今回は自販機のことについて考えてみる」に対する筆者なりの答が書かれた箇所をさがします。説明文ではふつう、答の部分は文章の一番最後に書かれることが多いので、文章の終わりのほうに注目するくせをつけましょう。

『ぼくの小鳥ちゃん』（54ページ）

解答

問1　いつも　～　かった〔こと〕
問2　どんなびょうきなのか、ちゃんとなおるのか、という心配
問3　（1）小鳥ちゃんを病院に連れていく〔つもりだとわかって〕
（2）本当は「びょうき」ではないことがばれてしまうから。
問4　（1）（なぜ病院に電話してはいけないのかという）ぼくの質問
（2）一度びょうきになってみたかった
問5　エ　問6　Bカ　Cエ　Dア
問7　ぼく…医者にみてもらって、なおしてもらうもの。
小鳥ちゃん…一日じゅうねて、朝晩アイスをもらうもの。
問8　1ア　2ウ　3エ　4イ
問9　「びょうき」の気分を楽しみたいだけの小鳥ちゃんのおしばいに、気のすむまでつきあうつもりでいるから。
問10　ア

解説

江國香織（えくに・かおり）は都会的な空気感のただよう物語や随筆を数多く書いている作家です。『泳ぐのに安全でも適切でもありません』で山本周五郎賞を、『号泣する準備はできていた』で直木賞を受賞。小学生でも無理なく読める本としては、『すいかの匂い』『こうばしい日々』や、この『ぼくの小鳥ちゃん』（すべて新潮文庫）などがあります。『ぼくの小鳥ちゃん』は、すぐれた児童文学におくられる〈路傍の石文学賞〉の一九九九年受賞作品。ちょっとわがままでかわいらしい「小鳥ちゃん」と「ぼく」の、メルヘンチックな冬の日々の物語です。

問1　「ぼくは」「それに気づくと」「寝室に戻って」「小鳥ちゃんのバスケットをのぞ」くのですから、「おや？　どうしたのだろう」という内容が書かれた所を文中からさがします。「いつもぼくと一緒におきる小鳥ちゃんがおきてこなかった」がそうです。「こと」につながるように書きぬくので、終わりに「。」は不要です。また、始まりに「ある朝」を入れるのも不適切です。「朝」を入れるとしたら「その朝」になるはずだからです。

問2　設問の指示どおり「心配」で終わります。「。」は不要です。「ぼく」は「小鳥ちゃん」の「不安そうな声」を聞いて、病気のことを不安に感じているのではないか……、と思ったのでした。

問3　（1）「つもりだとわかって。」につながるように答えます。
（2）理由の説明なので、「ので。」か「から。」と答え終わります。また、「説明しなさい」という指示なので、文を書くのだな、と判断し「。」を必ずつけます。

問4　（1）【こそあどことば】（指示語）の問題。「それ」の言いかえとなるように答えます。
（2）14行目で「あたし、一度びょうきになってみたかったところだから」と「小鳥ちゃん」は言っています。いわばおままごとのように「びょうき」らしくしてみたいのです。女性にはそのような演技性が見られることがあります。

問5　「ぼく」が「ほんとうにびょうきなの？」と聞いたので、「小鳥ちゃん」は「気を悪くした」のです。でも「目をにらむ」ほど敵対しているわけではありません。「ぼく」から「布団をかけて」もらったり「ラム酒をかけたアイスクリーム」をもらったりしてあまえたいのです。

問6　Bは44行目「いやんなっちゃう、という口調だ」から「やれやれ」をえらびます。Cは50行目「仕方なくぼくはうなずく」と、53行目「確認させてくれるかな」から、「ぼく」のえんりょがちなようすを読みとり「おずおず」をえらびます。Dは、その73行目「まんぞくしきって」にぴったりの「うっとり」です。

問7　「ぼく」の「びょうき」観のほうがふつうですが、「小鳥ちゃん」は彼女どくとくの「びょうき」観を断固、主張します。

問8　45行目～「びょうきっていうのは……」という「小鳥ちゃん」の説明どおりにならべましょう。

問9　「どんなつもりでいるからですか。…のべなさい」ときかれているので、「～つもりでいるから。」と答え終わります。

問10　「小鳥ちゃん」のへんてこな「びょうき」ごっこに目くじらを立てずにつきあうつもりでいる「ぼく」は、包容力のある人です。

「風景　純銀もざいく」（58ページ）

解答

問1・「いちめんのなのはな」が、意味をもつことばというより、絵か記号のように感じられる。

・それぞれの連の、最後から二行目に「むぎぶえ」「ひばりのおしゃべり」「ひるのつき」ということばがぽつりとおかれている。

・一連が九文字×（かける）九行と、きそく正しくならんでいて、四角い畑のようにも見える。

問2　解答例…見わたすかぎりどこまでも黄色いなの花がさきみだれている。そこからはむぎぶえの音やひばりのさえずりも聞こえる。のどかな風景の上に、昼なのに月がうかんでいてふしぎな感じもする。そんないちめんの、なの花畑。

解説

『山村暮鳥全集』（筑摩書房）より。山村暮鳥（やまむら・ぼちょう）は「おうい雲よ…」の「雲」の詩でもよく知られています。

さてこの「風景」の詩ですが、これは「よむ」ものではなく「みる」ものだと思いませんか。ためしに声を出して、読んでみてください。めんどうくさくなってとちゅうであきてくるでしょう。くり返しによって特定のことばが強調される例は数多くありますが、この詩の「いちめんのなのはな」のくり返しは、「リズムをととのえる」というより「おなじ字の規則正しい配置」を強調しています。聴覚より視覚にうったえているのです。いちめんに菜の花がえがかれているような感じ……、どこまでも、まるで永遠に続くような「なのはな」畑の映ぞうです。

問1　この詩がふつうの詩とちがうと気づいた点を説明します。詩の中の、段落のようなひとかたまりを「連」とよびます。

問2　空間のひろがり、色のあざやかさ、春らんまんの中にあるかすかなたよりなさ……が思いうかべられるでしょうか。

「花と苑と死」（60ページ）

解答

問3・形のにている漢字三文字だけで詩にしている（こと）。

・ダイヤ形（ひし形／図形／パズルのよう）に漢字をきそく正しくならべている（こと）。

問4　解答例1　花が満開にさききそっていくとちゅうにも「死」はひっそりと用意され、さかりを過ぎると次々に死をむかえて生をとじる、そんな自然の定め（が読みとれる）。

解答例2　たてじくを時間に見立て、命がきわまったのち死に向うようすが表現されるとともに、横じくを空間に見立て、「花苑」としてさき広がった後しぼんで死んでゆく花々のすがた（が、漢字のボリュームから読みとれる）。

解答例3　苑は花の植えられた土をあらわし、その下には死んだ生物が今さく花の養分となって花を支えている。さき終わって死をむかえた花もいずれは土にかえってゆく。そんなくり返しを表現している。

解説

『吉野弘詩集』（ハルキ文庫）の「漢字遊び」の中にある詩です。吉野弘（よしの・ひろし）の詩は人への共感やあたたかさが感じられるものが多く、「夕焼け」「奈々子に」「虹の足」などはよく知られ、入試でも出題されてきました。

この詩人は、漢字の形からひらめきを受けることが多いそうです。その通りこの詩は三種類の漢字だけで作られており、字の形もよくにています。それを配列しただけなのですが、注意深くみると「死」という文字のまぎれこみかたに絶妙なくふうがされているのに気づくでしょう。

問3・4　実は【語注】がヒントになっています。おなじ「その」という読みかたの漢字でも、「園」でなく「苑」の字が使われた理由について思いめぐらしてみましょう。「気づき」をたいせつにすること、それが答への手がかりとなります。

「何を目標にするか」(62ページ)

解答

問1 (1) ずいひつ(文)/随筆(文)
(2) ア
問2 周囲の自然物を目標にして走る(こと)
問3 エ
問4 イ
問5 「自分は何
問6 ア

解説

自分の体験や見聞(見たこと・聞いたこと)をもとに自由に感想や考えをのべた文章を【随筆(文)】と呼びました。本文は「高石ともや」さんから聞いた話をしょうかいすることから始め、聞いた話の中から「なるほどなぁ」と共感したエピソードをもとに「人生マラソン」にまで考えを発展させてのべている、《説明的な随筆》です。

筆者の河合隼雄(かわい・はやお)は精神ぶんせきや心理りょうほう家の第一人者で、すぐれた随筆家でもあります。本文が収められた『おはなし　おはなし』(朝日文庫)や『こころの処方箋』(新潮文庫)など、中学入試の国語問題にも出題されてきました。

「高石さん」や「マラソン選手」が実は「数字にこだわらずに走」っている点に、筆者はきょうみを覚えます。そして、その「マラソンにたとえられ」る「人生」について意見をのべています。「数字では計算できない人生の風景」を楽しみながら生きることの大切さが、さらりと主張されています。

問1 (Ⅰ) 人(高石さん)から聞いたことをもとに筆者の感想や意見をのべている文章なので、《随筆(文)》です。
(2) 《だれの》《体験・見聞》か、をとらえます。文の終わり(文末表現)に注目。「…のだそうである」「…と言われる」「どんどんと走れるのだそうだ」――以上はみな「高石さんが言ったこと」を「筆者が聞いている」内容です。

問2 「秘策」とは、秘密の策(=はかりごと)、のこと。――①の直後に内容が書かれています。17字以内におさまるよう、枝葉を切り落としてだいじなこと(「周囲の自然物を目標に…」)を取り出します。また「どうすること」かと、きかれていますので、「走る」、または「走ること」と答え終わります。

問3 前にのべていること(「重荷を背負って走」る)とちがう内容(「知らぬ間にどんどんと走」る)が後にきています。逆接のつなぎことば、「ところが」を入れましょう。

問4 ――②の直前の本文にさかのぼると「『数字』のことをどこかで念頭に置きつつ、それにとらわれずにいることを」とあります。これにもっとも近い内容の選択肢をえらびます。

問5 「具体的に書かれた一文」という指示に注目。マラソンを人生にたとえた内容は第5段落よりあとです。その中でマラソンの「数字」にあたる、人生の具体的な(=はっきりした)「数字」が書かれた一文をえらびます。一文なのだから句点(。)の後から次の句点(。)までが答です。設問の指示どおり、その最初の5字をぬきだします。かぎかっこ(「など)や記号も、ふつう一字として数えます。

問6 「まっしぐら」とは、わき目もふらずに目標を追いかけることです。42行目から、「わき目」=数字では計算できない人生の風景を楽しむこと、とわかり、筆者がこれを大切に思っていると読みとれます。「死」にむかって早くまっしぐらに走る「馬鹿さ加減」という、強く皮肉っぽい口調も感じとりましょう。

「行方不明」（66ページ）

解答

問1　子供の夏休 ～ 明になった〔事件〕
問2　ア
問3　ア…疲れて休んだ場所
イ…何時間休んだか／休んだ時間の長さ
※アとイは順不同可（入れちがっても○）
ウ…少年が泣いた場所
問4　エ・オ
問5　Bエ　Cイ
問6　事実…1235
意見…4
問7　イ・オ

解説

本文は、筆者が兄の体験談を聞き知って考えをのべた随筆（文）です。話の組み立てはすっきりしています。

子供むけの海外旅行で行方不明になった少年。それをさがす旅行代理店の人たち・現地の警察。丸一日たっても見つからなかった少年を、わずか三時間できっちりさがしあてた先住民族、アボリジニ。その事件の間も事後もそんざい感がなく、現地に足も運ばない両親。

一人の少年の「行方不明」を通してうきぼりにされる人々のさまを、本文は短く印象強くえがき出しています。そして現代人の感覚能力の低下と、現代日本人の心の退化をするどく批判しています。

藤原新也（ふじわら・しんや）は『メメント・モリ（死を想え）』（情報センター出版局）や『映し世のうしろ姿』（新潮社）、『何も願わない手を合わせる』（東京書籍）など、おもに大学入試などで出題の多い批評家・写真家です。本文もむずかしいことばづかいが多くみられます。※印の語注を読んで、語いの力をやしないましょう。

問1　たくさんの字を数える時は、偶数（2、4、6、8……）で横線を入れて行き、10ごとに数字を書きこんでいくと、あとで見直しもしやすくなります。この設問では「どんな事件か？」ときいていますから、「いつ・どこで・だれが・どうなった」事件かが具体的に（＝はっきりと）書かれた所を書きぬきます。「事件」という語にそのまつなげるので、「。」は不要です。

問2　「まるで～のように」という比喩（ひゆ）の基本の言い方です。

問3　**ア・イ**…少年が疲れ果てて休んだ場所と、休んだ時間をアボリジニは指摘しました。字数に収めるため、「果てて」はカットします。
ウ…「ここで少年は泣いた」を「～まで指摘した」につなげるにはどうしたらよいでしょうか。「ここで」→「場所」にします。「少年は泣いた」→「少年が泣いた」と言いかえ。そして合体。→「少年が泣いた場所」で答となります。

問4　アボリジニの首長にとって、子供の安否を気づかったり無事を感謝する気配が見えない「少年の両親」の行動は、理解をこえたものだったでしょう。

問5　接続語の問題です。空らんの前の文と後の文がどういう関係になっているかを見きわめます。Bは前のこと（「事情を話し」）に引きつづいて後（同行をたのむ）がくるので順接の「そして」が入ります。Cは（それなのに・しかし・ところが）「両親は取り合おうとしなかった」と、意外な（予想と反対の）結果が来る、逆接です。

問6　意見が書かれた文をさがす時は、文の終わり方に注目します。第4段落の各文は「～たくない。」「～と思うからである。」「～だけのことである。」と、どれも筆者の意見を明らかにしています。他の1235の段落は「事件」か「事件後」の事実が書かれた段落です。この設問で第6段落は問いませんでしたが、第6段落には事実と意見の両方が書かれています。

問7　「人の心もまた十分に退化している」とは、「心も感覚の能力に負けずおとらず、目いっぱいおとろえている」ということです。「十分に」という語に、筆者の痛烈な皮肉とけいべつを読みとることができます。

『ヒトはなぜ子育てが下手か』（70ページ）

解答

問1　あ…保護色　い…警戒色
問2　(1) ブッシュやジャングル
　　(2) トラやヒョウ
問3　（あんなに）派手（で、）目立つ（縞模様）
問4　Aウ　Bイ　Cエ　Dア
問5　エ
問6　なぜ ～ 疑問／なぜ ～ のか
問7　シマウマは自 ～ を持っている（こと）
　　〈別解〉シマウマは自 ～ ているという（こと）
問8　(1) 1
　　(2) 6・7
　　(3) 8　神秘的

解説

戸川幸夫（とがわ・ゆきお）の『ヒトはなぜ子育てが下手か』（講談社文庫）からの出題です。
論説文の「論」は、理論や理くつ、「説」は、説明。つまり文字通り、理くつで説明した文章です。筆者が読者にむかってうったえたいこと・疑問に思うことがあって、その答を文章の中で示していきます。読み手にわかりやすいように具体例もしょうかいされることが多いです。ですから、論説文では
①問い（話題・疑問）になっていることは何か、
②その答（結論）となっている文はどれか、
③具体例はどこか、
この三本柱を意しきして読みましょう。
本文は「シマウマのシマは、何のためについているのだろうか。」という問いから始まっています。その後アフリカでの体験（具体例）がしょうかいされ、第6・7段落で答が書かれています。終わりの8段落は、全部まとめての筆者の感想です。

問1　2行目「もちろんシマウマはファッションでああいう模様をつけているのではない。言うまでもなく、保護色である」をまずおさえましょう。そのうえで8行目「この模様は［あ］というよりも、むしろ目立たせるための警戒色ではないか」に注目します。保護色と警戒色が、たがいに反対語として使われています。［い］は、15行目「シマウマには（毒ヘビやハチのように）武器らしい武器がない。……そうしてみると、やはり（相手をおどかす）［い］というわけではない」の流れをつかみます。

問2　《こそあどことば》（指示語）は、前に出てきた何かの言いかえとなることばでした。直前の一文「トラやヒョウは、ブッシュやジャングルにいる。」を見ます。

問3　「あんなもの」の「あんな」も指示語ですが、「あの」よりもていどの強い調子があります。ここでは「もの」＝「縞模様」をさしているので、縞模様の何について、ていどが強いのかを考えます。

問4　《つなぎことば》（接続語）の問題。「しかし」＝逆接、「つまり」＝要約説明の接続語です。記号の前後の文のかんけいにそってつなげます。「そこで」「すると」は二つとも順接の接続語です。この二つをどうふり分けるのかは、本文に実さいに入れてみて決めましょう。本文の「そこで」は「そういうこと（わけ）で」と言いかえられます。「すると」は「そうすると」と言いかえられます。

問5　レンジャーの言動（会話としぐさ）に注目。「にやりとして」「ジープ」を「二百メートルほど走」らせ、「おわかりでしょう？　あの縞模様は～」と筆者にたねあかししています。

問6　40行目の「なぜ朝夕だけ見えなくするのか」までで、［そのこと］の代わりにおきかえて意味が通じるので○ですが、「なぜ～疑問」のほうが、「こと」＝「疑問」となり、きちんと形がそろって◎です。

問7　筆者が「二度感心した」、その二度目の疑問は「なぜ朝夕だけ見えなくするのか」という疑問でした。この疑問への答は、43行目「したがって」の直後にあります。

問8　上の解説の終わり4行を読んでください。

『アインシュタインの謎を解く』（74ページ）

解答

問1　1エ　2キ　3オ　4ウ
5イ　6ア　7カ

問2　すべての銀河や銀河団は、お互いに遠ざかりつつあり、宇宙そのものがどんどん膨張している（らしい）こと（をさしている。）

解説

三田誠広（みた・まさひろ）の『アインシュタインの謎を解く』（文春ネスコ／PHP文庫）の序章から。説明的文章の読み取りでは、文脈を正確におさえます。その一つの方法が、段落ごとに小見出しをつけて読み進めること。小見出しとは、段落ごとの題名。ですから、その段落の中心となる話題・語句に注目します。キーワードや中心文をとらえ、まずそこに線をひきましょう。その作業のあと、解説を読みましょう。

問1　1　「『宇宙』という言葉」「『イメージ』という語句や問いかけの文（話題をしめす文）であることからわかります。

2　第1段落の問いかけに対して、「多くの人」が「想い浮かべる」ものは「太陽系のイメージ」だと、筆者はのべます。

3　「水星、金星〜冥王星」が、太陽系のわく星の「順番」。

4　「銀河」に話題が展開します。太陽系は「銀河系と呼ばれる星の集団の中に位置しています」。

5　「たくさんの銀河」が宇宙にあり、「レンズ状」「渦巻状」「球状」など「形はいろいろ」で、それぞれは「島」にたとえられています。

6　「銀河」は数多くの単位で「銀河団」というグループをつくり、さらに集まって「超銀河団」を形づくっています。

7　最後に「宇宙の膨張」と宇宙の始まり「ビッグバン」が語られて、文章はとじられます。

問2　直前の「すべての銀河〜膨張しているらしい」の部分をまとめます。気が遠くなりそうなスケールの内容です。

『記憶力を強くする』（76ページ）

解答

問1　ウ　問2　4

問3　B偶然　C記憶

問4　この箱の中

問5　ア　問6　ア　問7　5　問8　ウ

解説

脳はどのような仕組みなのか、記憶とは何か。「脳」は今、熱い研究分野です。脳科学者池谷裕二（いけがや・ゆうじ）の『記憶力を強くする』（講談社ブルーバックス）からの文章です。第1段落ではネズミを実験に使う理由が、第2段落からは実験内容と成果が論説されています。

問1　4行目「ネズミのほうが純粋な記憶をしてくれる」、8行目「『気まぐれ』や『ばらつき』が少ない」、とあります。これに一番近いのは**ウ**です。

問2　**ア**の前は「レバーを押します。」で、後は「押したからといって〜わけではありません。」です。逆接につながっています。

問3　**B**の前には「この」という指示語があり、**C**の前には「つまり」という説明の接続語があります。ともに直前の文に注目。

問4　ブザーとレバーは「スキナー箱」にあります。14行目にこの箱の関係（仕組み）が書かれています。

問5　**エ**もまちがいとはいえませんが、**ア**のほうがよりよい答です。

問6　第1段落が「ネズミを使う理由」。第2段落からが実験例です。

問7　①「つまり」という接続語のあとに結論がくることが多い、②本文の終わりの部分に結論がくることが多い、でした。

問8　「ひとつの成功を導きだすために、多くの失敗が繰りかえされるわけです」（35行目）とあるので、「失敗は成功のもと」が答。

『いちばん大事なこと―養老教授の環境論』（79ページ）

解答

問1　Aウ　Bア　Cエ
問2　(1) 都会に住む若者
　　(2) 頭の回 ～ 扱える
　　(3) 努力・辛抱・根性
問3　考えの単純化
問4　「ああ ～ つくる
問5　(1) イ
　　(2) ア
問6　〔ああ〕しても〔、こう〕ならない

解説

養老孟司（ようろう・たけし）の『いちばん大事なこと』（集英社新書）より。近年なにかと話題になるのが「環境問題」です。「環境問題は教壇から教えるようなものではない」と筆者はのべています。それはどのような意味で、どんな問題がひそんでいるのでしょうか。自然とどのようにつきあえばよいのでしょうか。

問1　A　「シミュレーションの能力」を「ああすれば、こうなる」と言いかえているのですから、「つまり」。
B　筆者が理事をしている保育園で連れて行ったイモ畑とはちがい、また例年のようすともちがって「隣の畑のイモの葉」はしおれていました。逆接の「ところが」。
C　「相手との『やり取り』が基本」だという「自然とのつきあい」方の例として、「野原の草…」がしょうかいされていますから、「たとえば」。

問2(1)　「若者」という解答では説明不足。ここでは「都会に住む若者」と限定しなければなりません。
(2)(3)　「都会に住む若者」は「努力・辛抱・根性」をいやがり、それよりも「頭の回転が速く、気が利いて、上手に言葉が扱える」ことの方が重要だと考えます（10～13行目）。

問3　「ああすれば、こうなる」とは、環境問題を考える時に筆者が批判する姿勢であり、現代社会の考え方の風潮ともいえます。第一段落で問題としているのは「考えの単純化」を続ける危険性です。

問4　直前の文からさがします。字数制限にも気をつけましょう。

問5(1)　「あてはまらない内容」をえらぶという設問の指示に注意。「こうなっている」が指し示す内容は、ある幼稚園のイモ掘りのために、農家が「イモが簡単に抜けるように」細工していることです。しかし、それは「ああすれば、こうなる」式の考え方です。「苦労をあらかじめ取りのぞいてある」(ウ)、「きれいごと」でしかない(ア)、「うその自然しか」(エ)、そこにはありません。
(2)　ぼう線部の直後に「先生方の考え方」の問題だとあり、(1)でふれたイモ掘りの姿勢を筆者は批判しています。それは、文章の最後にある「教壇から自然環境について教え」る姿勢であり、それによって「教育が害になる可能性さえ」ある、というのが筆者の主張です。このようにてってい的に批判しているようすから、「あまりにおろかで、手のほどこしようがない」(ア)という感想を読み取ることができます。

問6　筆者が主張する自然とのつきあい方を読みとりましょう。まず、冒頭（最初）の段落で、自然と「つきあっていくには、地道な努力に加えて、予測がしばしば不可能であることを我慢する忍耐が求められる」（3～4行目）とのべています。さらに、論を進めていく中で「自然とのつきあいは、相手との『やりとり』が基本」であり（34行目）「自然に働きかけるときには、その反応を見て次の手を考えていかなければならない」（37～38行目）と言っています。たとえば、イモを掘ってもすぐには抜けてくれないし、作物を植えても雀が食べてしまう……。
　このように自然を相手にすると、予測したことがそのまま結果になるような「ああすれば、こうなる」式の「単純」な考え方は通じません。何かをしても、そう簡単に思い通りにはいかない、ということになります。「ああすれば、こうなる」の言い方を使えば、「ああしても、こうならない」と表現できます。

「野ばら」（82ページ）

解答

問1　国境のところ〔にしげっている〕だれがうえた〔ということもない、一かぶの〕野ばら

問2　ウ

問3　エ

問4　国境が平和で、二人ともなかむつまじく、のどかにすごしているようす。

問5　二人の間の親しみは何もかわらないのに、それぞれの国どうしが戦争を始めたら、自動的に敵・味方のあいだがらになってしまったこと。

問6　エ

問7　(1)かなたから
(2)老人は、な

問8　青年の（戦）死／青年が戦死したこと（。）

問9　解答例…青年の帰りを一人で待つことにつかれをおぼえた老人は、心にあなのあいたようなむなしさを感じ始めたので。
解答例…青年が帰ってこないかなしみは日々重くなり、待つことをあきらめる気もちになってしまったので。
解答例…あんなにすがすがしかった青年の笑顔を思うたびに、戦争へのいかりと、どうにもできないくやしさにうちのめされるので。

解説

「赤いろうそくと人魚」でも知られる小川未明（おがわ・みめい）の代表作の一つ。『小川未明童話集　改版』（新潮文庫）ほか、多くの出版社から本が出ています。本作品では、青年兵士と老兵士の気もちを読みとります。「野ばら」や「小鳥」や「みつばち」のびょう写が、二人のなごやかさや親しみを効果的に表していることにも注目しましょう。

問1　「その花」とはどの花か？という指示語の問題です。お約束どおり、直前の文から前にさかのぼり、言いかえられるところをさがします。

問2　ア・イ・エの「はたして」は、「～（だろう）か」。という疑問の形をとっています。ウだけが疑問形をともないません。

問3　32行目「青年も、老人も、いたっていい人々」で「二人ともしょうじきで、しんせつ」でしたし、ぼう線直後には「老人は…大きな口をあけてわらいました」とあります。しょうぎの勝ち負けで気もちをあらだてるようなせせこましさは読みとれません。平和でおだやかな日々が続いている中で、しょうぎを何の気がねもなくできる喜びがうかがえます。

問4　小鳥がうたい野ばらがかおる、いきいきとした情景。「どんなようすが読みとれますか」と、きかれているので、おうむ返しに「～ようす」と答えます。また、「のべなさい」＝「文で答えなさい」なので、「。」もつけます。

問5　二人の間には敵・味方という気もちはまったくないのに、国同士が戦争を始めると敵味方のあいだがらにされてしまう。そのなっとくのいかない、ゆきどころのない気もちを「ふしぎ」と表現しています。「どんなことをさしていますか」「のべなさい」という設問なので「～こと。」で答え終わるように。

問6　青年は「私の敵は、ほかになければなりません」と言っています。つまり敵はここ（国境）にいてはいけないのです。たしかにまだ二人のいるところまで戦争はひろがってきてはいません。でもいずれそうなれば二人は敵・味方に分かれて戦わなくてはいけない――それを青年は予感し、さけようとしたのです。

問7　(1)は75行目、(2)は80行目です。老人は「小さな国が負けて、その国の兵士はみなごろしになっ」たと、旅人から聞きます。「そんなら青年も死んだのではないか」……そんな気もちのまま老人はいねむりをしてゆめをみます。ゆめの中で青年が指揮する「きわめてせいしゅくで声ひとつたて」ない軍隊は、「死」を連想させます。老人の前で「黙礼をし」たというのは、別れのあいさつだったのかもしれません。そして、青年は「ばらの花をか」ぐのです。かなしい美しさがただようゆめです。

問8　ずっと待っても帰らない青年。彼の「死」を「野ばらがかれ」たという表現で、それとなくほのめかしています。

問9　理由の記述なので、「ので。」「から。」と答え終わります。

「おぼれかけた兄妹」（87ページ）

解答

問1 (1) ア夏　イ秋　(2) ひるま

問2 まるできゅうな川の流れのよう（で）

問3 イ

問4 ア

問5 〔とにかく〕早く岸 ～ ないと〔思うと〕

問6 ⑥エ　⑧ウ

問7 ア

問8 エ

問9 ア

解説

有島武郎（ありしま・たけお）の短編集『一ふさのぶどう』（ポプラ社文庫）に収められた「おぼれかけた兄妹」です。一九二一年、筆者が43歳の時の作品で、この二年後に筆者は人生になやみ、自殺してしまいます。

本文は読む者に強い印しょうをのこすお話です。海水浴などでだれもが一度は感じたことのある「ひやり」としたしゅん間。足がつかなくなったり、波にのまれたり……生き物のような波の動きに、海の底知れないおそろしさを感じた経けんが、みな一度や二度はあるでしょう。次々と変わる状きょうや、めまぐるしい心の動きを、筆者はまるで読者が現場にいるかと思うような筆づかいでえがききっています。

問1 「おなごり」の（なごりをおしむ）海水浴に出かけたのですから、夏から秋にかけての季節です。10行目「もう虫の音が」から秋を、「それでも砂は熱くなって」から夏を、読みとります。

問2 「それが強い」の「それ」とは「ひき」（水が沖のほうにひいていくときの力）です。答は16行目。「うっかりしているとたおれそうになるくらい」（17行目）もよさそうですが、字数オーバーです。比ゆ表現としても「まるで△△のよう（で）」のほうが的確です。

問3 30～33行目「腰から上を……できません」の所に《動きたくても動けない》ようすが書かれています。金縛りとも言って、体が固まって動けなくなる状態ににています。こわいゆめの中でそんな経けんがあるでしょう。

問4 事態の急変・悪い予感の的中・小さくなってゆく自分たちのそんざい……が「ごらんなさい、私たちはみるみる沖のほうへ沖のほうへと流されているのです。」の一文につまっています。

問5 55行目「なにしろ早く」の「なにしろ」をどうあつかうかまよいます。これは「何につけても」「何がどうあれ」という意味で、設問の「とにかく」とほぼ同じになるので、はぶきます。

問6 選択肢を地道に本文にあてはめて、よいものをえらびます。

問7 46～49行目に「私の顔が見えると、妹はうしろのほうからあらんかぎりの声をしぼって、『にいさんきてよ……もうしずむ……苦しい。』と、よびかけるのです」とあります。それなのに兄は助けに来てくれませんでした。「不満感」「不快感」では妹の気もちは言いたりないし、「不安感」では的はずれ。「不信感」が正解です。

問8・9 主人公の「私」は、妹の命と自分の命が天秤にはかられた時、とっさに自分の命をえらびます。屈強そうな若者の体が「つかれきったようにゆるんでへたへたにな」る（67行目）ほど救助はたいへんだったのだから、泳ぎもうまくない「私」が妹を助けるのは、実さい無理だったでしょう。でも冷静な判断でそうしたというよりも、死にたくないという本能にしたがった、というのが正しいでしょう。「私」はそんな自分をあとで心の中でせめます。こうした「あれかこれか」の究極の選択をせまられる場面を「極限状態」と呼びますが、これを読む者も、そんな極限状態におかれたら、はたして自分の命をかえりみずに妹を助けにいけるかどうか、自分が「善き人間」でいられるかどうか、必ずしも胸をはれないのではないでしょうか。そんな自問自答をうながすところに本文のみりょくがあります。

結びの一文の「動悸がして、そらおそろしい」……には、心の奥深くにしるされたきょうふが、濃いかげりをともなって「私」によみがえるさまが、的確に表現されています。

「やまなし」（92ページ）

解答

問1 （1）谷川の青じろい水の底〔から〕 （2）上〔の方をむいて。〕

問2 解答例…青くくらくはがねのように見える、谷川の表面
解答例…水底から見上げた青くくらい鋼のような水面

問3 （1）ア
（2）・使っていることばがおさないから。
・ことばをおうむ返しにくり返すから。
・好奇心が強いから。／知りたがり屋だから。
・かわせみを知らずにびっくりしているから。
・わけのわからないことを、とてもこわがるから。
・「こわいよ、お父さん」と父親をたよっているから。

問4 日光がさしこんで黄金色にゆれる光のあみを、魚がかきみだして泳ぐようす。

問5 ③青いかわせみが（羽毛をぎらつかせ、弾丸のように）すごいいきおいで水中に飛びこんできたようす（。）
④かわせみのくちばしがするどくとがっているようす（。）

問6 かわせみが水にとびこみ、魚をくわえて水の外へと連れさった（こと）。

問7 急なできごとにおどろきおびえて、身動きできないようす（。）

問8 死の世界／かわせみのおなかの中

問9 ウ

問10 コンパスのよう…ひゆ／直喩
ごらん…呼びかけ
ゆらゆら…ぎたいご（擬態語）

解説

日本児童文学の宝石とも言える名作を数々のこした宮沢賢治（みやざわ・けんじ）。本文は『宮沢賢治童話大全』（講談社）からとりました。

このお話を、何が何だかわからないと思った人がいたでしょう。このお話にはふしぎなことがいくつもあります。「かぷかぷ」わらうってどのようにわらうの？ クラムボンは本当に死んだの？ そもそも「クラムボン」って何？ 実は「クラムボン」が何かははっきりしていません。①アメンボやそれににた小生物だという説、②カニ（英語ではクラブ）が出すあわ説など、色々あります。他の疑問も同じです。この話は想ぞうがひろがるところに、おもしろさがあります。「何だかわからないけど、何か気になる」お話の、ふしぎな味わいを楽しんでください。

問1・2 最初に「二疋の蟹」のいる場所が書いてあります。蟹の兄弟が「どこからどちらをむいて」話しているのかをとらえれば、川の描写（えがきかた）も、よく理解できます。兄弟が向いている方向は「上」です。川の底から水面を見た情景です。

問3 おさない子どもが人のことばをまねたり、むやみにくり返したりするすがたを見たことはありませんか。蟹の子どもたちも同じ。かわせみにおどろきおびえて、お父さんにほうこくするところからも、彼らはかなりおさない感じがします。

問4 暗い谷川に光がさしこんだあとの情景です。ゆれる川面にさしこむ日光も「光の網」のようにゆらぎます。魚が泳げば、水はかきみだされ、「黄金の光の網」は「くちゃくちゃ」にされます。想ぞうすると、美しい光景です。「ようす」を「のべなさい」とありますから、「〜ようす。」と答え終わります。

問5 語注に「かわせみ」の説明があります。「コンパス」は円を書く道具のコンパスと、方位磁石のコンパスの三角形の針、の両方が考えられます。どちらも先がとがっています。

問6 これも「かわせみ」の語注からはんだんします。語注は読解上の大切なヒントです。必ず、かくにんしましょう。

問7 「いる」と「（身を）すくませる（ちぢこまらせる）」を合体させたことばです。今風なら「かたまってしまいました」でしょう。

問8 あわがつぶつぶ流れる静かな世界も「こわい所」に通じていたのです。そのしょうげきは「こわいよ、お父さん」という兄弟のことばに出ています。

問9 花びらがすべる川面の静けさは永遠のものではありません。むしろ「こわい」さけ目の余いんが、静けさと二重奏のようにひびきあっています。

問10 表現技法のかくにんです。賢治作品は表現技法の宝庫です。

『夢十夜』（96ページ）

解答

問1　記号…イ　もの…青田（田）・鷺・雨

問2　解答例…こいつをすてるのにちょうどいい（。）
解答例…すててしまえば、もどってこれないだろう（。）

問3　解答例…何を考えているかぐらい、お見通しだよ（。）
解答例…おれをすてるつもりだろうが、そううまくいくもんか（。）

問4　ア・イ・エ・カ

問5　（1）今から百年前文化五年の辰年のこんな闇の晩
（2）どこで…日ヶ窪への森の中の、杉の根のところで
だれが…前世の自分が／生まれ変わる前の自分が
何をした…一人の盲目を殺した

問6　早く捨ててしまって、安心〔したいと思って。〕

問7　ア

問8　いつかどこかでだれかをすてたりころしたりしていてもおかしくない、底の知れないつみ深いそんざい（と感じている）。

解説

明治時代の作家、夏目漱石（なつめ・そうせき）は長い小説をたくさん書き、文豪とよばれました。本文はそんな漱石の別の世界が感じられる短編です。『夢十夜』（パロル舎／絵・金井田英津子）の絵本草子が原作の味わいを伝えています。本文は「こんな夢を見た。」で始まる十の物語のうちの三つ目、「第三夜」です。もう百年近くも前にかかれたもので、耳なれないことばもあるでしょうが、音読するか、身近な人にろう読してもらってください。たたみかけるようなリズムに乗って、どくとくのあやしい世界が感じられます。

問1　都会の子どもたちは身近に「田んぼ」を感じることはないでしょう。五月、田に水をはり田植えをしますが、根づくまでの苗は葉もまばらで田はまだ湖のようです。六月十日の梅雨入りのころ、苗は青々として「青田」という感じになります。七月の後半、梅雨があけるころ、稲はびっしりと育ち田の水も土をうるおすていどまでにぬかれて、もはや「鷺」が水場のえさを求めて足をふみ入れるすきまもありません。ですから「鷺がいる青田」は梅雨のころ（のどちらかといえば前半）と推定されます。「雨」も、真夏の夕立ちのような雨ではなく、梅雨どきのまとわりつくような雨が連想されます。

問2　すてようと思っていることが書かれていれば正解です。ぼう線の直前（11行目〜）に「自分は我子ながら少し怖くなった。こんなものを背負っていては、この先どうなるか分らない。どこか打遣やるところはなかろうか」とあります。「たしかに自分の子」なのに、「自分」はその子のことを「こんなもの」とぶきみに思っていて、親しみや愛情などは感じられません。

問3　相手（「自分」）の考えを読み切ってばかにしている内容の答にします。「ふふん」が会話体なので、答も会話体にします。

問4　「井守の腹」を見たことはありますか？　朱色がかった、どきっとするような色です。**ウ**「はげしい」、**オ**「美しいけれどはかない」感じはしませんので、これ以外の四つを答にします。

問5　（1）「どの晩」ときいていますので、「晩」という語を文中からさがし「20字ちょうど」の指定にあてはまるところをえらびます。「書きぬき」なので、「闇」「辰年」などの習っていない漢字もそっくり本文から書き写します。
（2）「どこで」は、「くわしく」という指示なので、注意深く本文を読み直します。24行目「日ヶ窪」、48行目「杉の根の処」、49行目「森の中」をまとめます。
「だれが」は「百年前の自分」ですが、「百年前の自分」とはどういうこと？……と考えてみてください。「前世の因縁」＝生まれる前からの定め」の、こわい世界です。

問6　「〜したいと思って」の「思う」に近い語句をマークします。「、」も字数に数えることをわすれないように。

問7・8　ぼう線⑥「自分の過去・現在・未来をことごとく照して」という表現に注目してください。『こころ』という漱石作品の中にもこれにた一文があります。「もう取り返しがつかないという黒い光が、私の未来を貫いて、一瞬間に私の前に横たわる全生涯を物凄く照らしました」というのです。罪の意しきに果てしなくさいなまれる運命の予感です。「自分」を底知れない罪深いそんざいだとおそれる感情が、この「夢」の中にもあります。

『三国志』(100ページ)

解答

問1
孫権軍 周瑜(3・5・7・9・10) 魯粛(8)
徐盛(12) 兵士(11)
劉備軍 孔明(1・2・4・6・13) 趙雲(14)
曹操軍 曹操(17・19・21) 程昱(18・20)
文聘(22) 兵士(15・16)

問2 このと～れる。

問3 (でたらめで)いいかげんなうそ

問4 エ

問5 1 同盟 2 人間 3 敵

問6 エ

問7 ア

問8 船の進みが速い／船の走りぐあいがかろやかな

問9 火ぜめ

問10 1エ 2イ 3ウ 4ア

解説

羅貫中(ら・かんちゅう)著・駒田信二(こまだ・しんじ)訳の『三国志』(講談社少年少女世界文学館24／講談社青い鳥文庫)から。

日本でも、特に江戸時代から庶民にも親しまれてきた『三国志』。男子ではマンガやゲームでおなじみの人がいるかもしれません。その原点(本当は『三国(志)演義』)にふれてみましょう。英雄たちの言動にワクワクできたらしめたもの。

問1 多くの登場人物とその人物関係を正かくにとらえましょう。

問2 曹操軍に対して、周瑜は「火ぜめの計」を使おうとしていましたが、東南から風が吹いてくれなければうまくいきません。すでに周瑜の考えを見ぬいていている孔明は、「十一月二十日に東南の風をよびおこして」みせることを約そくします。ぼう線部②はこの「火ぜめ」の準備を意味しています。

この結果、十一月二十日、孔明の言う通りに東南の風が吹いてきます。「油をそそぎかけた枯れ草」に火をつけた兵士たちは、「船尾につないである小船にとびうつ」ります。火をふいた「二十そうの火船」は敵陣に突入します。へさきにある大きなくぎが敵船の胴体にくらいつき、曹操の船団は「火につつまれる」ことになります。本文では文章の終わり6行、船団の動きが書かれた所が正解です。「文章」が答なので、「このとき」の文頭3字が答え始め。

問3 「この冬のさなかに東南の風が吹くはずはない」という周瑜の言葉には、孔明がでまかせで、でたらめなことを言った、「いいかげんなうそ」をついたと感じているようすが読みとれます。

問4・5 「同盟」を結んでいる以上、孔明は今のところ周瑜の味方です。が、時は戦乱の世。いつ孔明が「敵」となるやもしれません。風をあやつるほどの、「人間」をこえた「底知れぬ」(ウ)力をもち、その「才気のある」(イ)「なみはずれた」(ア)人物に、周瑜がおそろしさを感じるのも無理はありません。

問6 孔明がいずれ「敵」となったときのおそろしさを感じている周瑜が、「孔明を殺す決心をし」てのべた言葉ですから、「孔明の首をとって」(エ)。

問7 周瑜にその命をねらわれることくらいはお見通しの孔明です。孔明はその先手を打って、早々と七星壇から立ち去ります。そして、思った通りに姿を現した周瑜軍の徐盛に対して、自分たちのほうが「一枚うわ手なのだという、よゆう」をみせて、高らかな笑いをのこし、自分のたいざい先の夏口にもどります。

問8 本来の兵糧船であれば、積み荷の重みによって、それほど速くは進みません。枯れ草しかのっていない船ですから、「船の進みが速い」わけです。「いいかえ」となるように答えます。

問9 曹操軍の程昱は近づいてくる船に「敵の計略」のにおいを感じます。「はげしい東南の風」とあいまって、「火ぜめ」が加われば、「防ぎようが」ないことを、とっさに気づいたのです。

問10 これからおこることをはかるかのように、船を「じっと」(エ)ながめていた程昱は、これが計略であることを見ぬき、曹操に進言します。曹操も程昱の言葉に「はっと」(イ)気づき、船を止めるように命令します。命令を受けたものの、文聘は孫権軍の矢にうたれて「どっと」(ウ)たおれます。もはや「ぼうぼうと」(ア)燃えさかる火船を止めようもありません。

『星の王子さま』（106ページ）

解答

問1 （1）毒蛇に王子さまのからだをかませる約束

（2）からだは死んだようになるが、それはぬけがらのようなもので、王子さまのたましいは遠い自分の星にかえっていくことになる。

問2 笑い声

問3 王子さまの星は小さすぎて特定できないので、ぎゃくにどの星を見ても王子さまの星かもしれないように思える（という意味）。

問4 ア・ウ・エ

問5 1イ　2ア　3ウ

問6 Aエ　Bイ　Cア　Dウ

問7 王子さまの死をおそれる「ぼく」（パイロット）に、そうではない、心配しなくていいのだと信じさせようとする気づかい（から）。

問8 ア鈴　イ泉

問9 わかれ〔の〕かなし〔みを王子さまは必死にふりはらおうとし、「ぼく」はこらえようとした。〕

解説

「肝心なことは、目に見えない」――『星の王子さま』の中の有名なことばです。本の題名はみなさんも聞いたことがあるでしょう。本文はサンテグジュペリ作／小島俊明（こじま・としはる）訳の本（中央公論新社）から、この作品の終局近くをとりあげました。みなさんには、いつか全篇を読むこと、また十年後、二十年後、…という風に何度も読み返すことをお薦めします。そのたびごとに、「大切なこと」がいろいろな姿で顔をみせてくれますよ。

問1 （1）王子さまは、「ぼく」が約束の場所へ来るのを止めさせようとする会話の中で、毒蛇が「二度目に噛みつくとき、毒がない」ことに「気づいて安心」します。最初に噛みつかせるのが、王子さまの身体だという約束だったからです。

（2）毒蛇に噛まれて「死んだみたいになる」けれど、死ぬわけではなく、あくまでも、たましいが「身体」という「古い抜け殻のようなもの」をうちすてて、「遠すぎる」場所である自分の星に帰ってゆく……王子さまは不安でしたが、そう信じたかったし、パイロットにもそう思ってほしかったのです。

問2 ぼう線部直前の会話から、「笑い声」だとわかります。

問3 1～3行目で「と思えるからね」と王子さまが語っています。

問4 文章の前半部分は「ぼく」と「王子さま」との別れの予感に満ちています。その中で、「きみから離れない」と言って「心配そう」にする「ぼく」を「なだめたい」と気づかい（ウ）、また、「ぼく」の「大好き」な「笑い声」が記おくに残るように（エ）、王子さまは笑います。しかし、王子さまには毒蛇との約束があります。その「おそれを忘れたかったので」明るくふるまうしかありません（ア）。

問5 1…星の光が遠くで強くなったり弱くなったりするようすは「またたき」。2…鈴は「ふる」ことによって音が出ます。3…「わたる」に続けられるのは「ひびき」。

問6 A…「そうだ、…」以下の内容をとつぜん気づくのだから「ふと」。B…「王子さまが出かけた」ことに気づかなかったのは、彼が「こっそり」と抜け出したからです。C…約束の場所に向かう王子さまのようすは「胆を決めて」。すでに決意を固めています。D…苦しみがさらに増しているようすなので「なおも」。

問7 ぼう線部⑥⑦⑧のことばは王子さまの「死」を「ぼく」に印象づけたことでしょう。王子さまもそれを感じていたからこそ、「ぼくも星を眺める」と言います。この「も」からは、二度と会えないかもしれないけれど、自分の星で、君と同じように「星を眺める」つもりだ。だから心配しないで……との気づかいが読みとれます。

問8 ア…28行目に「ぼく（王子さま）は星の代わりに」「鈴をあげたようなものだ」とあります。イ…60行目に「星」は王子さまに「飲み水を注いでくれる」とありますから、「泉」です。

問9 文章の前半をつらぬく「わかれ」の予感は、現実となりつつあります。そのときを前にして、王子さまは「かなしみ」をふりはらうかのように「ね、すてきだろう」と語りつづけますが、最後は「口をつぐ」んで「泣いて」しまいます。

「人形」（110ページ）

解答

問1　ア
問2　ウ
問3　エ
問4　（桃子がせなかにのせた人形のおもみに幸せを感じたので、）そのままにしておきたくて、落とさないようにしずかに息をする様子
問5　ア
問6　エ

解説

八木重吉の第二詩集『貧しき信徒』に収められた作品「人形」です。八木重吉は大正時代の詩人。結核のため二十九歳で亡くなりました。この詩に登場する「桃子」もその十年後、同じ結核で亡くなっています。重吉はキリスト教を信仰し、やさしいことばでとうめい感のある詩を数多く残しました。

問1　冒頭の二行「ねころんでいたらば／うまのりになって」、4行目「うたをうたいながらあっちへいってしまった」すがたを思いえがきます。詩人との近しさとおさなさが伝わってくるでしょう。

問2　3・4行目の終わりに「いってしまった」という表現がくり返されています。【おやくそくとおけいこ】で学習したとおり、「くり返し」をリフレーンと言います。ほかの表現技法もしっかりおぼえておきましょう。

問3　5行目に「そのささやかな人形のおもみがうれしくて」とあります。桃子が「そっとせなかへのせ」た人形のほんの少しのおもみに小さな幸せを感じているのです。人形とは、もともとは人の形をまねてそのみがわりとした物です。桃子の人形だから、詩人は桃子をいとおしむように人形をいとおしんでいます。

問4　「ささやかな人形のおもみ」を「うれしく」感じた作者は、それを落とさないようにしたかったことでしょう。「はらばい」の姿勢でせなかにのった軽いものを落とさないようにしたいなら、バランスを崩さぬように注意深く息をしなくてはなりません。

問5・問6　ある日ある時のなにげない幸せの感覚が、ひらがな表記によって、やさしくそぼくに、やわらかくあたたかく伝わる詩です。

「まつおかさんの家」（113ページ）

解答

問1 （1）対句／ついく
（2）「六歳のぼく」と「六歳の弟」をならべて、同じところとちがうところをきわだたせる効果や、詩にリズムを与える効果（が出ている。）

問2 A未知の場所　Bこころぼそさ　Cかなしみ（BとCは順不同可）

問3 Aおとな／大人　B心／こころ

問4 10

問5 ウ

解説

辻征夫（つじ・ゆきお）の『かぜのひきかた』（書肆山田）から。この詩人の本は、他に『みずはつめたい　詩と歩こう』（理論社）、『私の現代詩入門　むずかしくない詩の話』など（思潮社）があります。

みなさんは小学校に通い始めたとき、どんな気もちでしたか？　ランドセルをしょって、明るく元気に登校したのでしょうか。なかには、小学校に行くのがとてもこころぼそく、不安だった人もいたことでしょう。幼稚園や保育園ならお母さんや見知った人が送りむかえをしてくれました。でも、小学校は一人で行かなくてはなりません。安心できる生活の場から歩いてはなれてゆくのです。

この詩では「ぼく」が安心していられる場所と、そうでない場所のちょうど境目あたりに「まつおかさんの家」があったのだと考えられます。「ぼく」の弟も同じでした。みなさんにもそんな境界線があったようなおぼえはありませんか？

この詩は子どものころのこころぼそさを、おとなになった「ぼく」がふりかえって書いた詩です。その気もちはおとなになっても詩人の中に原点のようにあります。そして、そんなこころぼそさを感じたとき、詩人は六歳のとき「がまんして　泣かないで」いたのと同じように、その気もちを「黙って」やりすごすのでした。

問1 （1）詩句の全部が同じなら【くり返し】という表現技法ですが、ここでは終わりが「ぼく」・「弟」と並べられている【対句】です。「ぼく」と「弟」が対比されて（ペアになってくらべられて）います。

（2）「弟」が「うつむいてのろのろ」登校していくようすには「ぼく」と同じ、《小学校に行きたくない》気もちがあらわれています。「まつおかさんちの前」で「こころぼそさと　悲しみ」が高まり、あふれそうになるのも同じです。ちがうのは「ぼくは」「がまんして　泣かないで」行ったのですが、「弟」は「いきなり　大声で／泣きだした」ことです。どちらがえらいという話ではありません。ただ、「弟」の泣きだした場所が「まつおかさんちの前だった」のが、「六歳のぼく」と二重写しになり、詩人にも読者にも強く印しょうづけられています。

問2 「うちから　四軒さきの／小さな小さな家」に何か特別なしかけでもあったのでしょうか？　そんなわけはありません。でも現に「ぼく」も泣きたくなり、「弟」はそこで「泣きだした」のです。

問3 「いまでも　ぼくに／まつおかさんちがある」。この表現は、比喩の応用である【隠喩（いんゆ）】です。【暗喩（あんゆ）】ともよびます。「ぼく」の体の中に家がおさまるはずはなく、《喩え》だととらえるしかないからです。「いま」というのは、おとなになった今、のこと。「ぼくに」は、ぼくの心のなかに、ということ。「まつおかさんがある」は、お約束どおり、「（まるで）～のよう」をおぎなって表現します。こうした「えっ？」と思わせるような隠喩によって、「まつおかさんち」をめぐる「ぼく」の映像や思い出や気もちが、「ぎゅっ」と集められています。説明することをこえてそこに「ある」という効果が出てます。

問4 「黙って」＝「がまんして　泣かないで」、「とおりすぎる」＝「学校へは行ったのだが」と、読みとれます。

問5 「おさないころ」はなつかしくふりかえるだけのものではなく、詩人の「今」に通じています。またこの詩は「力強く」もなく、「ほのぼの」としているのでもありません。詩人が自分の心に持ちつづけている「内なる子ども」のほろ苦さを「不器用に」「ぽつりぽつりと語」った作品です。第三連（24～36行目）を読み返してみましょう。

『「ゆっくり」でいいんだよ』（115ページ）

解答

問1 エ
問2 母は一〜のだ。
問3 立ちどまったりしながらゆっくり歩く母に寄りそって歩くこと。
問4 イ
問5 ⑤ 遅い ⑥ 速い
問6 エ
問7 まわり〜ること
問8 地球のペース・自然界の時間
問9 ア

解説

辻信一（つじ・しんいち）『「ゆっくり」でいいんだよ』（ちくまプリマー新書）より。文化人類学者であると同時に、環境運動家である筆者は、スローライフ（スピードや効率を重視してモノの大量消費を行う現代社会のあり方をあらため、環境に悪いえいきょうをおよぼさない、自然と調和したゆたかな生活を送ること）をよびかけています。

問1 ぼう線部のすぐあとに、「母はますます散歩に熱心になっているのだ」とあります。「散歩に熱心」とはどういうことなのでしょう。「五感を研ぎすますようにして母はあたりに春の気配をさぐる。まるでこれが最後の春であるかのように。」と文章は続きます。この内容に合うのは、エですね。24〜26行目に書かれている散歩のようすも参考にしましょう。

問2 「そんな」という指示語があるので、これより前を読みましょう。「でも」というつなぎことばもあるので、「でも」のあとの「ますます遅くなってゆく」とは対照的な意味の部分が答えになるとわかります。それは、魔術師のようにあっという間に料理を生み出したり、やすやすと楽しげに作品を次々に生み出す、という母の姿ですね。

問3 筆者にとって、ここで大変だったのはどういうことでしょう。17行目に「それに寄りそって歩くのは楽ではない」とありますね。では、「それ」とは何を指すでしょうか。しょっちゅう立ち止まったりしながらゆっくり歩く母のことです。筆者は、はじめは、ゆっくり歩く母に、寄りそって歩くことになかなか慣れることができないでいたのですが、自分に「待つんだ…」と言い聞かせているうちに、だんだんうまくできるようになってきた、というのです。

問4 23行目の「角を立てる」をヒントにすれば、「角」があるサイとカタツムリとクワガタにしぼることができます。では、この三つの生物のうち、どれが本文に入れるのにふさわしいでしょうか。角をアンテナのようにしてゆっくり歩くカタツムリが、春の気配をさぐりながらゆっくり歩いていく二人の散歩にもっともよく合いますね。

問5 続く部分を読んで答えましょう。⑤は、「遅さに合わせて」と続くので、「遅い」が入ります。⑥は、「辛抱強く寄りそってもらった」とあります。「寄りそって」くれるのは、「速い」人の方ですね。

問6 「互いを急かせ、自分を急かせている社会」のことを考えて、筆者は、サン・テグジュペリのこのことばを思い出しています。人々がスピードにふり回されて自分を見うしなっているこの社会をあらわすたとえにふさわしいのは、「特急列車」ですね。

問7 筆者の意見や結論は、その文章の最後の方にあることが多い、ということはおぼえていましたか？ 本文の最後の形式段落で筆者は、自分よりも「遅い」人に対していらだちをつのらせたり、冷たい態度をとったりするのではなく、「まわりの人々と、待ったり待ってもらったりする関係を大切にすること」をよびかけています。

問8 「ホウレン草の時間」「ニワトリの時間」では字数が合いません。これらをまとめているのが「地球のペース」と、「自然界の時間」ということばですね。「自然界の時間」をさがすのは少しむずかしかったかもしれませんね。どういう意味のことばをさがせばいいのかを考えながら本文を読んでいきましょう。

問9 A…「昨日までは」できたことが、「今では」できなくなってしまっていますから、「だけど」が入ります。
B…がんばることが、「自分自身をも苦しめ、人生を生きづらいものにしてしまうことが見えてきた」のが、「もうがんばるのはやめよう」という理由になっていますので、「だから」が入ります。
C…「スローライフ」の意味として、「自分のペースで生きること」「自分を待ってあげること」に、さらに［C］のあとの内容をつけくわえているので、「そして」が入ります。

「ある夜の物語」（119ページ）

星新一著「ある夜の物語」（新潮文庫刊『未来いそっぷ』所収）より部分掲載 ※一部省略あり

解答

問1 十二月二十四日の夜（のおはなし）

問2 ぱっとしない／ひとりぼっちの（青年が）
粗末で殺風景な／そまつで寒い／せまくて寒い（部屋にいる。）

問3 （1）解答例…クリスマス・イブに寒い部屋でひとりぼつんとすごすのはみじめで、曲のあたたかさと自分がかけはなれて思えるので。
解答例…家族や友人や恋人となごやかに曲を聞いている人たちが思いうかび、それと正反対にひとりでいる自分をみじめに感じてしまうから。
（2）ウ
（3）エ

問4 自分が本当にほしいものは何だろうか。／自分が心から望むこととは何なのか？

問5 （1）ぼくよりも
（2）たとえば、

問6 Aウ　Bエ　Cイ　Dカ

問7 イ

解説

星新一（ほし・しんいち）は《ショートショート》という、ごく短いお話の名手です。本文も『未来いそっぷ』（新潮文庫）というショートショート集の一部です。「ある夜の…」というひかえめな題つけが、かえって読む気をおこさせます。

問1　8行目に「夕方にはちらほら雪が降り、それはやんだというものの」とあります。ですから本文は、夕方よりあとの時間帯＝夜におきたできごとと考えられます。題名も「ある夜の物語」です。クリスマス・イブは、神の子イエス・キリストがそまつな馬小屋でたんじょうしたとされる夜を待つ《聖夜》。みなさんはそのいわれは知らなくても、この夜が何か特別な夜で、家族とともにすごす日だ、というのは感じるでしょう。

問2　「〜青年」、「〜部屋にいる」という下のことばに、ちゃんとつながるように答えます。設問に指定がないので、書きぬきで答えても自分のことばで答えてもかまいません。

問3 （1）「あたたかさ」と「さびしさ」は反対語として使われています。理由を聞かれているので、必ず「ので。」「から。」と答え終わります。「自分のことばで」とあるので、よく考えて。
（2）「人恋しさ」があるのに、かなえられないので「さびし」くなるのです。5行目「来年こそは恋人を作り、イブをいっしょにすごしたいものだなと思った。しかし、その期待もむなしく、こよいも彼はひとりですごさなければならなかった」に注目。
（3）「さびしげ」とは「活気がなくひっそりとして」「親しい人がいず、もの悲しい」ようすです。イブをひっそりすごす青年の「こどく」感が、サンタクロースの足をとめさせました。

問4　「まわりどうろう」を見たことがありますか。色とりどりの光が、ゆっくり回ります。青年の心にも色んな「物」や今のくらしをいろどること、が次々うかびました。このとき青年は、自分が心の底から望むものは何か、自分に問いかけたはずです。

問5　66行目「しかし、あなたのおくりものを受ける権利が、ぼくにあるかどうか。」ふと、このように考え始めたのが変化のきっかけです。
（1）そしてその変化の結果、68行目「ぼくよりも、もっと気の毒な人がいるはずだ。」と青年は言い切ります。
（2）そしてその「具体例」として「なおりにくい病気の女の子」のそんざいをサンタクロースにつげます。お約束どおり「たとえば」のあとに具体例がきています。

問6　65行目で青年は自分の行いを「こんな気まぐれ」「ばかげたこと」と呼んでいます。自分でも自分の心の内にある本当のねがいを、信じられないお人よしなことと思ってはいるのです。でも青年は奇跡を少女にゆずりました。そうしたかったからです。「他の人」に思いをめぐらすこどくな青年。彼は、サンタクロースが少女のところに消えたとき、人と「つなが」った思いにみたされたのです。

問7　音のひびきと、内容上のふさわしさを考えます。「きれいな」には、すんで「きよらかな」さまという意味があります。このお話は《聖夜》＝神聖な夜の、ある奇跡をめぐるおはなしでした。

「日向で」（123ページ）

解答

問1 ウ

問2 (1) ウ　(2) Aイ　Bカ

解説

吉野弘（よしの・ひろし）は、本書の基本篇中の「花と苑と死」でも出題しました。この詩はいかがでしたか。「自分もにたようなことを考えたことがある」という人もいるでしょうか。

ここでは「私」が「蝿」を見ています。蝿は日向で翅をふるわせています。「羽」という漢字だと、ちょうちょのひらひらとした「はね」を思わせますが、「翅」は漢字の中に「支」があり、頭部のつけ根を支点として、向こうがすきとおるほどにうすくくっついた「はね」を連想させます。ちょうちょの優雅さはないけれど、精巧な細工のような「翅」。それが「ありあまる光に温められている」のです。ここには「蝿」を「不潔なこんちゅう」と見くだす気もちはありません。「蝿」と「私」は同じ命としてそこにあります。二つを温める光もなんらわけへだてがありません。

問1 前には「私が蝿に生まれる可能性も／あった筈」とあり、後には「勤めの配属先が／何かの偶然で分かれるように」とあります。「蝿」と「私」はたまたまそのように生まれたと、みとめています。

問2 (1) 言葉の順序がさかさまになっている【倒置法】です。ふつうの順序なら「温められているのを、私は見ている」になります。「温められているのを」が強調されています。

(2) 詩人は自分をたまたま「人」となっている…と感じています。「蝿」が「私」であり「私」が「蝿」でも自然なのです。「ありあまる光」という言い方は「身に余る光栄」という言い方にもにて、ゆたかさと恵みを感じさせます。「蝿」は「翅をふるわせて」いる小さな命です。それを「見」る詩人もまた、ふりそそぐ光をあびて温められている小さな命です。

「かなりや」（128ページ）

解答

問1 唄を忘れた／金糸雀は、／後の山に／棄てましょか。／
いえ、いえ、それは／なりませぬ。／
唄を忘れた／金糸雀は、／背戸の小藪に／埋けましょか。／
いえ、いえ、それも／なりませぬ。／
唄を忘れた／金糸雀は、／柳の鞭で／ぶちましょか。／
いえ、いえ、それは／かわいそう。／
唄を忘れた／金糸雀は、／象牙の船に、／銀の櫂、／
月夜の海に／浮べれば、／忘れた唄を／おもいだす。／

問2 心やすまる美しいところにおいて大切にしてあげなさい。

問3 エ

解説

西條八十（さいじょう・やそ）の『名作童謡西條八十…100選』（春陽堂）から。

問1 音の数えかたはこうです。①漢字をひらがなに直す　②ひらがな一字＝一音と数える。（、や。は音ではないので数にいれません）　③指おり数えながら音読し、くぎれ目に／を入れる。

「連」とは詩や童謡で使うかたまりをさすことばで、文章での段落のようなものです。時間的まとまりや意味上のまとまりで、それぞれ連を作ります。

問2・3 「かなりや」はきれいな小鳥で、黄色いのが主流でさえずる声が美しく、その声をきくために飼う人が多いそうです。とくいなことができなくなってしまった人を「唄を忘れた金糸雀」とよく喩えます。第一～三連では「かなりや」が「唄を忘れ」ていても、いらない者とばつを与えたり、そまつにするのは「かわいそう」で「なりませぬ（いけない）」とうたっています。第四連では、銀のオール・白い象牙の船で月夜の海に浮べてあげなさい、とうたいます。弱く傷つきやすい者として、ゆめみるような心やすまる美しい場所において大切にすれば、やがていやされて、またもとの自分をとりもどす…。そんなふうに読みとることができます。

『はじめての俳句づくり』（130ページ）

解答

問1　「家の前はすっかり稲が色づいて」の「は」をとって、五・七・五音にする（と俳句になる）。

問2　親しい　～　ような〔気分〕

問3　イ

問4　五・七・五の定型にあてはめる〔こと〕
季語を入れる〔こと〕

問5　秋の

問6　1過去　2いま

問7　Aイ　Bア　Cウ

解説

辻桃子（つじ・ももこ）『はじめての俳句づくり』（日本文芸社）から。題名通り、初心者むけの俳句入門書です。本文からもわかりますが、語りかけるような親しみやすい文章で書かれています。本の終わりに「代表的な季語一覧」も付けられていて、俳句を初めて学びたい人に役立つ本です。

問1　俳句と「はがき」の文を見くらべて、ちがいをさがします。すると、筆者の「ちゃんと俳句ができていましたよ」の言葉どおり、そのちがいは、「は」があるかないかだけです。「は」をとってしまうことで、《いえのまえ／すっかりいねが／いろづいて》と、五・七・五のリズムにととのい、俳句になりました。

問2　「気分」がこの設問のキーワードなので、本文から「気分」ということばをさがします。18行目にあります。

問3　ぼう線③の直前に「俳句は、このようにふだんのなんでもないところに」とあり、ぼう線③の終わりは「見つけ出す」となっています。「なんでもない」というのは「なにげない」とか「さりげない」という意味。「見つけ出す」とは「発見する」という意味です。そこで正解はイの「季節をはっと感じさせる場面を再発見する」です。実際に「とても俳句など作れない」という人の、なにげないはがきから、俳句が三句も作れました。

問4　「どういうことですか」と聞かれているので、「こと」に続くように書きぬきます。なお、季語ですが、正確には（俳句）歳時記という辞書のようなものがあって、どんなものやことがらが、どの季節の季語なのかがしるされています。季節も春・夏・秋・冬に区分されています。実感する気温や気候とは多少ズレもありますが、この区分が季語のお約束ですので、参考にしてください。

春…2月4日～5月5日　夏…5月6日～8月7日
秋…8月8日～11月6日　冬…11月7日～2月3日

問5　これも「手紙」の文と俳句を見くらべましょう。「すっかり」→「はや」、「気配に変わりつつあります」→「気配となってきたりけり」と、言いかえられています。どんな気配に変わりつつあるのかというと、「秋の」気配です。《はやあきの／けはいとなって／きたりけり》で、五・七・五音になります

問6　「注意したほうがよいこと」とは、本文のどこに書いてあるのでしょうか。53行目から「ただし、日記は……」と始まり「すべてが過去形になってしまいますが」とあります。そして55行目から「俳句の場合は、『いま、会いたかった人に会っているのです！』というような気分でつくってみてください」と書かれています。設問での聞き方やキーとなることばを文中からさがします。すると「過去」対「いま」ということばが、あぶり出されてきます。

問7　A「春の風」→イ「ふわっとうき立つような」、B「おべんたうまだかまだか」→ア「お昼ごはんをまちどおしく思って」、C「小包のすみ」→ウ「さりげない情愛」と、にかよったふんい気のことばをつなげます。

『言葉の虫めがね』（133ページ）

解答

問1　自分の心を揺らした何かを、言葉にすること
問2　ウ
問3　ア
問4　解答例…その人がとくべつに思いをよせている相手
　　解答例…こい人などの、とくに大切にしている人
問5　まるごと読者の心に住みつける強さ
問6　書き終えて／切手を貼れば／たちまちに／返事を待って／時流れだす
問7　①自然　②百　③千　④読者

解説

俵万智（たわら・まち）のエッセイ（随筆）集『言葉の虫めがね』（角川文庫）の中の「読者について」からの出題です。

筆者は、よく知られている現代歌人です。

『「この味がいいね」と君が言ったから七月六日はサラダ記念日』という定型外（五七五七七ではない）短歌は有名です。この歌をふくむ短歌集『サラダ記念日』（河出文庫）によって一九八七年、世に新風を吹き入れました。また筆者による短歌の鑑賞・解説本としては『三十一文字（みそひともじ）のパレット』1～3（中公文庫）があります。さまざまな歌人の秀歌にふれることができます。

筆者は本文で五七五七七の定型を「同じ土俵」とよび、千年の時空を定型によって超える短歌の強さを語っています。と同時に〝俺は別にいいよ〟って何がいいんだかわからないままうなずいている」（C）のような定型外自作短歌も、さりげなくならべています。筆者にとって五七五七七は多少くずしてもこわれない、強くたのもしい基本形なのかもしれません。

問1　心を揺らした何かを言葉にする……、これは短歌に限らず、俳句や詩や随筆など、あらゆる文学的文章の目的とも言えます。文学者は「心を揺らした何か」を言葉でつかまえ、文字にし、紙に定着させることのできた人のことなのでしょう。

さて答えかたです。「揺」も漢字で書けましたか。書きぬき問題なので、①句読点（、や。）も字数として数える。②習っていない漢字も本文どおりに書き写す。この二点に注意します。

問2　「唯一の」をどうとらえたらよいでしょうか。直前の文には「ぶつぶつ呟いてみて『あ、違う違う』、また書き直してみて『うん、そう』」とあります。「心を揺らした何か」をつかまえることに集中しつつ、自分が自ら読者をつとめて批評をしています。歌人と読者の一人二役をやって、短歌のピントあわせをしているのです。「短歌を作っているとき」は他の人はかかわれません。

問3　Aの歌には外国からとどいた「愛ある」手紙のいとしさが、Bには返事が待ち遠しいだれかへ手紙を書いた後の気もちが、うたわれています。両方とも心にポッとあかりがともるようなあたたかさがあり、アの「つらさ」はあてはまりません。

問4　「その人だけの」には、特別な、スペシャルな感じがあります。「君」とは「あこがれの君」などと使い、女性にとっての男性をさす場合が多いのですが、その逆も使わないわけではありません。Cの短歌からは愛する人との一体感が、Dからは愛する人とはなれている時のいとおしさが読みとれます。

問5　ぼう線⑤の直後が答です。「まるごと」は全部ということ。短歌はその短さのため、好きな歌全部を記おくしてしまえます。その後の人生のいろんな経験のなかで、ふっとその短歌が頭や心にうかぶことがあります。それを短歌の良い面→強さと、とらえています。

問6　短歌の定型は「五七五七七」だとおぼえてしまいましょう。短歌から上の「五七五」を独立させたものが俳句です。好きな短歌を一つおぼえてしまうか、自分で作ってみるかすると、わすれません。

問7　34～37行目の段落の文章とよくてらし合わせ、あてはまることばをひろってゆきます。

『ファーブル昆虫記8　虫の詩人の生涯』（136ページ）

解答

問1　大学の入学資格／大学入学資格

問2　Aウ　Bア　Cエ　Dイ

問3　・理科系の人でも、ものの考え方にこまやかさや美しさをとりいれることができるから。
・文章としてすぐれているかどうかを大切にするしせいが作れるから。
（※二つの順序はいれちがってもかまわない）

問4　（1）ぎたい語／擬態語　（2）うとうと

問5　オ

問6　ア×　イ○　ウ×　エ○　オ×　カ○　キ×　ク○　ケ○　コ○

問7　解答例…三角形の三つの角を切って合わせると、どんな三角形でも百八十度になる。すっきりとふしぎで美しいと思う。

解説

筆者の奥本大三郎（おくもと・だいさぶろう）は小学一年生の冬にクリスマス・プレゼントとして両親から伝記をおくられ、ファーブルのことを知りました。また、病気でねたきりだった小学四年生の夏には『昆虫界のふしぎ』という本を買ってもらい、むちゅうで読んだそうです。その感げきはおとなになってもかわらず、筆者はファーブルがすごした南フランスの土地を何度もおとずれます。そして『完訳ファーブル昆虫記』全20巻（集英社）のしっ筆にとりくみます。本文は同じ筆者のジュニアむけの全集中の8巻目『伝記　虫の詩人の生涯』（集英社）からの出題です。さし絵や写真、見山博（みやま・ひろし）の標本画も豊富な、ふりがなつきの本です。

本文はファーブルの青年時代のエピソードです。彼が考える学問とは何か。学問へのあくなき情熱とは？　ていねいに読みましょう。

問1　「この資格」の直前に「大学の入学資格」とあります。ただし、8行目に「ファーブル先生が文学で大学入学資格の試験に通ったあと、二人で代数と解析幾何の勉強をはじめることになった」とありますので、これも正解となります。ファーブルさんの国（フランス）では科目ごとに「大学の入学資格」をとり、その後は大学に入るか、自分で学んで試験を受けるかして、大学卒業の資格（学士号）をとるしくみだとわかります。

問2　接続語の問題です。空らんの前の文と後の文との関係を考えます。順接（そこで）なのか、逆接（ところが）なのか、話題転かん（さて）なのか、です。（いっぽうで）は並列の「また」に近い語です。
Aは「理科系の人でもギリシャやラテンの古典文学を学ぶことになっていた」のに「のちには技術的なことを学ぶだけでせいいっぱいになって」しまった、のだから逆接（ところが）です。Bは「古典文学の勉強」が科学の「役にたっ」ていたのとならんで、「幾何学をやったこと」が『昆虫記』などの本を書くとき役にたった」といいたいのですから、並列（いっぽうで）です。Cは話題がかわるので、（さて）がきます。Dは「もと兵隊の先生」が「基本的なことがわかっていなかった」ので、「こんどはファーブル」が「おしえる番になった」ことから、順接（そこで）がきます。

問3　11行目に、「そのために」（＝ギリシャやラテンの古典文学を学ぶことによって）「ものの考え方にこまやかさや美しさをとりいれることができた」とあります。また13〜16行目で、のちにそうでなくなったときに「文章としてすぐれているかどうか」が「どうでもよくなってしまった」とファーブル先生はなげいています。古典文学を学ぶことで、すぐれた文章力が身につくと実感していたからです。
「理由をのべなさい」ときかれているので、「ので。」「から。」と答え終わります。

問4　「うつらうつら」はねむくなって「うとうと」しているようす（状態）をあらわした【擬態語】です。「うとうと」も擬態語です。

問5　ファーブルと「相手の人」との数学への取り組み方のちがいを「筆者はどのようにとらえているか」に注意します。58行目に「この人は数学がすきなのではなく、資格がほしいだけなのでした」とあり、「ほしいだけ」というあたりに、筆者のけいべつがにじんでいることがわかります。

問6　まちがえた所は、再度本文にてらし合わせて確にんします。

問7　未知のことを学んだ喜びを思い出してみましょう。

「徳良先生」（140ページ）

解答

問1 D→B→C→A
問2 子供の浅知恵／こざかしいこと（順序は入れちがってもよい）
問3 エ
問4 解答例…鉄棒の逆上がりができなかった「私」に、夏休み中つきあってできるようにしてくださったこと。
　解答例…字がきれいになるようにと、日記を書くように義務づけ、それを毎日添削してくださったこと。
　解答例…遠足のとき、理由のある単独行動をみとめ、自由にさせてくださったこと。
問5 人が見 ～ と思う〔から。〕
問6 皆と同じ
問7 ウ

解説

筆者は「リンボウ先生」という愛称で親しまれる随筆家、林望（はやし・のぞむ）です。イギリスのケンブリッジ大学から招かれて、和漢古書の目録を作るかたわら、『イギリスはおいしい』（文春文庫）という随筆集で日本エッセイストクラブ賞を受賞。その後数多くの随筆や紀行文・評論などを書いています。本文は、『テーブルの雲』（新潮文庫）という本に収められた随筆です。子どものころ出会った若き先生をめぐる思い出と、キカン気だった自分をふりかえっています。

問1 【文の整序】という、本書では初めて出題する設問です。もとあった文章がばらばらにされ、順序もわざとごちゃごちゃにされているのを、元通りにもどす問題です。時間のあとさきや、ものごとの起こる順序を正しく整え、これにそった筆者の感想も適切な場所に配置します。ヒントとなるのは指示語と接続語です。Aの「そこで」やBの「その」とは何をさすのか。Dの「ところが」は何と逆接（反対）につながるのか……。ひとつひとつていねいに順序をそろえていきます。【文の整序問題】では指示語や接続語に注目して復元します。

問2 「子どもの浅知恵」の「浅」と「こざかしいこと」の「こ」は、二つとも「おろかな」感じをただよわせている点がにており、設問の「恥ずかしい行い」の言いかえ表現と言えます。
ところで「こざかしい」だけで「こと」がぬけている答はどうでしょうか。これは内容は合っているのですが、答の形に不足があります。「恥ずかしい行い」につりあう答にしたいなら、「恥ずかしい」→「こざかしい」、「行い」→「こと」と考えて、「こと」まで答えるのが、正確です。また字数の点でも「7字以内」とあるので、できるだけマス目があまらないよう、指定字数に近い答にします。

問3 ア～エのどれもふさわしいように思えます。ではどこにポイントを定めて一つをえらべば良いでしょうか。設問には「教育とは…」とあります。教育の「教」という字が本文の33行目にあるので、その文に注目しましょう。「しかし、先生はそれを叱ることよりも、『人はだませても自分の心は欺けない』という厳粛な事実を、そういう形で教えてくださったのだろう。」これにもっとも近い選択肢はエ「自分の行いの意味に気づくよう、うながす」です。28行目、先生が「しばらくじっと私の目を見つめ」ていた間、「私」は、先生の視線を真正面から返せない居ごこちの悪さや、自分の「うそ」をつきつけられる思いがしたことでしょう。

問4 「どんなことを通じて…のべなさい」ときかれているので、「こと。」と答え終わります。

問5・6 「誰もが空を見上げているときに、一人だけ地面を見つめて」いて「も良いじゃないか」と筆者は主張しています。「皆と同じことをする」（53行目）のが日本の風土であり、皆と同じようにするのが、「日本の教育の基本にあって、個人的行動はとかく協調性がない」といやがられます。しかし「学問や文学にとって」はぎゃくに、「そういう心の持ち方こそが……じつは最も大切なことではないかと思う」（57行目～）とのべています。

問7 「キカン気」とは人に負けたり言いなりになるのをきらう勝気な性質のこと。この性質にはウ（心ぼそくてかなしんでばかりいただろう）だけが、あてはまりません。

『科学者の目』（143ページ）

解答

問1　Aエ　Bイ　Cウ

問2・アフリカの西のくぼみと南アメリカの東の出っぱりの形がにている〔と考えた〕

・（この）二つの大陸がもとは一つだったのではないか〔と考えた〕

問3　エオキケ（順序はちがってもよい）

問4　（1）古代の生物や地質を研究する人

（2）地球物理学者たち

問5　大陸をひきはなす強い力がいったいどこからきたのかという疑問（へ）の

問6　評価　　問7　オ

解説

評論をまじえた伝記のことを【評伝】とよびます。本文は、かこさとし著『科学者の目』（童心社フォア文庫）に収められたアルフレッド・ウェゲナーの評伝です。「大陸移動説」という大たんな考えの始まりが「ぼんやり地図をながめていた」ときに生まれたこと、その学説が熱狂によってむかえられながらも、地球物理学者から反論され、ひょう流し、人々からひにくられ、やがてわすれられ、第二次大戦後にふたたび正しく評価される……、そのうつりかわりをついせきした文章です。

かこさとしは、『かこさとしの自然のしくみ地球のちから絵本』（農山漁村文化協会）など、科学絵本や児童書を数多く書いています。

問1　空らんの前後のつながりを見きわめます。Aは「…証拠をしらべはじめた。」すると、「アフリカにも南アメリカにもおなじ古いシダ植物の化石が埋もれていた」（順接）です。Bは「二つの大陸の植物の分布がきわめてよくにていた。」また、「地質や地層のようすもぴったり合っていた」（並列）です。Cは「はじめ熱狂した人びとも…大陸移動説などわすれてしまった。」だが、「第二次大戦以後…つぎつぎと新しい事実を見出した」（逆接）です。

問2　ウェゲナーが地図をながめていたときのことが書かれた段落（5行目～）に注目。設問で「と考えた」につづくように書きぬく空らんがありますので、文中から「と」を入れることのできる所をさがします。「具体的に書かれた箇所」というのもヒント。あとは本文と一字も書き写しのまちがいがないようにします。

問3　ぼう線②の直後に「どうだろう」とあって、その後に結果が次々書かれています。根気よく、内容があてはまる選択肢をてらしあわせてえらびます。

問4　（1）「賛成した」という表現が38行目にあります。

（2）「反論した」という表現が40行目にあります。

書きぬき問題なので、（1）（2）ともに、本文から一字も書き写しのまちがいがないように書きぬきます。

問5　指示語の内容をかきこなす問題です。ウェゲナーの大陸移動説は地球物理学者から、「大陸を引きはなす強い力がいったいどこからきたのか不明ではないか」と反論されました。これは気象学者であるウェゲナーにとっては答えようのない反論でした。この反論は全部が説明できなければすべて正しくない、というせまい考え方です。「その答え」の「その」を「文中の表現を使って言いかえ」る設問ですから、書きぬきではなく、文中の表現を書きこなして「答え」につながるようにします。

問6　49行目～「こうして…ウェゲナーの目が地図からすばやくよみとった『大陸移動説』は、ふたたび正しく評価されることとなった」とあります。

問7　ぼう線⑤「私たちが学ばなければならない」「科学者の目」とは、59行目「すぐれた科学者が一目ですばやく感じとったことや、独特の眼力で瞬時に見ぬいたこと」です。これに一番近いのは、**オ**の「科学者のひらめきや観察力を重んじること」です。

『バッテリー』（147ページ）

解答

問1　春の夕ぐれ前の空き地

問2　体の動きを現在形の短い文で次々えがいている（特徴がある）。これにより、巧が目の前で動いているような、リズミカルなやく動感を感じさせる（効果がある）。

問3　エ

問4　だれでも投げてる

問5　エ

問6　比喩／ひゆ／直喩　　問7　本気

問8　（野球と関係のないことでからかわれて、）怒りが体の底からつきあがり、それをおさえるのにせいいっぱいの〔状態〕

問9　ウ

問10　⑧豪がたった五球で自分の球をとったことにおどろき、予想以上にすごいやつだと見直す気もち。
⑨自分の球は、いなかのキャッチャーにたった五球めでキャッチングされるていどのものなのか……そんなしょうげきとくやしさをおさえられない気もち。

問11　ちきしょう。～　たまるかよ。

問12　ウ

解説

あさのあつこ作『バッテリー』（教育画劇／角川文庫）は、2巻3巻……と続編が出て、6巻で完結した物語です。『バッテリー』（第1巻）は第35回野間児童文芸賞を受賞、『バッテリー2』も第39回日本児童文学者協会賞を受賞、またシリーズ全巻通じて小学館児童出版文化賞を受賞しています。本文は『バッテリー』（第1巻）で、主人公の巧と豪が初めてボールのやりとりをする場面、つまりバッテリー（ピッチャーとキャッチャーの組み合わせ）誕生の場面です。巧と豪の真剣なやりとりを、やく動感あふれる文章で味わいましょう。

問1　75行目に「夕ぐれ前の春の空き地に、その声はよくひびいた」とあります。本文前の導入文にも「春休み」とあります。本文最後も「日がかたむいて、空き地はオレンジの色に染まっていた。」という一文で終わっています。学校の運動場でもない、だれからも何の指示も受けず、じゃまもされない場所、「空き地」。そこに一対一で向き合って全力投球・全力捕球する二人の少年……そのまざりけのない熱さが伝わる本文です。物語文は、【いつ・どこで・だれが・何を】している話なのかをおさえるのが基本です。

問2　ぼう線①の最初の文は「そのまま頭の上に。」で「両うでをあげる」が、省かれています。その後の文はすべて「上げる。」「引く。」「ふみ出す。」と現在形でたたみかけています。今、まさに目の前で巧の体が動いているように感じさせる効果があります。

問3　ぼう線②の「久しぶりに聞く音だ」「身体の中を電気が走った」から、投球のこうふん、「熱い心の高ぶり」が伝わります。

問4　「～だと、ふざけんな。」とあるので、直前の相手（豪）の会話から巧を怒らせるようなことばをぬきだします。「8字ちょうどで」がヒントです。

問5　選択肢のエは「ふざける」という語をとりちがえています。巧は型どおりの「まじめ」さでおさまらない人物です。

問6　「～のように…」とは、比喩（ひゆ）の基本、直喩でした。

問7　「その気」とはどんな気なのか、考えます。46行目にも「本気で投げてない球」という表現があります。

問8　ぼう線⑤の「突然立ちあがった」「大またで、近づいてくる」「あっと思った瞬間、胸ぐらをつかまれていた」から、豪の怒りのはげしさがわかります。また「豪の声は、低くて聞きとりにくかった」からは、豪が怒りのばく発をおさえているようすが読みとれます。

問9　⑥と⑦のぼう線部の間、54～57行目を読み返します。「そうだ、豪の言う通りだ」と、巧は自分のあやまちをみとめています。

問10　各ぼう線部の最初の三文字→「そうだ」と「しかし」ににじむ巧の感情を読み分けます。前の言葉は豪にむかっていますが、後の言葉は巧自身にむけられています。「～気もち。」と答え終わります。

問11　「怒り」の文章をさがします。「ちきしょう。～たまるかよ。」という生々しい肉声が、地の文とちがう色で立ち上がっています。

問12　空らん直前の「自分の中にある力ぜんぶで」に近いのはウ。

『神戸震災日記』（153ページ）

解答

問1　A明　B役　C鳴　D全
問2　イ
問3　い4　う2
問4　（1）エ
（2）すべては地
問5・寒さをしのぐ衣類や毛布／あたたかな衣類／着るもの
・空腹をみたすもの／食べもの／食料
・飲み水／飲料水／のどのかわきをうるおすもの
※三つの順序はいれちがってもよい
問6　（1）エ
（2）「こそばゆいながらも、嬉しかった感覚」が強調されて、「有田君」の達成感が、余いんのようにのこる効果。

解説

一九九五年の阪神淡路大震災でめちゃめちゃになった神戸。『神戸震災日記』（新潮文庫）は、小説家田中康夫（たなか・やすお）が単独のボランティア活動をした時の記録文＝「現地発リポート」です。ゲンチャリ（原動機つき自転車＝バイク）の荷台に、自前で調達した水・下着・化粧品などをつみ、被災者に直接手わたしました。被災者の心をくみとれない知事や市長の体温の低さにいらだつ一方で、市民の活やくも見ました。本文はその中の一つ、「ある商船大生の記録」です。前代未聞の惨事に行政がまだ動き出せずにいた時、一人の青年が自分の知恵と状況判だんだけをたよりに、目の前の困難を「当然の使命」として解決していく。頭はクールに、しかし心は熱く、人にはあたたかく行動した青年の貴重な記録です。ちなみに、筆者はこの五年後に長野県知事選に立こうほし、当選して、行政をあずかる立場になりました。

問1　文脈の読みとりと語い力をみる問題です。前文から、地震は一月十七日午前五時四十六分、つまり冬の夜明け前に起こった、という事実をしっかりおさえます。地いき全体が停電し、あたりはまっくらやみです。火の手もいくつか上がっています……。そんな非常事態から、A夜が明ける、B安全靴とヘルメットが役立つ、C非常ベルが鳴っているのに、パトカーの音もD全然聞こえない……というようすを読みとります。あまりの地震のはげしさに道路がズタズタになって大型車両は動けず、警察や消防の指揮もみだれて、現場まで出動できなかった例がほとんどでした。

問2　「有田君」が最初にくだした状況判だんです。彼の取った行動（車の中でラジオを聞いたこと）の意味を考えます。

問3　いは「むしろ」、うは「しかも」がきます。いの「決して○○ではなく、むしろ△△なのだ」は、これ全体が慣用表現（よく使われる言い方）です。うは「○○のうえにもう一つ」という意味のことば→添加の接続語「さらに」「しかも」「そのうえ」などがきます。

問4　（1）「現場に立ちあっているような感じ」、これを臨場感と呼びます。
（2）32行目に「すべては地震発生当日に二〇歳そこそこの青年が、目の前の状況に対して認識・判断した事柄なのだ。」とあります。この一文には「まだ若いのに何てたのもしいのだろう。たいしたもんだ」というふうに、ほれぼれと評価している筆者の目がうかがわれます。

問5　指示語（「そういったもの」）の内容説明の問題です。前行から「寒さを凌ぐもの」「空腹をみたすもの」「飲み水」の三種類がうかび上がります。

問6　（1）「こそばゆいながらも、嬉しかった感覚と共に」の部分はふつうなら前文の「セリフを」と「有田君は」の間に来るでしょう。このようにわざと文や語の順序を入れかえる技法を【倒置法】と呼びました。
（2）【倒置法】では、強調したいことばが文の最後におかれることで、印象が強まり、余いんがのこる効果があります。

『アフリカで寝る』(157ページ)

解答

問1 あ未　い不　う無　問2 Aア　Bウ
問3 西アフリカ、チャドのバイリ村
問4 木はおのず
問5 解答例…もと農業指導官のダバさんが小学校の子供たちと(「緑のサヘル」の)苗木センターから苗をもらい、学校や市場に植えて世話を始めたこと。
問6 (1) 昔より木が減って森がなくなった〔ことに気づき、〕
(2) 苗木センターに苗をもらいに来る〔ようになった。〕
問7 (1)「緑のサヘル」の日本人青年たち
(2) 11
問8 ア

解説

松本仁一(まつもと・じんいち)『アフリカで寝る』(朝日文庫)という紀行文集から。「流れ星の下で　チャド」という文章です。この本は日本エッセイスト・クラブ賞を受賞しており、姉妹本に『アフリカを食べる』(同)もあります。筆者は朝日新聞社のアフリカ特派員として、長期にわたりアフリカを訪れました。そこでの異文化との出会いと体験を、「食べる」・「寝る」という切り口でわかりやすく語っています。

本文では「樹木は自然からの授かり物」という文化でくらす人々に、「自然を育てる」意しきを持ってもらい、サバンナ(草原)の砂漠化をくいとめようと努力する日本の青年たちの活動が書かれています。青年たちは、植林という行動を通して、〈自然の保護や育成の文化〉をアフリカの地に育てているともいえるでしょう。

気温四十度の中でも骨身をおしまぬ日本の青年たちのようすと、現地の人たちの反のうを読みとり、アフリカの夜の美しさ・人々のくらしの音に思いをはせる筆者の随想にも、心をかたむけましょう。

問1 下のことばを打ち消す一文字「非・無・否・不・未」をえらぶ問題。日ごろからこの文字が出てきたら注意します。「未」は「まだ××していない」という意味です。

問2 Aは接続語をえらびます。「昔は」「自然は…再生するだけの余裕があった」けれども(逆接)「人口が増え続けるとそうはいかなくな」りました。→「しかし」が答。Bは「おせじにも〜とはいえない」(ほめるような物ではない)という慣用表現です。

問3 「具体的な場所」をたずねているので、地名などで答えを限定します。「バイリ村」を「パイリ村」などと書きまちがえないように。

問4 「考え」という語がキーワード。文中から「考え」という語をひろいます。15行目に「彼らの間では『樹木は自然からの授かり物』といった考え方が強い。」とあり、つづいて「木はおのずと生えてくるもので、自分たちが植え、育てるものではないという考えだ。」と、よりくわしく説明されています。どちらの文をとるか……。設問の「具体的な内容」にあてはまる、後の一文をえらびます。

問5 指示語の設問としてはかなり高度で、まとめるのに苦労することでしょう。「だれがどうしたことにつられたのか?」を書くのですが、だれ↓ダバさんと子供たち、まではわかっても、「ダバさんってだれ?」「子供たちってどこの子供たち?」と「?」の部分が出てきます。「どうした」にあたる内容も、文中のことばをひろい集めてまとめます。「のべなさい」ときかれているので「。」で答え終わります。

問6 (1) 村人の会話に注目。気づいた事実→40行目〜「たしかに木が減っている」「(象が)いなくなった」「森がなくなった」
(2) 村人の行動に注目します。何をするようになったか→43行目「苗を分けてもらいに来る村人が増えた」

問7 (1) 51行目〜「地元の農民は…家に帰る。しかし数万本の苗を管理している彼らは…」に注目。「彼ら」とは「緑のサヘル」の日本人青年たち(7行目)、をさしているとわかります。
(2) 「彼らの仕事」とはどんな仕事なのか? 書かれているのは11行目〜「乾きに強い…というシステムだ。」の段落です。

問8 文学的文章の最後の一文には、筆者の感そうがこめられることが多いものです。アフリカの奥地で活動する青年たちへの親しみと、労をねぎらうような安らかな気もち。その中に遠くから聞こえる現地の人々の生活音が書かれています。人間へのいとおしさが読みとれる**ア**が正解。

『俳句の楽しみ』(161ページ)

解答

問1　ア
問2　(1)九〔死に〕一〔生を得た〕
　(2)命からがら助かった/死ぬのがあたりまえなのに、命びろいした
問3　この句 〜 てくる〔から。〕
問4　説明をきかなければ、十分に理解することは出来ない〔という意味〕
問5　小さな昆虫のかすかないのち
問6　日頃見 〜 一瞬の〔感銘〕
問7　気迫

解説

飯田龍太(いいだ・りゅうた)は、俳人飯田蛇笏(いいだ・だこつ)の子で、昭和を代表する俳人の一人です。「どの子にも涼しく風の吹く日かな」「いきいきと三月生まる雲の奥」などの代表的俳句があります。

本文は『俳句の楽しみ』(日本放送出版協会)という俳句解説書中の「巧拙を超えるとき」全文です。第二次世界大戦末期(一九四五年)、日本とアメリカが沖縄で戦っていたさなかが本文の背景です。

俳句はもっとも短い詩形です。ふだんのなにげないしゅん間をさらりと表現できる一方で、この例のような、せっぱつまった状況の、究極の表現となることもできます。

問1　ぼう線①の直前に「どうあがいても最早遁れるすべはない」とあり、もうどうしようもないと開き直ったことがわかります。

問2　「九死に一生を得る」は、十のうち九は助からないところなのに、ぎりぎりで命が助かることをいいます。

問3　求める答が長い(55字以内)ので、数えるのもひと苦労です。数え方は「2、4、6…」と、きざんでしるしを入れ、10ごとに「10」「20」と記入しておくと、あとの見直しもしやすくなります。設問は「私にとって、いまは大事な宝」なのはなぜか、です。答は15行目〜「この句を思い浮べると、そのときの記憶がまざまざと甦って、ひとに語れぬさまざまなおもいが胸に湧きあがってくる」(53字)〈から〉。「ひとに語れぬ」という所に《自分だけの(宝)》という感じが出ています。

問4　「天道虫…」の句が「その意味では」十分で完全ではない、と筆者はのべています。では「その意味」とはどんな意味でしょうか。19行目の「なるほどこの句は〜」に注目。筆者がひひょうを始めているからです。「天道虫…」の俳句は、俳句を読んだだけでは時代背景も状況もわからず、よく味わうことができません。「説明をきかなければ、十分に理解することは出来ない」(19行目)のです。(とは言うものの、直後に、筆者はそれでも「いい」のだ、と断定している流れも見落とさないようにしましょう。つまり、「その意味では」というのは部分否定なのです。この俳句丸ごとについて、筆者は「よし」としています。後の**問7**にこの流れはつながっていきます。)

問5　「天道虫…」の俳句を作った人は何に「わが身のひそかな生の証」を見たのでしたか? 答は「黒地に鮮やかな赤斑を持つ小さな昆虫のかすかないのち」に、です。設問指定の15字以内におさめるため、上のかざりのことばを省いて「小さな〜」をぬき出します。

問6　「その」の言いかえ部分を書きぬく指示語の設問です。お約束どおり、直前から前にさかのぼって言いかえてみます。

問7　「巧拙を超える」の「超える」とは「ある限度より上になる」ことです。本文では「うまい・へた」の次元を乗りこえることをさしています。たとえ「へた」であろうが、それを乗りこえる何かがある俳句……。そこには何があるのでしょうか。「魅力」(37行目)ではあたりまえすぎて強さが足りません。「天道虫…」の俳句と松尾芭蕉の「旅に病で…」の二つの句に共通する強いものと言えば、30行目の「気迫」しかありません。

「短歌五首」（164ページ）

解答

問1　3

問2　この里に／手まりつきつつ／子どもらと／遊ぶ春日は／くれずともよし

問3　4

問4　1オ　2ア　3ウ　4イ　5エ

解説

[1]　藤原定家（ふじわらのていか）は一一六二年生まれ、一二四一年没の歌人です。今から約八百年前、天皇から命令を受けて『新古今和歌集』をへんさんしました。これは正月のカルタのもとになり、今に生きています。『小倉百人一首』をえらんだのも定家といわれています。

「見わたせば花も紅葉もなかりけり浦の苫屋の秋の夕ぐれ」は、まず「見わたす」のですが、そこには春の桜、秋の紅葉のいろどりは「なかりけり」で、入り江のそまつな小屋だけが波のうちよせる浜に寒々と見えるだけです。桜と紅葉の映ぞうがいっしゅん頭にうかんで消える、その残像効果がみごとです。

[2]　良寛（りょうかん）は今から約二百年前の新潟県に生まれ、青年のころ曹洞宗の禅寺、永平寺に出家し、その後ふるさとにもどります。そして小さな草の庵（小屋）に住み、〈こじきぼうず〉と呼ばれながらも、数々の歌をよんで生を終えました。

「この里に手まりつきつつ子どもらと遊ぶ春日はくれずともよし」は、のどかなわらべ歌のような調べの中に、たんたんとした味わいがあります。その一方で「春」の直後に「日はくれずともよし」と言い切っているところには、「これでよし」とするきっぱりとしたしせいのようなものも感じられます。

[3]　与謝野晶子（よさの・あきこ）は今から約百余年前、一九〇一年に出版した短歌集『みだれ髪』で、青春のみずみずしさとあふれる情熱を歌いあげました。古典文学『源氏物語』の現代語訳にも長い月日をかけて取り組みました。また男尊女卑の時代のなか、女性の権利をめぐる評論で時代に大きなえいきょうを与えました。

「金色の小さき鳥のかたちして銀杏ちるなり夕日の岡に」は、夕日の岡をバックに「小さき鳥のかたち」をした金色の銀杏の葉が散っていく情景を歌った短歌です。かがやくような秋の美しさを味わいましょう。

[4]　木下利玄（きのした・りげん）は、明治・大正時代の歌人。学習院に学んだ中学高校時代は性質温和な文系の優等生で、志賀直哉（しが・なおや）たちからも一目おかれ、したわれました。

「こどもらは列をはみ出しわき見をしさざめきやまずひきいられ行く」の短歌からは、教師となった経験もある利玄ならではの、子どもたちをあたたかく見守る目が伝わってきます。

[5]　斎藤すみ子（さいとう・すみこ）は一九二九年生まれの歌人。

「垂れこめて重き曇りとなりし窓迷い入りくる黄色のインコ」の「垂れこめて」や、「迷い入りくる」には、《不安》や《迷走》が、「黄色」にはある種のきわどさがあり、現代的においがします。

以上、五首をならべましたが、これだけでも八百年という時間を楽々とこえています。五七五七七の短歌の世界の強じんさが実感できるでしょうか。

問1・3　俳句には【季語】が欠かせないものでした。短歌も季節への感覚をするどくしてよむと、鑑賞が正確になります。ただし、短歌は俳句とちがい、必ずしも季節のことばを入れなくてもよいのです。設問の短歌も[4]と[5]は季節が特定できません。

問2　このさとに（5）／てまりつきつつ（7）／こどもらと（5）／あそぶはるひは（7）／くれずともよし（7）

問4　作品別解説を読み直してください。

「スコットの南極探検」（165ページ）

解答

問1 いつ…一九一二年一月十七日
だれが…イギリスのスコット探検隊が
どこで…南極点で／地球の最南端の極地で
どうなった…最初の南極征服者になろうとしたが、ノールウェイのアムンゼン（隊）に、先をこされていた。

問2 ①イ　②エ　③ウ　④ア

問3 こんなこと　問4 ウ　問5 ア

問6 深く死を覚悟している

問7 このさき手あしまといになりたくないと思って、死ぬ（ために）

問8 ウ　問9 Cウ　Dエ　Eア

問10 （1）ア
（2）食糧や燃料ものこり少なく、つかれはてた体で大ふぶきの中を進まなければならない。それなのに動きの不自由なオーツを連れ歩けば、自分たち全員の死をまねくから。

問11 ウ

解説

山本有三（やまもと・ゆうぞう）『心に太陽を持て』（新潮文庫）に収められた伝記物語です。スコット大佐・バウワース少佐・ウィルソン科学隊員らの日記がもとになっています。南極でそうなんした彼らのい体（死体）のそばに、日記はありました。チェリー・ガラードという元隊員が、行方不明のスコットたちをそうさく、い体とともにこれらの日記を見つけました。彼は第一次帰還部隊（イギリスに帰る隊）に編入されてとちゅう帰国し、そうなんせずにすんだのでした。彼はその後、日記にしるされた苦闘の日々を本にまとめます。この記録は『世界最悪の旅』（中公文庫※ただし大人向け）で読むことができます。

もし、この日記が見つからなかったとしたら、スコットたちの悲げきについても、くわしいことはわからぬまま終わったことでしょう。〈ことばを書きのこすこと〉の重さを感ぜずにはいられません。

問1 本文の▼～▲中から、基本設定をしっかり読みとります。そのうえで次に進まないと、何が何やらわからなくなります。

問2 読みとった事情にイギリスのスコット隊が当然感じただろう心情を肉づけします。文中のことばをヒントにします。たとえば、ぼう線①は「勇躍」、②は「不安な」、③は直前の「無残に」、④は「自分たちと同じ寒さ、同じ苦しみ」「無限の敬意」、に注目。

問3 「心のつぶやきのかたちで書かれている」という指定がヒント。24行目「こんなことで、食料や燃料がなくならぬうちに根拠地まで帰れるだろうか」。スコットの心配はみなの心配でもありました。

問4 「もし…すれば～できる」という言い方です。すいじゃくして歩けないイーヴァンス兵曹を「すてて行け」ば隊全体の歩みが速まり「次の（食料や燃料の）貯蔵所」まで行きつけられることが書かれます。でも、彼らはそうしませんでした。

問5 空らんの直前に「はげしい空腹になやまされ」「食事はもとより十分ではな」く「さすがのオーツも言いだした」とあります。「不死身のオーツ」と呼ばれた男でさえもたえられないほど弱ってしまったのです。空らんの直後には「三人はあたまをふって、かれを」「しっかりはさんで歩きつづけた」とあります。オーツが三人に、自分を休ませ先に進むよう言ったとわかります。

問6 62行目～「深く死を覚悟しているオーツのこころ」とあります。

問7 94～95行目に「オーツがこのさき手あしまといになりたくないと思って、死ぬために出て行ったのだということは三人とも知っていた」とあります。

問8・9・10 オーツはテントを出ようとする直前、別れのあいさつをするかのように、三人のほうに「ふりかえっ」て視線を交わします。他の三人はオーツの行動の意味が痛いほどわかっています。「むろん（＝もちろん）」オーツのことを「とめなければならない」と思います。でも「とめることができない」のです。問10（1）は、二つの気もちがせめぎあっている選択肢アをえらびます。（2）は解答を読んでください。えい遠の別れであるのに、オーツが「テントのすそをくぐっていった」という、そっけないほどのえがき方は、のこる三人への気づかいを感じさせて読む者の心をうちます。

問11 出てゆくオーツをとめなかった自分たち。答をすでにえらんでしまった深い罪の重さに、ぼうぜんとしています。

名前

難関中学受験名門
啓明館

啓明館が紡ぐ（つむ）

小学国語
読解の基礎

感じて・考えて・広がる世界
国語っておもしろい!!

啓　明　館　　　監修
(株)さなる 教材研究室　編集

1. ノート不要の　書きこみ解答式
2. 感性をやしなう　厳選された題材
3. 納得のいく　ていねいな解説

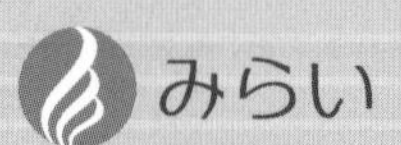

もくじ

発展篇

『読解の基礎』のねらいと特色

感じて・考えて・広がる世界 国語っておもしろい!!

「いいものはいい！」——読んでおもしろい、興味深い文章をよりすぐりました。最初はごく短い文章から。中盤からは古今の名作の世界にひたります。頭と心がやわらかいうちだからこそ、先入観なく読むことができます。『星の王子さま』と『三国志』がとなりあう——そのヴァリエーションも楽しんでください。

設問も「実感」をたいせつにした、「感じる国語」をめざしています。心が反応してこそ、思考に核（コア）が生まれ、豊かで緻密な思考が作動します。記述対策もその流れの延長上に、「感じて・考えて」書けるような設問をもりこんでいます。書くことに構えない・書くことをいとわないスタイルを、中学年のうちから自然に身につけましょう。

解説もていねいに、読むことで鑑賞力が高まるようなものをめざしました。

「広がる世界」——受験でも知識だけでは得点力に限界があります。その子のもつ興味関心の広さが、最後に大きな差となってあらわれます。「一合升には一合の酒しか入らない。ならば升そのものを大きくすればよい」との考え方に立ち、できるだけ偏りなく「世界」を広げるようなしかけが埋めこまれています。

「解答力」の基本を『おやくそくとおけいこ』で学ぶ！

「国語の解き方・答え方がわからない」という人にとって、本書は強い味方です。今までの受験参考書では指摘されていなかった盲点——どこで×をつけられるのか？　○○の設問にはどういう形の答え方をすればよいのか？——そうした実戦的な解答技術について、進学塾ならではの突っ込みと指導・練習のページをもうけました。「なんとなく」書いていた答案を、「こう書かなくてはマルがもらえない」というレベルにもっていくための初めの一歩、それを本書で身につけることができるでしょう。

ゆたかな「語い力」と語感を育てる！

ぱらぱらとめくって見てください。語注のていねいさに驚くことでしょう。語彙は単純記憶だけではなかなか身につきません。ある設定や状況の中で使われてこそ、それを理解し、ことばの微妙な使い方をまねる（＝学ぶ）ことができます。人生経験がまだ10年あるかないかの子どもたち。そのとぼしい語彙の範囲でも理解可能なように、また、より多くの語彙が獲得できるよう、ていねいに語注をふっています。

「読書案内」と「読書の記録」で本好きな子どもに！

本書で読んだ文章がおさめられた本を、巻末で紹介しています。本文の続きが読みたい人は、ここからさらに世界を広げましょう。続く「読書の記録」は自分の読んだ本を書きとめておくページです。

おことわり

① 目次等で『　　　』内は書名を、「　　」内は本に収められた短編タイトルや章の名をさします。
② 設問のなかで、一部アルファベット（ＡＢＣ…）を使用しています。口頭で説明する際、①②③…やア・イ・ウ…の２種類のみでは、指定に限界があるためです。
③ 本書の設問の字数指定は、通例に準じ、句読点・符号等もすべて字数として数えています。
④ 本文では著作権を尊重し、原文に忠実な記載をしています。これにより筆者ごとに表記の異なる語句（例…「気持ち」「気持」／「起こる」「起る」等）も、そのままの形で載せています。ただし旧かなづかいのみ、新かなづかいに改めています（例…ゐ→い／さう→そう等）。ご了承ください。

基本篇

このテキストは、まだまっさらなまま。
みなさんが、読み、考え、書きこんでくれることを
まっています。

さあ、読解の学習をはじめましょう。

やがて……。
このテキストに、何も書きこむことがなくなるときがきます。
そのとき、みなさんのなかには、あらたな世界がひろがっていることでしょう。

第1章 文章の種類と話題 1 文章にはいろんな種類がある

学習のねらい ▼文章の名前とイメージをつなげよう／何が書かれているのかな？

【文章の例1】◆次の2つの文章を読んで、下の問いに答えましょう。

1 緑の蛙と黄色の蛙が、はたけのまんなかでばったりゆきあいました。
「やあ、きみは黄色だね。きたない色だ。」
と緑の蛙がいいました。
「きみは緑だね。きみはじぶんを美しいと思っているのかね。」
と黄色の蛙がいいました。
こんなふうに話しあっていると、よいことは起こりません。二ひきの蛙はとうとうけんかをはじめました。

（新美南吉「二ひきの蛙」より）

2 秋になると、多くの植物の葉っぱは枯れ落ちます。ところが、一年中、緑の葉っぱをつけている樹木もあります。冬の寒さの中を緑の葉っぱのままで過ごす樹木は、スギやマツ、ツバキやキンモクセイなどです。これらは「常緑樹」といわれます。
昔から、「これらの植物が、どうして、冬の寒さの中で緑の葉っぱのままで過ごせるのか」と、ふしぎに思われてきました。そして、昔の人々は、冬の寒さに出会っても枯れない緑のままの樹木を、「永遠の命」の象徴として、崇めてきました。

（田中修『植物はすごい』より）

問1 1の文章は、だれが、どうしたお話ですか。次の空らんに書きましょう。

（　　　　）が、（　　　　）お話

問2 2の文章は、何について書かれているお話ですか。次の空らんに書きましょう。

（　　　　）

問3 1と2の文章をくらべると、どんなちがいがありますか。気づいたことを、次の空らんに書きましょう。

1は（　　　　）

2は（　　　　）

前のページの二つの文章をくらべると次のようなちがいに気づきます。

1 つくられたお話（創作）／お話のすじや登場人物にきょうみがひかれる。

2 実さいのできごと（事実）の説明／原いんや結果を考えさせられる。

文章には、おもに、人の心にはたらきかけてくるものと、頭で考えさせるような、すじみちだったもの、の二種類があります。

心にはたらきかけてくるものを〈文学的文章〉

頭で考えさせるすじみちだったものを〈説明的文章〉

とよびます。いろいろな文章を読んでどちらに入るのか、感じて、考えてみましょう。それではまず、〈文学的文章〉の例をいくつか見ていきましょう。

【文章の例2】◆次のそれぞれの文章を読んで、下の問いに答えましょう。

3 二人の若い紳士が、すっかりイギリスの兵隊のかたちをして、ぴかぴかする鉄砲をかついで、白熊のような犬を二疋つれて、だいぶ山奥の、木の葉のかさかさしたとこを、こんなことをいいながら、あるいておりました。

「ぜんたい、ここらの山は怪しからんね。鳥も獣も一疋もいやがらん。なんでも構わないから、早くタンタアーンと、やってみたいもんだなあ。」

「鹿の黄いろな横っ腹なんぞに、二、三発お見舞いもうしたら、ずいぶん痛快だろうねえ。くるくるまわって、それからどたっと倒れるだろうねえ。」

それはだいぶの山奥でした。案内してきた専門の鉄砲打ちも、ちょっとまごついて、どこかへ行ってしまったくらいの山奥でした。

（宮沢賢治「注文の多い料理店」より）

問4 3の文章は、だれが、どこに、何をしにきたお話でしょうか。次の空らんに書きましょう。

（　　　）が、（　　　）に、（　　　）お話

問5 3の文章は前のページの文章の、1と2のどちらににていますか。数字で答えましょう。

（　　　）

問6 4の文章は、前の3とくらべてどんなちがいがありますか。形や内ようなどで、気がついたことを箇条書きにしてみましょう。（※箇条書き…できるだけ短い文で、一つずつ書いてならべること。）

4

雲

山村暮鳥

おうい雲よ
ゆうゆうと
馬鹿にのんきそうじゃないか
どこまでゆくんだ
ずっと磐城平のほうまでゆくんか

5

●通学路（朝）

剛「（ランドセルで、楽しく走る）」
茂樹「（追いかけながら）こら走るなッ。病気だったんだから、走るなッ（とつかまえようとする）」
剛「（笑いながら、よけて走る）」
茂樹「（なんだか笑ってしまい）また病気になったって知らねえぞオッ」

（山田太一『大人になるまでガマンする』より）

問7 5の文章を、前の3とくらべてみましょう。

・
・
・
・

（1） にているところを書きましょう。

（2） ちがっているところを書きましょう。

[3]は、前の[1]（かえるのけんかのお話）と同じ、**【物語】**です。**登場人物がいて、お話のすじがある作り話**のことです。【小説】とよぶこともあります。また子どもむけに書かれたものを、とくに【童話】とよんだりもします。

[4]は【詩】です。ゆったりと流れる雲の動きが思いうかびますね。【詩】は、「おうい雲よ」などの**よびかけや、印象にのこることばづかい・リズムのあることばの連なり**によって、人の心にちょくせつはたらきかけます。

[5]は【脚本】といいます。**おしばいや、映画・テレビドラマの台本**です。登場人物のせりふが中心ですが、「●通学路（朝）」と、場所や時間を示したり、（笑いながら、よけて走る）というように、演じる人の動作も書いています。

[3]〜[5]は形はちがいますが、理くつではなく、人物の行動やことばのみりょくで人の気もちにはたらきかけています。どれも〈文学的文章〉のなかまです。

さて、では次はどうでしょう。

【文章の例3】◆次の[6]と[7]の文章を読んで、下の問いに答えましょう。

[6] 日本人の間には、和という精神、これが一番大切にしなくてはいけないことだという教えがある。ご承知のとおり聖徳太子という人が昔十七条憲法というものを発した。あの第一条には何と書いてあるか。「和をもって貴しと為し」。人と仲良くすること。同じ意見を持つこと。これが一番必要だというのが日本人の考えの根底にある。

外国人が日本に来て、日本人の会話を聞くと、一番耳につくのが「ね」という言葉だと言う。「今日はずいぶんたくさんの人が来ましたね」とか「今日は天気がよかったですね」とか、何かと「ね」をつける。あの「ね」は何という意

問8 [6]の文章について次の（1）（2）に答えましょう。

（1）「和という精神、これが一番大切にしなくてはいけないことだ」とあります。どうすることが「和という精神」を大切にすることだと、筆者は言っていますか。次の空らんにあてはまるよう、本文から二つ書きぬきなさい。

（　　　　）こと

（　　　　）こと

（2）日本人の会話に多く出てくる「ね」は、どのような意味で使われていますか。

（　　　　）という意味

味ですか、と聞かれたことがある。日本人はわかる。「今日はたくさんの人が来たと思っております。あなたも同じでしょう」。つまり「あなたと同じ気持ちです」ということを私たちは会話をするごとに繰り返している。

（金田一春彦『ホンモノの日本語を話していますか？』より）

7 スーパースター光源氏

源氏物語の主人公光源氏は、物語の中で桁外れの美男子としてえがかれています。

それも単に姿形が際だって美しいだけではありません。学問の道でも専門の学者たちでさえ※シャッポを脱ぐほどの※見識の持ち主であり、音楽や絵画といった芸術的センスも人並み外れています。

とにかく何をやらせても、簡単に超一流の域に達してしまうほどの能力を生まれながらにして持っているのです。

こうした※天賦の美ぼうや才能に加えて、光源氏は血筋のよさという大きな武器を持っていました。彼は、※桐壺帝とその※愛妃・桐壺の更衣との間に生まれた子ども、つまり皇子であったのです。

源氏物語は、このスーパースター光源氏の一代記を中心軸にすえて展開される大長編小説です。

（瀬戸内寂聴『痛快！寂聴源氏塾』より）

※注
シャッポを脱ぐ … 脱帽する。こうさんする
見識 … しっかりした知識にもとづくすぐれた考え

問9 7の文章について。
「光源氏」は、なぜスーパースターと言えるのですか。理由を箇条書きで書いてみましょう。

・＿＿＿＿＿＿から。
・＿＿＿＿＿＿から。
・＿＿＿＿＿＿から。
・＿＿＿＿＿＿から。

天賦の　…　天から与えられた
桐壺帝　…　『源氏物語』に登場する天皇
愛妃　…　愛するおきさき

6は、日本人のものの考え方が、ことばの使いかたにあらわれていることを説明した【説明文】です。和を大切にするしせいが、「ね」をつける言い方につながっていることを、**読む人が頭でなっとくできるように説明している文章**です。

7は、『源氏物語』の主人公、光源氏についての【解説文】です。『源氏物語』は、今から千年以上も前、紫式部という女性が書いた小説です。この小説の主人公の解説をしています。○○とは何か？どんなものなのか？というふうに、**とくに何かについて、それがどんなものなのか、解きほぐした文章**です。説明文とくらべると「○○（ことがら）＝△△（解説）」という感じが、いっそう強いのが特ちょうです。

このほかに、

事実を記録する【記録文】
事実を報道する【報道文】
書き手の意見をのべる【意見文】
むずかしいことがらを、しっかりした組み立てで論理的に説明した【論説文】

なども、6・7と同じ〈説明的文章〉のなかまです。これらは頭で考えさせる、すじみちだった文章です。

答えかたのおやくそく

こそあどことば（指示語）1
こ・そ・あ・ど、って何？

「それ、落としましたよ。」「あのお菓子をぼくにもちょうだい。」など、ふだんの会話の中で、身の回りのものをさすことばがあります。もともとしゃべるときに、指をさし示してつかったので【指示語】とよびます。「これ・それ・あれ・どれ」というふうに、頭が「こ・そ・あ・ど」で始まるので、【こそあどことば】とよんだりもします。〈もの〉を示すこそあどことばでは、

・「これ」は自分に近いところにあるものをさし、
・「それ」は相手に近いものを、
・「あれ」は自分からも相手からも遠いものを、
・「どれ」はよくわからないものを、さします。

この、【近い／遠い／わからない】のはなれぐあいは、〈もの〉以外の「こそあどことば」にもあてはまります。

場所	…	ここ／そこ／あそこ／どこ
方向	…	こちら／そちら／あちら／どちら
ようす	…	こんな／そんな／あんな／どんな こう／そう／ああ／どう
人	…	こいつ／そいつ／あいつ／どいつ

また、人や物やことがらの上に「この／その／あの／どの」をつけて近い遠いを表したりもします。

では、指示語があると、どんなよいことがあるのでしょうか。まず細かい説明をしなくてすむことです。「あなたの手もとにあるコップを取って」と細かく言わなくても「そのコップを取って」と言えばすみます。また、話がくどくならないよう、くり返しをさけることもできます。

「明君はアメリカのアクション映画が大好きです。明君はアメリカのアクション映画にはスリルがあるからです。」という文も、「明君はアメリカのアクション映画が大好きです。それにはスリルがあるからです。」とかんたんにいうことができます。ですからぎゃくに、「それ」とは何ですか？　と聞かれたら、「それ＝［？］（アメリカのアクション映画）」と、前にもどって、「＝」になることばをさがせばよいのです。

おけいこ 1

次の文章の中から指示語（こそあどことば）をさがし、○でかこんでみましょう。

さきに降りた人たちは、もうどこへ行ったか一人も見えませんでした。（中略）

そして、間もなく、あの汽車から見えたきれいな河原に来ました。

カムパネルラは、そのきれいな砂を一つまみ、掌にひろげ、指できしきしさせながら、夢のようにいっているのでした。

「この砂はみんな水晶だ。中で小さな火が燃えている。」（中略）

どこでぼくは、そんなこと習ったろうと思いながら、ジョバンニもぼんやり考えていました。

（宮沢賢治『銀河鉄道の夜』より）

おけいこ 2

次の文の□のなかに、ふさわしい「こそあどことば」を入れましょう。（ヒント…自分や相手からのきょりにあうことばを考えましょう。）

① 「私がもっている□□ぼうしには、種もしかけもありません。さあ、今からハトをとばして見せましょう。」と手品師は言った。

② 姉は西のかなたを指さして言った。「ほら、□□夕日をごらん。まるで血のように赤い。」

③ 赤ずきんちゃんはおばあさんにききました。「おばあちゃんのお耳はどうして□□□に大きいの？」

④ どろぼうのおかしらは顔をまっかにしてどなった。「いったい、どこの□□□がおれの宝をとりやがった。」

（答）
① □□
② □□
③ □□□
④ □□□

学習のねらい ▼はっきり分類できない文章もあることを知っておこう

【基本問題】◆次の文章を読んで、下の問いに答えなさい。

つい最近まで、①自分の名前があまり好きではなかった。べつに深い理由からではない、なんとなく、響きが実年齢より老けているような気がしたのだ。小学生のころ光代という名がとんでもなく※婆くさく思え、もっと※垢抜けた、華やかな、漫画に出てくるような名前を切望したものだった。

二ヵ月ほど前、女友達と二人でスペインを旅行した。夜行列車の移動中、私と彼女は列車の※バーでしこたま飲み、かなり遅くに②そこを出た。※コンパートメントに戻る途中、通りかかった※ビュッフェで職員たちが食事をしていた。匂いにつられ思わず目をやると、陽気なスペイン人たちは一緒に食べていけという。遠慮なく同席して彼らの※賄い飯のご※相伴にあずかった。

職員たちはスペイン語しか話せない。女友達は少しならスペイン語が話せ、その片言と、あとは身振り手振りの会話中、ふと彼らに名前を訊かれた。私たちは紙ナプキンに名前を書く。ローマ字と、漢字で。そこから彼女と彼らがしばらく言葉を交わした。説明を求めると、名前の意味を訊かれたから知っている単語を言ったと彼女は答えた。彼女はノートを指し示し、光の世界、と私の名前。海、と自分の洋子という名。

③感動した。④そんなふうに、一つの名に一つの世界があることなど、気づいたことはなかった。海という言葉も光という言葉も同様に美しい。日本語はそんな美しさを持った言葉だ。だれもが一つ、文字によって広がる世界を持っている。

問1 ——①「自分の名前があまり好きではなかった」のはなぜですか。次の空らんに入るよう、文中から理由と考えられる部分を、26字で書きぬきなさい。

□□□□□□□□□□□□□□□□□□□□□□□□□□から。

問2 ——②「そこ」とはどこですか。次の字数で二通り、答えてみましょう。

ア 5字ちょうどで □□□□□

イ 7字ちょうどで □□□□□□□

親がくれる多くのものの中で、名前はもっともすばらしい贈り物だと最近思っている。もちろん、自分の名も。

（角田光代『これからはあるくのだ』所収「名の世界」全文）

※注
垢抜けた … すっきりとおしゃれな
切望した … せつに、心から望んだ
バー … 洋酒が飲める酒場
コンパートメント … 列車の中で個室のようにしきられた座席空間
ビュッフェ … ちょっとした飲食ができる場所や車両
賄い飯 … 料理人たちが自分たちのためにささっと作ったご飯
ご相伴にあずかった … ともに食べたり飲んだりさせてもらった

右の文章は、心にうったえるような感じですが、説明文のように筆者の意見ものべられています。**自分の見知ったことや、体験をもとにして、感じたことと考えたことの両方を自由に書いている文章**です。こうした文章を、【随筆】といいます。随筆の「随」とは「したがう」という意味のことばです。文字通り、気のむくまま筆（筆記用具）のおもむくまま書いたものが随筆です。物語や脚本のような「つくりごと」ではなく、自分の見たこと・聞いたこと・体験したことをもとにしています。

ですから気もちが中心になって書かれたものや、思い出をつづった文章などは文学的になりますし、考えが中心になって書かれたものは説明文に近いものになります。また随筆の中でも、**旅行をもとに書いた文章**は【紀行文】とよびます。

こう考えると、みなさんが学校で書く「作文」は、たいてい【随筆】か【紀行文】（遠足の作文など）に入るといえますね。

問3 ——③「感動した」について。筆者の感動のもとになった体験は、どこからどこまでに書かれていますか。行数番号を算用数字で答えなさい。

□～□

問4 ——④「そんなふうに、一つの名に一つの世界がある」について。あなたの名前にはどんな世界があるのでしょうか。自分の名前を書き、答えてみましょう。

名前

【応用問題】◆次の文章を読んで、下の問いに答えなさい。

※電信技士として各地をわたりあるくエジソンのくらしぶりは、二十さいをすぎると、そろそろかわろうとしていました。

なかまのあいだでは〝スピード王〟といわれる電信のうでまえでも、それだけでは満足できません。

①いろいろと実験したり本を読んだりすることもつづけていましたが、それだけでは気もちがすまないのです。

「食べかけなのに、なにを［1］書いているんだい？」

食事中のエジソンに、なかまが声をかけました。

「ちょっとおもいついたことがあるんだ。いますぐ書いておかないと、わすれてしまうからね。」

そうこたえてエジソンは、ノートにメモを書きつづけるのでした。

②このころから、エジソンは、いつでもノートをもちあるくようになっていました。

どこにいても、［2］アイディアが頭のなかにわきあがってくると、メモをとりました。

いまやっている実験を、どうやってまとめあげたらいいか。

つぎには、こんな実験をやってみてはどうか。

いま読んでいる本の、もっとも大事なこと。

いつか、あたらしくつくりだしてみたいもの。

エジソンのノートには、書きとめた日づけや時間までしるしてあります。機械などのスケッチもあります。そして、エジソンの考えも記録されました。ときにはそれが日記のようにもなりました。

問1 ――①「気もちがすまない」とは、ここではどんな意味ですか。次からもっともあてはまるものをえらび、記号で答えなさい。

ア いろんなことに気がつかない
イ もうしわけのない気がする
ウ いても立ってもいられない
エ やる気が出てこない

［　　］

問2 ［1］～［3］にあてはまることばを次から一つずつえらび、記号で答えなさい。

ア ふっと
イ どんどん
ウ せっせと

1［　　］　2［　　］　3［　　］

問3 ――②「このころから、エジソンは、いつでもノートをもちあるくようになっていました」について。

（1）「このころ」とはいつですか。次の空らんに文中の8字ちょうどのことばを書きぬいて入れなさい。

エジソンが［　　　　　　　　］［　　］ころ

ノートのページは、つぎからつぎにメモが書きこまれて、一週間で一さつがおわってしまうこともありました。

生まれてくるアイディア――それは、あたらしい発明をめぐって、[3]ふくらんでいきます。

ノートにメモをとりはじめたエジソンは、発明家の道をあゆみはじめていたのです。

エジソンはその一生のあいだに、三千五百さつものノートを書きのこしました。このノートのなかから、たくさんの発明品が生まれました。じっさいにはつくられなかった未来の発明のアイディアも、かぞえきれないほど書きこまれています。

③エジソンの死後、この貴重なノートが、※つぶさに研究されているのです。

（桜井信夫『エジソン』より）

※注　電信技士　…　電話がまだなかった時代、無線電波で通信を送った技術者

つぶさに　…　くわしく

右の文章も、文学的文章と説明的文章の両方にとれるものです。これは、**本当にいた人物のことを、事実にもとづいてしょうかいしている**【伝記文】です。つくりごとではなく、じっさいのできごとを記録している点は説明的ですが、物語のような語りくちで色づけされているようすは、文学的でもあります。

仕事や業せきなどをせいかくに記録することを第一に書くか、人物の人がらや生きかたを中心にして書くかで、説明的文章か文学的文章かに分かれてきます。

（2）エジソンはそのころ、ノートにアイディアを書きつけることで、何から何にかわっていったといえますか。次の空らんにそれぞれあてはまることばを書き入れなさい。

□□□□から□□□にかわっていった。

問4　――③「エジソンの死後、この貴重なノートが、つぶさに研究されている」とありますが、それはどんな目的のためですか。考えてのべてみましょう。

説明文1　文章をかたまりでとらえよう

学習のねらい　▼段落ってなに？／形式段落と意味段落／小見出しをつけてみる

【基本問題】　◆次の文章を読んで、下の問いに答えなさい。（上の数字は段落番号）

1　学生時代から、私は知的な人になりたいと思い続けて来ました。というのも、世の中には物知りがたくさんいて、私が何かトンマな質問をすると、同級生からでもそんなことも知らないのかという感じで、①うっすらと笑われたりした経験がよくあったからです。

2　若い時は、そんなことにも少しは傷ついたものです。しかし途中から――というのは四十代くらいから――まったく気にならなくなりました。

3　第一の理由は、自分のほうがそこにいる人より知らないことがある、という事実は、自分のほうが教えてもらってトクをしている、という証拠ですから。

4　第二の理由は、他人はその場に自分より②愚かな者がいるという時、少し幸せになることもあるのです。※優越感もありましょう。教える楽しみ、というものを持っている親切な人もたくさんおられます。ですから、③無知な私の存在はささやかな幸福の種を蒔いていることになるのです。

5　差別語だと言ってすぐ怒る人もいますが、トンマ、マヌケ、グズ、などという特徴は、愛すべき要素を充分に持っています。少なくとも神様は、④こういう特徴を持つ人を、充分に、秀才と同じにか、時には秀才に対するよりも愛してくださるでしょう。トンマやマヌケやグズがいなかったら、あるいは私たちの中にその要素がもしまったくないとしたら、世間には笑いの種もなくなり、か

問1　――①「うっすらと笑われた」について。「うっすらと笑」うとは、ここではどんな表情でしょうか。次の中からもっともあてはまるものをえらび、記号で答えなさい。

ア　うっとおしがる表情
イ　人をあわれむような表情
ウ　こころぼそくかなしげな表情
エ　少しだけ心がときめくような表情

問2　――②「愚かな者」と反対の意味のことばを4字で、――③「無知」と反対の意味のことばを3字で、それぞれこれ以前の文中から書きぬきなさい。

②

③

問3　――④「こういう特徴」とは、どういう特徴ですか。文中から20字以内で書きぬきなさい。

さかさに乾いた理詰め※の世界が広がるだけになります。

（曽野綾子『「いい人」をやめると楽になる』より）

※注　優越感　…　ほかの人より自分が優れていると思う心

理詰めの　…　理くつでおし進められた

問4　本文の段落番号の文章ごとに小見出し（タイトル）をつけてみました。第1段落と第4段落の小見出しを、他の小見出しの例にならって、つけてみましょう。

1	2	3	4	5
	無知な自分を気にしなくなった四十代以後	第一の理由…人に色々教えてもらえるから		トンマ・マヌケ・グズは世界のうるおい

問5　本文の1～5の段落を、右の小見出しを手がかりにして三つのかたまりに分けてみましょう。次の空らんに段落番号を入れて答えなさい。

答えかたのおやくそく

こそあどことば（指示語）2 ？ におきかえてみる

「こそあどことば」とは、何かを指し示すことばで、前に出てきた何かをくり返したり、いちいち説明し直したりしなくてもよいので便利なのでした。つまり、指示語は何かの代用品＝かわりの表現、ということです。たとえば、「これとは何ですか？」「これとは何をさしますか？」ときかれたら、「これのもともとの表現は何ですか？」ときかれていることになります。「もともとの表現」なのだから、指示語よりも前に、その「もともとの表現」にあたることばがあるのがふつうです。ですから、何を指すかと問われたら

これ（指示語）＝ ？

とおきかえて、？ にあてはまることばを、前からさがせばよいのです。

たとえば、次の「その」は何をさすでしょうか。

行き先もたしかめずにむやみに走りだす人がいたら、その人は、火事にあった時などに、生き残（のこ）れないだろう。

【考え方の手順】

① **「その」を ？ におきかえる。**
→ ？ 人は、火事にあった時などに、生き残れないだろう。

② **？ にぴったり入ることばをさがす。**
（どんな人が生き残れない？）
→ ？ 人＝行き先もたしかめずにむやみに走りだす人

③ **？ 部分の答だけを書く。**
→行き先もたしかめずにむやみに走りだす

（「人」はとりのぞきます。「人」まで書くと「その」のかわりに答を入れて、もとの文を読んだ時、「行き先もたしかめずにむやみに走りだす人人は～」となってしまいます。）

【おやくそく】指示語の問題では、ぴったりあてはまる答を書きます。内容があっていても、問題で指定された部分（――線部＝ ？ ）のかわりに答を入れてみたとき、１字でもよぶんだったり、足りなかったりすると×にされてしまいます。また、できるだけはっきりとした答を書きます。**指示語はぼんやりと何かをさすのではなく、前に出てきたもの、そのものをさす**からです。右の例題で「走りだす」と答えただけでは正かくではありません。

おけいこ

次の①～⑤の文の――線部は何をさしますか。文中から書きぬいて答えなさい。

① 人間は自分にとってたいせつな情報（じょうほう）は、しらずしらずのうちに耳に入れているものです。ところが、そうでない情報は、聞こえているのに頭を素（す）通りします。

② エジプトは、ひじょうに暑い熱帯（ねったい）地いきにある国です。そこは、暑さのため、たえず地中の水がじょうはつしていく土地なのです。そういう土地では、塩（えん）分が地表にどんどんすいあげられていきます。

③ 川の流れが急にゆるやかになり、船が大きくカーブしたと思ったら、目の前にたよりないくらい広々とした海が広がっていた。あんな海を今まで見たことがない。

④ 明くんがおこった理由をぼくは考えた。それはきっと、彼（かれ）が気にしていたことをぼくが口にしてしまったこと、そうにちがいない。

⑤ 「あいつを三分以内でリングにしずめてみせる」ボクシングの試合（しあい）前のインタビューで、彼（かれ）は対戦（せん）相手に勝利（り）の予告（こく）せんげんをした。これが相手をぎゃくにもえあがらせた。

（答）

①	②	③	④	⑤

答えかたのおやくそく

「書きぬきなさい」って？ 注文どおりに書き写す

「○○は何をさしますか」

これは「指示語」の設問（せつもん）でよくきかれる形です。（「設問」というのは、設定された問題や質問、という意味のことばです。問題を作る人＝作問者が、本文のだいじなところをえらんで問題を設定してきいてくるので、設問とよびます。）右のように聞いてきたあとに、だいたい、

①「文中から○字以内で書きぬきなさい」

②「文中から、それが書かれたところをさがして、最初と最後の5字を書きぬいて答えなさい」と続きます。

なぜ、このように指定するのでしょうか？

①の場合は、答を一つにしたい、と考えるからです。だいたい本文のここらへんが答だろう……ということでは、ばくぜんとしていて、どこまでが○でどこからが×か、区別できなくなってしまうからです。字数で注文をつけておけば、答はかぎられてきます。

また、もう一つ、「作問者が考える最良の答（もっともよい答）」に、答える人をゆうどうしたい、そんな考えから指定することもあります。答えるほうとしても、指定されるほうが、ヒントになって答がしぼれてきます。

②の場合、「最初と最後の5字」とは、書きぬくはんいの上と下を表します。「はじめと終わりの5字」と言ったりもします。**全部書きぬかせると答が長くなってしまう時につけてくる注文です。**一つ例を出しましょう。

> こんど東京の学校から転校してきたかわいい女の子は、なんとぼくのクラスの、ぼくの席のとなりにすわることになった。その子の名は啓子さん。
>
> 「その子」＝こんど東京の学校から転校してきたかわいい女の子
>
> 「その」＝こんど東京の学校から転校してきたかわいい女の
>
> →最初と最後の5字＝こんど東京／わいい女の＝答

【おやくそく】書きぬくとき—字ずつ、漢字は漢字で、ひらがなはひらがなで書き写します。右の例では「こんど東京」を「今度東京の」と書くと×にされます。国語問題では、設問の指示（注文）どおりに答えることが鉄則です。

おけいこ 1

「それら」は何をさしますか。それがわかるところをさがし、最初と最後の5字で答えなさい。句読点（くとう）も字数として数えます。

お母さんはテーブルに一つ一つならべ始めた。バター、牛にゅう、こむぎこ、さとう、しお。今からそれらをねり、イーストきんをまぜてふくらませ、パンをやくのだ。

□□□□□ ～ □□□□□

おけいこ 2

啓太（けいた）はどのような子になりましたか。それがわかる部分を20字以内でさがし、最初と最後の5字を書きぬきなさい。

啓太は、人の前ではものもいわない子だったのに、先生にも友だちにもはっきりものをいう子になっていた。

□□□□□ ～ □□□□□

おけいこ 3

おじいさんのいう「けんそん」とはなんですか。文中から20字以内でさがし、初（はじ）めと終わりの3字を書きぬきなさい。

おじいさんは答えました。「そのとおり！ それを忘（わす）れてはいかんのだ。けんそんというのはな、まだまだ自分はえらくないと思うこころだ。」

□□□ ～ □□□

おけいこ 4

「おさない者たちのほこり」とは何ですか。文中から20字以内でさがし、最初と最後の5字をぬきだして答えなさい。

夏のクヌギ林には、緑色や金色のコガネムシ・カミキリムシ・カブトムシがひそんでいました。とくに、カブトムシのさまざまな種（しゅ）るいを集めることが、おさない者たちのほこりでした。

□□□□□ ～ □□□□□

【応用問題】◆次の文章を読んで、下の問いにこたえなさい。（上の数字は段落番号）

1　国語のすごさとは、単に読み書きができるようになることだけをめざしているのではなく、言語能力というものを高めようとしている点である。そして、人間の思考や、思想は言語によって成り立っているのだから、言語能力が高くなれば、思考力がつくことになる。人間を理解し、世界を※認識することも、言語能力あってのものである。

「きみがあんな乱暴なことをしたのは、なぜなんだね」

ときかれて、言語能力が低いと何も説明できないのである。

「何にむかついていたんだい」

「てゆうか、おれ、マジむかついてたしィ」

「なんかうぜえんだよ、なんもかもが。逆ギレもしてたし」

「何かに不当な扱いを受けているような気がするのかな」

「わかんねえけど、超やべえ感じじゃん」

2　①その人の思考には深い霧がかかっているんだろうなあ、という気がする。

3　人間は言語によって思考するのだ。そういう思考力の根本を、国語という学科では磨こうとしているのだ。人間の知的活動は、言語なしでは成り立たない。

4　だから、理科だって社会科だって、なんと算数までもが、その教科書は日本語で書かれているのである。もし国語力が※著しく低くて、教科書の日本語の文章が読み解けない[　　]、どの学科の勉強もお手あげになるわけだ。

5　そういう意味で、国語は学科の（学問の、と言いたいところだが、ここでは小学校の勉強に話を限定しよう）基本中の基本なのである。

6　私の弟はもう三十年も学習塾をやっているベテランで、最近は、有名私立中学校の受験をめざす小学生の特訓コースというものに力を入れて、何人もの小

問1　――①「その人の思考には深い霧がかかっている」について。

（1）文中で「その人」が話している会話を○でかこみなさい。

（2）「その人」とはどんな人のことですか。どんな、に言いかえられることばを文中から7字ちょうどで答えなさい。

[　　　　　　　]人

（3）「その人の思考には深い霧がかかっている」の意味としてもっともあてはまるものを次からえらび、記号で答えなさい。

ア　その人は、深くなやんでいる
イ　その人は、ものをよく考えられない
ウ　その人は、霧のせいでいらついている
エ　その人は、考え方がしめっぽくて暗い

[　　]

問2　18行目の[　　]にはどんなことばが入りますか。前後がつながるように、ふさわしいことばを考えて入れなさい。

[　　　　]

学生を合格させているのだが、その弟が先日私にこんな②プロの考えを教えてくれた。

「中学受験というのは、結局国語力の優劣で決まるんだよ。国語ができる子は、ほかの科目の勉強をしても成績が伸びるんだ。高校受験、大学受験となると、覚えこんだ知識量も重要になってくるんだけど、中学受験では結局、その子がどのくらい大人っぽく成長しているかの、おませ度を測っている面があり、国語ができるというのは、そういう知恵があるってことなんだ」

7　なかなか興味深い専門家の証言である。③国語ができれば他の学科の成績も伸びる、という話には真実味がある。必ずしもそうとは言えないんじゃないのかな、と、私の弟とは意見の違う人も、どんな学科だろうが、問題文の意味が読解できなかったり、答える時の言語力がなければ答えられない、ということは納得するであろう。

8　国語という学科では、思考力を育てているのである。いや、実際にそれがうまくできているかどうかは判断のむずかしいところだが、本来はそれを目的としている学科だというのはまぎれもないのだ。

（清水義範『はじめてわかる国語』より）

※注　認識する　…　ものごとの本当のことをよく知り、見分ける
著しく　…　ものすごく

問3　――②「プロ」とほぼ同じ意味のことばをこれよりあとの文章から書きぬきなさい。

問4　――③「そう」がさす内容を文中から20字以内でさがし、その最初と最後の4字を書きぬきなさい。

□□□□ ～ □□□□

問5　▒▒ の部分とほぼ同じ内容をのべている段落を二つえらび、段落番号を算用数字で答えなさい。

□・□

問6　会話をとりいれて読者にありありとようすが思いえがけるように書かれた段落を二つえらび、段落番号を算用数字で答えなさい。

□・□

答えかたのおやくそく

つなぎことば（接続語）1

順接・逆接・並列（じゅんせつ・ぎゃくせつ・へいれつ）

文と文、ことばとことばをつなぐことばを、【つなぎことば】とか【接続語（せつぞくご）】などといいます。たとえば「雨がふった。」は、一つの文です。「運動会は中止になった。」も、一つの文です。この二つの文をつなげてみましょう。

A　雨がふった。運動会は中止になった。
B　雨がふった。だから、運動会は中止になった。

AよりもBのほうが、わかりやすくなっていますね。「だから」という【つなぎことば＝接続語】があることで、「雨がふった」ことが〈原因〉で「運動会は中止」という〈結果〉になった――それがAよりも、はっきりわかるからです。

このように接続語には、前と後の関係をはっきりさせるはたらきがあります。そしてそのはたらきにはいくつかの種類があります。まず、もっとも代表的な3種類をしょうかいしましょう。

① 前のことが原因や理由となって、それにふさわしい結果があとにくるときに使う。
→【順接（じゅんせつ）の接続語】
だから・ですから・それゆえ・それで・そこで・すると・したがって

② 前のこととくいちがうようなことがあとにくるときに使う。
→【逆接（ぎゃくせつ）の接続語】
けれども・しかし・ところが・だが・でも・それなのに

③ 前のことと後のことの両方をならべていうときに使う。
→【並列（へいれつ）の接続語】
そして・また

【おやくそく】接続語に注意しましょう。前と後のつながりがわかります。

おけいこ 1　次の（　）に入ることばをあとからえらびなさい。

① 高い熱がでた。（　）おなかもこわしてしまった。
② この本は高い。（　）ぼくには買えそうもない。
③ 弟は足がのろい。（　）運動会では二着をとった。
④ 母は虫がきらいだ。（　）クモとかガをこわがる。
⑤ 自由研究はスズムシか（　）コオロギの観察にしよう。

（ア　したがって　イ　あるいは　ウ　しかし　エ　さらに　オ　たとえば）

①	②	③	④	⑤

おけいこ 2　次の（　）に入ることばをあとからえらびなさい。

① 啓子さんは勉強ができる。（　）運動もとくいだ。
② 彼は無口だが人気がある。（　）みりょく的なのだ。
③ 少女の目はとても大きい。（　）すぐゴミが入る。
④ 君の病気が治ってよかった。（　）ぼくは家に帰ろう。

（ア　だから　イ　ようするに　ウ　さて　エ　そして）

①	②	③	④

おけいこ 3　次の（　）に入る文をA～Eからえらびなさい。

① 明くんは親切だ。でも（　）。
② 明くんは親切だ。なぜなら（　）。
③ 明くんは親切だ。しかも（　）。
④ 明くんは親切だ。だから（　）。
⑤ 明くんは親切だ。ところで（　）。

A　勉強もよくできる
B　親のしつけがよかったからだ
C　明日は晴れるだろうか
D　おこったときはこわい
E　みんなに好かれている

①	②	③	④	⑤

答えかたのおやくそく

つなぎことば（接続語）2

添加・選択・話題転換（てんか・せんたく・わだいてんかん）・説明

つなぎことば（接続語）1のつづきです。1でしょうかいした3種類のほかによく使われるものについて、説明しておきましょう。

④ 前のことに何かをつけくわえるときに使う。
→【添加（てんか）の接続語】　しかも・さらに・そのうえ・それに・それから

⑤ 前と後をくらべて、どちらをえらぶか考えるときに使う。
→【選択（せんたく）の接続語】　または・あるいは・もしくは・それとも

⑥ 前の話をいったんやめて、話題をかえるときに使う。
→【話題転換（てんかん）の接続語】　さて・ところで

⑦ 前のことがもっとよくわかるように、言いかえたり（言いかえ）まとめたり（要約）、理由をのべたり（理由）、例をあげたり（例示）して、説明するときに使う。
→【説明の接続語】　つまり・すなわち（言いかえ・要約）　なぜなら（理由）　たとえば（例示）

たくさんあって頭がくらくらしそうですが、数多くの文章にふれ、問題を解いていくなかで、少しずつなれていきましょう。

接続語（つなぎことば）は文章の流れのポイントとなるものです。接続語に注意して読んでいくと、そのあとにどんな内容がくるか、だいたいの見当や予想がつけられるようになります。また、文章が立体的に見えてきて、何を言いたい文なのかよくわかってきます。

【おやくそく】接続語に注意しましょう。前と後のつながりがわかります。

□に接続語を入れる問題では、□の前と後の文がどのようなかんけいになっているのか、見きわめることがたいせつです。

おけいこ

次の文中の（　）に入ることばをあとからえらびなさい。

科学者たちのすばらしい発明や発見は、どこから生まれるのでしょうか。私たちが思いえがく「科学者」は、白衣を着た博士がもくもくとビーカーや試験管を手にして、実験しているような感じです。多くの実験にたえるがまん強さや正確さは、もちろん必要でしょう。

（　1　）、それで何かとくべつな成果が必ず出るかというと、そんなほしょうはどこにもありません。たった一つの実験の成果を出すのに何年もかかることもめずらしくありません。

意外なことですが、科学者の伝記を読んだり、ノーベル賞を受賞した現代の研究者の話を聞いたりすると、地道な研究のさなかの「失敗」や「ひらめき」が大きく作用している例におどろかされます。

（　2　）キュリー夫人がラジウムという放射性元素を発見したのも、ぐうぜんのようにえがかれています。（　3　）ノーベル賞を受賞した田中耕一氏も、自分の研究生活でもっとも印しょう深かったのは、コバルトの粉の上にグリセリンをぽとりと落としてしまったことだと伝えています。すてるのはもったいないと思ってまちがえてまぜてしまったけれど、それがたんぱく質のぶんせきに大きく役立った、というのです。

（　4　）、失敗は成功のもとなのです。失敗を失敗のまま見すごさないで「おや？ 何かへんだな。おもしろそうだな」と考える。そしてまた地道に取り組んでみる。ねばり強くて、しかもやわらかな発想がある。そんなしせいが、いだいな発見につながるのではないでしょうか。

〔ア　つまり　イ　しかし　ウ　たとえば　エ　また〕

1	2	3	4

説明文2 段落を意識して、筆者のいいたいことをつかもう

学習のねらい ▼段落どうしのつながりや組みたてを考える

【基本問題】◆次の文章を読んで、下の問いに答えなさい。（上の数字は段落番号）

1 ぼくは昔から弱虫なので、力というものが①苦手だ。武力だの国力だのはもちろんのこと、体力や知力だって、あまり自慢できない。よく「生きる力」なんてことを言う人がいるものだが、②そんなものを思いださねばならぬのは、たいていが不幸なときであって、そんな意識なしに、③すんなり生きていたい。それでも、人間は不幸になることもあるもので、そうしたときには、仕方なしに力をふりしぼることになる。

2 ア[学力]というのも、そんなものだと思う。すんなりと問題が解けてしまうときには、あまり学力なんていらない。ところが人間は、④迷ってしまったり、つまずいたりすることもある。そうしたときに、なんとかするために必要なのが学力である。

3 小学校や中学校あたりでは、イ[なにかが「解ける力」]を「学力」と考えがちだ。たとえば、ウ[はやく計算して正しい答を出す力]のようなものである。ぼくは、そんなものは、たいしたことでないと思っている。計算違いをしたときに、それに気づいて直せたり、計算がごちゃごちゃしたときに、それをすっきりさせたり、そちらのほうが学力である。

4 じつは、こちらのほうが、はやく正しい答を出すことよりは、エ[高級な力]である。まちがわず、迷わなければ、⑤こんな力は必要ない。[A]、人間はとき

問1 ――①「苦手」と反対の意味をあらわすことばを、ひらがな3字で考えて答えなさい。

問2 ――②「そんな」とは、何をさしますか。「そんな」がさししめす内容のことばを文中からぬき出し、次の空らんに入れなさい。

[　　　　]もの

問3 ――③「すんなり生きていたい」とありますが、筆者は、どのような生き方をしたいと言っているのですか。解答らんの「生き方」につながるように、あてはまることばを第6段落～第8段落から8字でぬき出して入れなさい。

[　][　][　][　][　][　][　][　]生き方

問4 第4段落の[A]にはどんなことばが入ればよいですか。次から一つえらび、番号で答えなさい。

ア しかし　イ また　ウ さて　エ だから

に、まちがったり迷ったりする。つまずかず迷わないのがいいのではなく、ときには、つまずいたり迷ったりした機会に、それでもオなんとかなる力をつけておいたほうが、安心である。

5 テストでは、直接には、こうした力ははかりにくい。それでたいてい、カなにかが「できる力」だけをはかる。テストの点も、あまり悪くないほうが気持ちがいいが、テストの点というのは、その程度のものだ。

6 それよりも、人生のなかでは、迷ったりつまずいたりすることがある。そんなに先でなくとも、たとえば大学入試の最中でも、迷ったりつまずいたりする。ぼくは大学入試で数学の採点をするが、受験生が迷ったりつまずいたりするのは、ごく普通のことである。それをうまく切りぬける、迷い上手でつまずき上手の受験生が、大学に合格する。

7 もちろん、迷ったりつまずいたりしなければ、それはそれで幸運なことだ。力を必要としないで人生を送ることができれば、こんないいことはない。力があっても、その力を必要としないのが、よい人生である。ただ、そんなに幸運ばかりとはかぎらぬので、⑥力のきらいなぼくだって、いざというときのため、ひそかに力をたくわえてはいる。その力が不必要で、むだになることを願いながら。

8 だからぼくは、力というものは、※秘めたる力がなによりだと考えている。力がなくて弱虫だと思われていても、いざというとき以外は、力をふりしぼる気はない。

（森 毅『ほんにゃら数学のすすめ』より）

※注 秘めたる力 … ふだんはかくされて、人に知られていない力

問5 ――④「なんとかする」とは、どうするのですか。第6段落から8字で書きぬきなさい。

問6 ――⑤「こんな力」と同じ内容をもつ力を、文中のア～カからすべてえらび出し、記号で答えなさい。

問7 第4段落の具体例を示した段落を、これより後の文中から一つえらび、段落番号で答えなさい。

問8 ――⑥「力のきらいなぼくだって、いざというときのため、ひそかに力をたくわえてはいる」とありますが、こうした力のことを何と言いますか。「□□ちから」ということばで、思いあたるものを考え、空らんにひらがな2字を入れなさい。

□□ちから

【応用問題】◆次の文章を読んで、下の問いに答えなさい。（上の数字は段落番号）

1　①人間の心は大海にうかぶ氷山にたとえられます。氷山の水面に出ているところは、ごくわずかで、大部分は、水のなかに、かくれています。同じように、心のなかで、私たちが、現在気づいていること（意識していること）は、ごくわずかで、大部分は心の奥底に入りこんでいて、ふだん気づいていません。

2　この気づいていないもののなかには、思い出そうと思うと②思い出せるものもないわけではありません。③きのう何をしたか、中学に入学したときの担任の先生はだれだったかなどということは、たしかに思い出せます。

3　□、ふだん思い出そうとしてもどうしても思い出せないもの、つまり、意識の水面に姿を見せないものもあるのです。それは夢に出てくることがありますし、のちにお話する催眠状態に出現してきます。心の奥底をさぐる「精神分析」――これはノイローゼの治療などに使われますが――という方法で思い出せることもありますが、日常は「心」の奥底に沈んでいるのです。

4　私たちは、いやなこと、不快なことは、思い出したくないものです。落第したこと、失恋したことは忘れたいのです。ふつうは、すっかり忘れてはいないとしても、そのようなことを思い出させるようなことを忘れます。

5　入学試験を受けにいって、落第した人が、のちになって、受験のときに泊った家、その家のある街の名などを思い出せません。

6　ある男性に失恋したことのある夫人が、その男性と同じ名の作家の名をどうしても思い出せなかったという例が精神分析の本に紹介されていましたが、これも、いやな記憶を思い出したくない気持が忘れさせたのです。

7　しかし、思い出せないとしても、消えたわけでなく、心のなかに〃しこり〃として残っていますし、夢などのなかに出てきます。出てくる力をもっていま

問1　――②「思い出せるものもないわけではありません」とは、どういう意味ですか。次の中からもっとも近いものを一つえらび、記号で答えなさい。

ア　まったく思い出せない
イ　ほとんど思い出せない
ウ　すこしは思い出せる
エ　たくさん思い出せる

問2　――③「きのう何をしたか、中学に入学したときの担任の先生はだれだったかなどということは、たしかに思い出せます」について。なぜ、そのようなことは思い出せるのですか。理由としてあてはまるものを、次の中から一つえらび、記号で答えなさい。

ア　事実がどうであったかを思い出せばよいから
イ　心にひっかかりやわだかまりがあるから
ウ　強い印しょうがのこっているから
エ　とくべつにたいせつなことだから

問3　□には、どんなことばが入るのがよいですか。次のア～オの中から、もっともふさわしいものを一つえらび、記号で答えなさい。

ア　なぜなら　イ　また　ウ　さて
エ　たとえば　オ　しかし

す。

8　山のうえにふった大雨は谷間を流れ、小川になり、大きい河にそそいで平地を流れて海に流れこみますが、その間に水車をまわしたり、〝いかだ〟を流すなど、多くの仕事をしますから、エネルギーをもっています。

9　この雨の水が山頂に近い池にたまることがあります。雨がやんでからも、この池にたたえられた水は、エネルギーをもっていて、その後、わずかの雨がふったときにも、あふれて田畑を流す原因になるかも知れません。

10　この、池にたまった水に※相当するものが、心のなかの〝しこり〟、その後にふる雨が精神的ショックとか失敗とかといった精神的の原因、これによって水があふれて田畑を流すのがノイローゼということになります。

11　しかし、この池の水は、自然のダムとして、使い方によっては、たいへん役にたちます。池の水が私たちに災害を与えるように、過去の経験のうちには、私たちを悩ますものがありますが、使い方によっては、これが努力のエネルギーになって、役にたつのです。

12　他人にからかわれたこと、先生にしかられたこと、親しい人を病気でなくしたこと、※戦争でひどいメにあったこと、……、そんなことは心のなかに〝しこり〟をつくりますが、それが、努力のエネルギー源になることがあるのです。

13　人がからかった——なにくそ、負けてたまるものかといって努力する人が※ありましょう。なまけて先生にしかられた——努力して勉強し、高校や大学に合格して、「どうです、自分はこんな人間です」とその先生をみかえす人がおりましょう。④すべて、これは努力の原動力となった場合です。

14　しかし、他人にからかわれたり、先生にしかられたことが原因になって、ノイローゼになる人もありますし、負けるものかと勉強に努力するかわりに、他

問4　——①「人間の心は大海にうかぶ氷山にたとえられます」について。「大海にうかぶ氷山」の絵を、次の空らんにえがきなさい。そして第1～7段落の内容がわかるよう、文中のことばを絵の中に書きこみなさい。

人に暴力をふるう人もありますから、同じエネルギーも、いろいろな〝あらわれ方〟をするわけです。

成功するためには、心の奥底の〝しこり〟をうまく利用しなければなりません。山奥の池の水を※灌漑や水車に利用することですし、できればダムをつくって発電所をつくり、電気的エネルギーに変えることです。

（宮城音弥『能力・努力・運』より）

※注
大海 … 広々とした海
氷山 … 南極や北極などの海の水が、寒さでこおった、その大きなかたまり
精神分析 … 人間の心の深いところを明らかにしようとすること
ノイローゼ … 心配ごとなどが長くつづいておこる神経の病気
落第 … 試験で不合格になること
しこり … かたいできもの。できもののようなかたまりやつかえ
相当する … あてはまる
ひどいメにあった（原文のまま） … ひどい目にあった
ありましょう … あるでしょう
灌漑 … 水路を作って田畑に必要な水を引き、土地をうるおすこと

問5 ――④「すべて、これは努力の原動力となった場合です」について。何が「努力の原動力となった場合」ですか。「何」にあたるものを、文中から10字で書きぬきなさい。

□□□□□□□□□□ が原動力となった場合

答えかたのおやくそく　きかれたとおりに答え終わる

みなさんは次のようなけいけんがありますか。国語のテストで、本文に書かれていることはだいたい理解しているし、むずかしいとも感じない。でも点数になかなか結びつかない……。

読解問題を答えていくとき、「何をきかれているのか」をおさえるとともに「どう答えるか」ということがとてもたいせつです。筆者がのべることを読み取ると同時に、「作問者が求めている答えかた」、それへの読み取りもひつようなのです。たとえば、「○○とは何ですか。」という設問に「～だから。」と答えたら、へんですね。ぎゃくに「△△はなぜですか。」ときかれているのに、「△△のこと」と答えてもへんです。答え終わりの形をしっかり身につけましょう。

【おやくそく】

① まず、「きかれかた」にしるしをつける。
「なに」「なぜ」「どう」「どうして」「どんな○○」

「どのような○○」「どういう○○」「どのように△△」

このことばの横に線をひいたり、○でかこんだりする。

② それぞれのきかれかたにたいして、次のように答える。
「なに」「なんですか」
→ ことがら・ものの名前（名詞）で答える。ものの名前で書けないときは「～もの」「～こと」と書くこともある。
「なぜですか。」「どうしてですか。」「理由をのべなさい。」
→ 「～(だ) から。」「～(な) ので。」と答える。

③ 「どんな○○か」「どのように○○したか」「どういう○○か」
→ 「～な○○」「～ように○○した。」「～(という) ○○」と、きかれたことを文末（文の終わり）におく。
（例）「どんな気持ち」→「～(という) 気持ち」

「どのように△△」も考え方は同じです。

たとえば、「どのように話したのですか。」に対しては、「～ように話した。」と答えます。

おけいこ　次の文章を読んでそれぞれの設問に答えなさい。

① 人間が生きていくためになくてはならないものをこたえなさい、といわれたら、みなさんはなにをこたえるのでしょうか。まず、空気がありますね。そして、水、食物、ここまではだれでも思いつくかもしれません。

〔設問〕「人間が生きていくためになくてはならないもの」とは何ですか。三つ答えなさい。

② イヌの見る世界と人間の見る世界はまったくちがっています。イヌはどんな色もみわけることができません。イヌが見るけしきは、色のない、白と黒とはい色の世界なのです。

〔設問〕「イヌの見る世界」とはどんな世界ですか。

③ ヒキガエルは体の色や形が気味悪く、あまり気もちのいい動物ではありません。だから、人にきらわれることが多い動物なのですが、本当は人間にとってたいへん役に立つ動物なのです。ヒキガエルは害虫をかたっぱしから食べてくれるからです。

〔設問〕なぜ、ヒキガエルは「人にきらわれることが多い」のですか。

物語文1　だれが、いつ、どこで、何をしたおはなしかな？

学習のねらい　▼お話の設定を正かくにとらえよう

【基本問題】◆次の文章を読んで、下の問いに答えなさい。

十歳になるまで、キキはまあまあふつうの女の子としてそだってきました。かあさんが魔女で、自分も十歳になったら魔女になるかどうか決めなくてはならないとわかっていたのですが、あまりそのことを本気で考えたことはなかったのです。十歳になってしばらくたったころ、友だちが、「あたし、かあさんのあとをついで美容師になるんだ」といったのを耳にして、「あとつぎ」ということを急に考えるようになったのです。コキリさんが［　あ　］ほしいと思っていることはうすうす感じていました。でもキキは、①かあさんが魔女だからあたしも、とかんたんに考えるのはどうも気がすすまなかったのです。

（あたしは自分のすきなものになるんだ。自分で決めるんだ）

キキはそう思っていました。

そんなある日、コキリさんが、

「ちょっとだけ、飛んでみない？」

と小さなほうきをつくってくれたのです。

「あたしが？　飛べる？」

「魔女のむすめですもの、だいじょうぶなはずよ」

キキは、そのさそうようないいかたがすこし気になりましたが、めずらしさもてつだって、さっそくかんたんな飛びあがりと着地のしかたをおしえてもらうと、

問1　［　あ　］に入る6字のことばを文中からさがし、次のらんに書き入れなさい。

［　　　　　　］ほしい

問2　【　A　】【　B　】【　C　】にあてはまることばを次から一つずつえらび、記号で答えなさい。

ア　さっと　　イ　思わず　　ウ　しだいに
エ　おずおずと　　オ　心をこめて　　カ　たちまち

A［　　］　B［　　］　C［　　］

問3　——①「かあさんが魔女だからあたしも、とかんたんに考えるのはどうも気がすすまなかった」キキが、——②「魔女になる決心をした」のはなぜですか。理由をのべなさい。

コキリさんのあとについて、【　A　】ほうきにまたがって、地をけったのでした。

　とたんに体がすっと軽くなり、キキは、なんと、空中に浮(う)いていたのです！

「あたし、飛(と)んでる！」

　キキは【　B　】さけんでいました。それは屋根よりたった三メートルばかりの高さでしたが、とてもいい気持(きもち)でした。空気も、ほんのすこし青い感じでした。それに、もっと高いところを飛(と)んでみよう、もっと、もっと……そしたら何が見えるかな、何があるかな、もっと、もっと……とまるで体と心をもちあげるようなふしぎな興味(きょうみ)がわいてきて、【　C　】飛ぶことがだいすきになってしまいました。

　そしてもちろん、②魔女(まじょ)になる決心をしたのです。

「やっぱり血すじですよ」

　コキリさんは大よろこびでしたが、キキは、それだけじゃないわ、あたしが［　い　］のよ、と自分にいいきかせていました。

　キキは、ぴょんと立ちあがると、

「ねえ、ジジ、※③あれを見てみようか、ちょっとだけ。かあさんいないから」

　庭のすみにある物置(ものおき)のほうに、あごをしゃくってみせました。

「どうして、コキリさんに秘密(ひみつ)にするのさ」

　ジジは、めんどうくさそうにいいました。

④「だってさ、かあさんはひとり立ちのことになると、大げさにさわぐんですもの。それになんでも口をはさみたがるでしょ。とたんに話がややっこしくなっちゃうんだもん」

「まあ、いいけど……さ。でも、あれはたっぷりお日さまにあてなくちゃいけな

問4　［　い　］にはどんなことばが入ればよいですか。ふさわしいことばを8字以内で書き入れなさい。

□□□□□□□□

問5　――③「あれ」について。

（1）「あれ」とは「だれ」の「何」で、「いつ」使うものですか。次の字数ちょうどで文中から書きぬきなさい。

□□の□□□□□□

□で、□□□□□のとき

使うもの

（2）それを、キキがたいせつに思っていることがわかる部分を、ジジの会話から8字ちょうどで書きぬきなさい。

□□□□□□□□

問6　――④「だってさ　〜　ややっこしくなっちゃうんだもん」とありますが、キキがこのように言うのは、「ひとり立ち」についてどのように思っているからでしょうか。理由をのべなさい。

いんだよ」

「ちょっとだけよ」

「そうかな。また抱いてねたりしたら、かびがはえちゃうよ」

「わかってるわよ。あんたも協力してくれなくちゃこまるわ、これからふたりっきりなんだから」

キキは、そういいながら、腰ぐらいまである※薬草のあいだをじょうずにすりぬけていき、物置と塀とのすきまに体をななめに入れました。と同時に、うれしそうな声をあげました。

「見てっ」

物置の軒下に、細長いほうきが一本、ぶらさがっています。すこし西にかたむきかけたお日さまにあたって、白く光っていました。

「あんなきれいになったわ。もうだいじょうぶね」

⑤キキは思わずかすれた声をあげました。

「こんどは、うまくいったらしいね」

キキの足もとから顔をのぞかせて、ジジも目をまるくして見あげています。

「ねえ、キキ、ちょっとひとっ飛び、ためしてみたら？　いいお天気だし、さ」

「だめよう」

キキは首をふりました。

「あの日までは使わないの。もうすぐよ。あたしはね、なにもかも新しくしていきたいのよ。洋服も靴も、それにほうきもね。生まれたての赤ちゃんみたいにさ。かあさんはすぐ、『古い血すじの魔女だもの、むかしからのことはたいせつにしなくちゃ』っていうでしょ。⑥でもあたしはあたし。新しい魔女なんだから」

「じゃ、ぼくは、どうやって新しくしたらいいんでしょうかね」

問7　――⑤「キキは思わずかすれた声をあげました」とあります。このときのようすとしてあてはまるものを、次から二つえらび、記号で答えなさい。

ア　予想以上のしあがりをじまんしている。

イ　こんなにきれいになるなんて、とみとれている。

ウ　今までの苦労を思い出し、つかれをおぼえている。

エ　ひとり立ちへの期待で胸がいっぱいになっている。

オ　もうほさなくていいという解放感にひたっている。

[　]・[　]

ジジはちょっとすねて、ひげをふるわせました。

「だいじょうぶよ。きれいに毛をすいてあげます、ぴかーっと光るまでね。できたてのほやほやにしてあげるわよ」

「ふん」

ジジは鼻を鳴らしました。

「できたての猫なんてさ、お料理みたいにいわないでよ。ひとり立ちするのは、キキだけじゃないんだから」

（角野栄子『魔女の宅急便』より）

※注　ジジ　…　キキがせわをして、いつもそばにいる黒猫の名前

　　　薬草　…　薬のざいりょうになる草

問8　――⑥「でもあたしはあたし。新しい魔女なんだから」とありますが、ここにはキキのどんな気もちがあらわれていますか。考えて、のべなさい。

答えかたのおやくそく

「気もちを説明しなさい」って？　気もちをいいあてることばをさがす

人の気もちはいろいろです。時・場所・おかれたじょうたいによって、うれしかったり、悲しかったりします。人の気もちの基本4つを、

とよびます。

喜怒哀楽（きどあいらく）　よろこび・いかり・かなしみ・たのしさ――この4つからさらにこまかく人の気もちは枝分かれします。ふたつの気もちがまざりあっていることもあります。物語文の設問は、

「このときの○○の気もちを説明しなさい」

「この気もちにあてはまるものを、次からえらびなさい」

というのがほとんどです。答を考える、とは、**「どんな気もち？」の「どんな」をいいあてる、ことばさがし**でもあります。たとえば次の場合、どんな気もちでいるのでしょうか。

お姉さんのだいじな人形をよごしてしまい、おこられて泣いていたら、お姉さんが「ほら」と、おやつをよこしてくれた。私は泣きやんだ。

> 答1　お姉さんにすまないのと、おこられたのとでしょんぼりしていたが、お姉さんが声をかけておやつをくれたので「ゆるしてくれたんだ」と思い、ほっとしている。
>
> ここでは、①お姉さんにすまない気もち
> ②しょんぼりした気もち
> ③ほっとした気もち
>
> この3つの気もちをつかんで説明しています。むずかしく書いてみます。
>
> 答2　姉への謝罪（しゃざい）の気もちと、おこられて当然だと自分を非難（ひなん）する気もちでいっぱいだったが、姉に声をかけられてゆるされた安心感を感じている。

答2のように無理にむずかしく書く必要はありませんが、本文がむずかしい文章になってきたら、使うことばのレベルも上げていかなくてはならない場合も出てきます。ですから、

できるだけたくさん気もちを表現することばやじゅく語を知り、覚え、使ってみましょう。そうすることで記述力・表現力を高めていけます。

おけいこ

次の――線部の主人公の気もちを説明しなさい。

①「ぼく、カレーライス。」
「私、ハンバーグがいい！」
メニューを見て楽しそうにわらう家族がいた。――そう、私にもあんなころがあったんだなあ。明子は自分の家族を思った。

②　ぼくのけったボールがとなりの家に飛び込んだ。いつもこわい顔で道路のそうじをしているおばあさんの家だ。かき根の間から忍びこむと、ぼくの頭がおばあさんの足にぶつかった。まずい！と思って顔をあげたら、おばあさんの笑顔があった。ぼくはきょとんとした。

③「……おまえが、花だんのコスモスをふみつけたのか？　うそだろう？」
兄さんの目はまっすぐにぼくを見ていた。
「咲くのをどんなに母さんが楽しみにしてたか、知ってるだろう。」
そうだ……知ってる、知ってるとも……。だけど、だけど、母さんはもう病院から帰れないんだ。みんなぼくにかくしてるけど、母さんの病気はなおらないんだ。コスモスなんかもって、わらってお見まいになんか行けないんだ。ぼくは何か言おうとするとなみだが出そうで、何も答えられなかった。

【応用問題】◆次の文章を読んで、下の問いに答えなさい。

死神というのはどこの国の誰でも持っている※イメイジだが、具体的にはさまざまな形をとって現われるようだ。私のまわりにも死神を見たという人は何人かいるが、みんなそれぞれ見たものの顔や形は違っている。（中略）

私の遊び仲間のある男がいっていたが、①彼も子供の頃死神を見たことがあるという。

小学校三年の時、彼が可愛がっていた犬が死んだ。※愛着断ちがたいが子供心にもこのままにしておく訳にはいかぬと悟って、自分なりに納得のいく方法で葬ってやりたいと思い、考えた挙句に、やはり海に還してやろうと決めた。

彼はその犬を子犬の頃どこか海ばたで拾ってつれて帰ったそうな。季節は冬で、犬を拾った海まではかなりあるので近くの江戸川にかかった橋の上から川に落して流してやろうと、ダンボールの箱に死骸を入れて蓋をし、自転車の荷台に乗せて出かけた。

その頃はまだあたりに住人も少なく、夕方ともなると人通りもまばらだった。橋のたもとで自転車を止めて通行人が橋をいき過ぎるのをみはからい、橋の真ん中まで来てもう一度左右に人のいないのを確かめた上で荷台の紐を解いて箱を下ろした。

※子供の手にはあまりそうな荷物だったが、なんとか抱え上げ橋の手摺まで持上げて落そうとした時、突然後ろで声がした。

②驚いてふり返ると、彼のすぐ後ろに長い髪をばさばさに解いて肩にたらした女が、冬なのになぜか浴衣を着て立っていた。

問1 ――①「彼も子供の頃死神を見た」について。

（1）筆者の知人はどんなすがたの「死神」を見たのですか。そのすがたが書かれた40字以内の箇所を文中からさがし、始めと終わりの3字を書きぬきなさい。

□□□ 〜 □□□ すがた

（2）その「死神」を、どの季節の、どんな時間帯、どんな所で見ましたか。簡潔に答えなさい。

問2 ――②「驚いてふり返ると」とありますが、なぜ驚いたのですか。理由をのべなさい。

その女が優しい声で、

「死んだんですね」

とたずねた。

答えようとした次の瞬間、［A］恐ろしさで、手摺にかけていた荷物をそのまま下につき落すと［B］ように自転車をかかえて走り出したそうな。

それでも橋のたもとを過ぎたあたりで※勇を鼓してふり返って見た。冬の夕暮れの他に人気のない橋の真ん中に、遠くほの白く女の着ていた浴衣が見えた。

「でも、③あれはやっぱり人間じゃあなかったな。だって犬を入れたダンボールにはちゃんと蓋がしてあったんだ。中に何が入っているのか俺以外にわかる訳はないからな」

彼はいった。

「それよりも何よりも、あの女の声がなんとももの凄く優しかったんだ。あれは絶対に人間なんかの声じゃあない。人間があんなにしみじみと優しい声を出す訳はない」

ならば彼女が死神だったとしても、そんな時どうして死神の声はそんなに優しいのだろうか。


（石原慎太郎『わが人生の時の時』所収「死神」より）

※注　イメイジ　…　心の中にえがきだされる形や印しょう
愛着断ちがたい　…　心ひかれて忘れられない
子供の手にはあまりそうな　…　子供では、もてあますような
勇を鼓して　…　勇気をふるって

問3　［A］・［B］には、どんなことばが入るとよいですか。次の中から、もっともふさわしいものを一つずつえらび、記号で答えなさい。

A【ア　やりきれない　イ　いまいましい　ウ　とげとげしい　エ　いいようのない】

B【ア　ひったくる　イ　あやしむ　ウ　うんざりする　エ　とほうにくれる】

A	
B	

問4　――③「あれはやっぱり人間じゃあなかったな」について。「あれは人間じゃない」と「彼」が感じた理由を二つ、これよりあとの文章を手がかりにしてのべなさい。

第3章

物語文2 登場人物は、なぜ、どのように感じ、行動したのかな?

学習のねらい ▼言動（会話と行動）に注目することで、人物の心情にせまる

【基本問題】◆次の文章を読んで、下の問いに答えなさい。

少年は十一歳の誕生日のお祝いに買ってもらった自転車で、ある日家から遠出をする。

とちゅう、いろんなできごとにそうぐうする。

デパートのはずれの角で曲ると、ガードレールの脇に自転車を止めた。カギをかけていると、むこうから茶色い制服を着たガードマンがやってきた。

「こんなところに自転車を止めちゃダメだよ」

「それじゃ、駐車場に入れていいんですか?」

(自転車だって車だ)

「え?」

と言ってから、ガードマンは少年に説明した。

「駐車場はこのデパートのお客様の車を入れるところだから」

「ボクもこのデパートで買うんですけど」

ガードマンは困った顔をした。困った顔は三人目だ。お婆さん、お巡りさん、ガードマン。

「じゃ、まあ、いいけど」

①少年はカギをポケットに入れて、むっつりしたままデパートに入った。そして、あまり利用する人のいない、階段脇の小さなエレベーターに一人で乗った。そして、屋上でおりると駆け出した。

問1 ——①「少年はカギをポケットに入れて ～ おりると駆け出した」について。少年のこのときの心の動きとしてもっともふさわしいものを次から一つえらび、記号で答えなさい。

ア 注意されたはずかしさを、早くふっきりたかった。

イ 注意されて気分を害したが、エレベーターで移動するうち、もともとの目的に気持ちが切りかわった。

ウ 思いがけない注意を受けて腹が立ったので、買い物をして気ばらしをしようと思いついた。

エ 注意されてなみだが出そうなので、めだたない場所に行きたかった。

問2 ——②「(アノリスだ!)」の「!」にこめられている気もちを、心のつぶやきの形で文中の《1》に入れるとすると、どんな言葉がふさわしいですか。次からもっともふさわしいものをえらび、記号で答えなさい。

ア これまで大変だったね、今自由にしてやるからな

イ まだ売れのこっていたのか、かわいそうに

ウ よし、お前を買うことにしようかな

エ よかったなあ、まだいたんだね

ワラの匂い。糞の匂い。動物のオシッコの匂い。ヒマワリの種や鳥の餌の匂い。少年の顔がなごんでくる。少年は並んでいる犬小屋や鳥カゴや水槽には眼もくれず、奥の方に進んでいった。そして一つのカゴの前に来ると、中をのぞきこんだ。四匹のシマリスがいる。少年は一匹一匹の顔をたしかめた。三匹は知らん顔している。が、中の一匹が首をかしげて、焦茶色の丸い眼で少年を見た。

②（アノリスだ！）

少年は、［ア］シマリスに話しかけた。

（《イ》）

少年はレジのカウンターに行くと、シマリスのカゴの方を指さして言った。

「あのリスをください」

そしてポケットからお金を出した。二週間前にここに来たとき、【 A 】あのリスが気に入ってしまったのだが、インコのつがい※を買うつもりのお金では足りなかった。それで二週間、毎日五十円のアイス代を貯めて、今日【 B 】満額になったのでやってきたのだった。

店員のあとについて、シマリスのカゴの前に行った。

③「あのリスです」

と少年は、アノリスを指さした。店員がカゴの中に手を入れると、そのシマリスは逃げずに手に乗った。店員はその足に輪をかけて、長い紐をつけた。少年は紐の端をジーパンのベルト通しに結んでから、アノリスを手に乗せた。片手の上にチョコンと乗る、黒と茶色のシマのある、毛のふさふさした手乗りのリスだ。尻尾にもシマがある。

（うちに帰ったら、紐から離してやるからな）

アノリスは少年の手のひらを、口の先でチョンチョンとついた。少年が手を肩

問3 【 A 】【 B 】【 C 】【 D 】に入るのにふさわしいことばを次からえらび、記号で答えなさい。

ア もう　イ やっと　ウ ずっと
エ すっかり

A	
B	
C	
D	

問4 ――③『あのリスです』と少年は、アノリスを指さした」について。「あのリス」と「アノリス」とはどうちがうのですか。説明してみましょう。

問5 ［ア］・［イ］にはどんな言葉が入ればよいですか。「こそあどことば」を、それぞれ一つずつ答えなさい。

ア	
イ	

のところに持ってくると、アノリスは肩に乗り移った。

【C】少年と一緒にいるのだから［イ］リスでもいいのだが、少年は

【D】家であのリスのことを考えていたので、アノリスが名前になってしまったのだ。

　少年はエレベーターでおりると、肩に乗せたアノリスの方に頬を寄せながら、ガードマンの前を通りすぎた。そして排気ガスだらけのようなこの街を早く抜け出そうと、自転車を引っぱっていっしょうけんめい歩いた。（中略）

　橋のたもとの酒屋の前まで来ると、少年は自転車を止めて、ポケットから十円玉を出し、店先の黄色い電話機を取った。

「お姉ちゃん、アノリス、まだいたよ」

「ほんと！　よかったじゃん。今日からもう、アノリスの話を聞かなくてすむよ」

（ほんとに、コトバづかいが悪いんだから）

　少年は電話を切ると、店先のアイスボックスから五十円のアイスを買った。そして自転車を引いて橋の真ん中まで歩いた。

④少年はそこに自転車を止めると、コンクリートのランカンにもたれて、二週間ぶりのアイスを食べた。もちろん、一かけらは手のひらに乗せて、肩の上のアノリスにもやった。

　少年の背後のビル群の重なりは※灰色の濃淡のシルエットになり、空は夕焼け色にかがやいていた。

（千刈あがた「十一歳の自転車」より）

※注　つがい　…　オスとメスのひと組
　　　灰色の濃淡のシルエット　…　こい灰色やうすい灰色の影ぼうし

問6　少年の人物ぞうとして、次の［①］～［③］にあてはまることばを後のア～オから一つずつえらび、記号で答えなさい。

・心に決めた相手を思いつづける［①］がある。
・ああ言えばこう言う、［②］がある。
・二週間ずっと、少しずつおこづかいを貯めていけるような［③］がある。

ア　責任感　　イ　着実さ　　ウ　負けん気
エ　純すいさ　　オ　広い心

①	
②	
③	

問7　——④「少年はそこに　～　かがやいていた」について。ここから少年のどんな気もちが読みとれますか。次からもっともあてはまるものを一つえらび、記号で答えなさい。

ア　肩のリスを道ゆく人に見せびらかしたい気もち
イ　やっとアイスを食べられるうれしい気もち
ウ　がまんしてねがいをはたせたまんぞく感
エ　自転車で遠出してつかれた気もち

答えかたのてがかり

気もちをあらわすことば1 プラスの気もち・見本帳

気もちのことばは、最後の文字の音（おん）で分けると

【い】の気もち／【な】の気もち／【ウ音】の気もち

の3種類になります。ここではまず、プラスの気もちを見ていきましょう。

プラスの気もちとは、「良いじょうたいの／前向きな」気もちのことです。

【てがかり】「気もちを説明しなさい」という問題で、うまくいいあてられない時は、このページからできるだけふさわしいことばをさがしてください。そのあとに「〜気もち。」「（ように）感じている。」などと続けましょう。

【い】の気もち うれしい・楽しい・快い・ここちよい・おもしろい 待ち遠しい・いとおしい・てれくさい・なつかしい・ほこらしい 優しい・明るい・たのもしい
【な】の気もち 幸せな・ゆかいな・とくいな・陽気な・むじゃきな・前向きな まんぞくな・真剣な・まじめな・そっちょくな・正直な・たいせつな すなおな・のんきな・おだやかな・おおらかな・冷静な・静かな
【ウ音】の気もち（さいごの音をのばすとウ音になる。例→望む） （何かを／何かに） よろこぶ・楽しむ・満足する・感動する・みとれる・なつかしむ 安心する・ほっとする・落ちつく・いやされる・くつろぐ・信じる むちゅうになる・がんばる・集中する・はりきる・みちたりる 決心する・かくごする・なっとくする・まち望む・楽しみにする 愛する・望む・願う・いのる・期待する・あこがれる・なごむ （人を／人に） 見守る・いたわる・かばう・思いやる・なぐさめる・はげます 感謝する・いとおしむ・いつくしむ・ほこらしく思う・信らいする 尊敬する・共感する・感心する・愛する・つぐなう・見とれる

おけいこ

次の――線部の人物の気もちを説明（せつ）しなさい。

①「アキラ、これな、おれの宝（たから）もん」と、啓太（けいた）はたなから金色の缶（かん）をそおっと出した。ふたをあける。わたの上に、白色やむらさきの水晶（しょう）みたいな石がならんでいる。

「アキラ、転校するんだろう？　魔（ま）よけに一つもってけよ。おまえ、気が小さいところがあるから。」

啓太の「にっ」という笑顔を見て、明はむねがいっぱいになった。

②　五月のお昼すぎです。啓子（けい）さんはネコの「シロ」のせなかをなでながら、陽（ひ）だまりでぼんやりしていました。日ざしはやわらかく、風がさやさやと若葉をゆらしています。（ゴールデン・ウィークで友だちは遊びに出かけてるけど、自分はこういうのがいいなあ……）。啓子さんはそう思って、「シロもそうだよねぇ」と話しかけました。

答えかたのてがかり

気もちをあらわすことば2 マイナスの気もち・見本帳

ここではマイナスの気もちを見ていきましょう。マイナスの気もちとは、「悪いじょうたいの/後ろむきな」気もちのことです。マイナスの気もちのほうが、プラスよりふくざつで、たくさんあります。

【い】の気もち
悲しい・さびしい・むなしい・暗い・やりきれない・情けない
つまらない・ものたりない・にがにがしい・ひどい・はずかしい
うしろめたい・やましい・すまない・申しわけない・気まずい
ずるい・うとましい・いまいましい・せせこましい・落ちつかない
わずらわしい・もどかしい・じれったい・はがゆい・うるさい
とりとめのない・あっけない・弱い・あやしい・くやしい・しつこい
苦しい・いたたまれない・つめたい・こわい・とげとげしい

【な】の気もち
不幸な・いやな・ゆううつな・いん気な・不安な・不安定な
いいかげんな・ふまじめな・ふゆかいな・きゅうくつな・退くつな
意地悪な・ひきょうな・おくびょうな・ぶきみな・ふくざつな
みじめな・あわれな・ざんねんな・にがてな・めんどうな

【ウ音】の気もち（さいごの音をのばすとウ音になる。例→すねる）
悲しむ・苦しむ・おこる・こまる・とほうにくれる・不安になる
あせる・追いつめられる・せっぱつまる・取り乱す・こんらんする
あきらめる・へこたれる・くじける・ふてくされる・がっかりする
こびる・へつらう・ひるむ・たじろぐ・気にさわる・いらいらする
うらむ・すねる・いじける・やけになる・ねたむ・ひねくれる
きらう・ののしる・ひなんする・責める・とがめる・おとしめる
いじめる・軽べつする・ばかにする・あきれる・けちをつける
いばる・うぬぼれる・思いあがる・強がる・反発する・はりあう
いらだつ・うんざりする・あぜんとする・ぼうぜんとする
わびる・反省する・くやむ・こうかいする・しょんぼりする
のろう・さからう・そそのかす・うらやむ・みえをはる
あやまる・きんちょうする・はらを立てる・がまんする・あわてる

おけいこ　——線部はどんな気もちですか。のべなさい。

① 一学期の終わりに教室の大そうじがあった。啓子（けい）さんがほうきでゴミをはいていると、中に五百円玉が落ちていた。先生に知らせようと、そのすがたをさがしていると、目のはしで動くものがあった。水野くんが五百円玉をさっとひろって、ズボンのポケットに入れたところだった。啓子さんは、むねがどきどきして、頭がかあっとあつくなった。

② 明くんの弟は、ふだんはぼんやりしている子でしたが、絵をかいたり詩のようなものを書きつけるときは、しんけんな顔でクレヨンやえんぴつを動かしていました。じっさい、そんな絵やことばの切れはしには、だれが見ても何かしらふしぎなみりょくがありました。
「この子には、とくべつな才能（のう）があるのかもしれないよ」
両親がそう話しあうのを聞いていると、明くんは（ぼくもそう思う）と考えながら、すべてがふつうでしかない自分のことを思って、鼻のおくが「つん」とするのでした。

【応用問題】◆次の文章を読んで、下の問いに答えなさい。

四年生になり、わたしの「居場所」はあちこちに分散して、毎日の生活パターンもできてきた。学校が終わると走って家に帰り、急いでおやつを食べて塾に行く。塾のない日は、少しピアノを練習してから図書館に行く。

この頃から、ときどき図書館で石井さんを見かけるようになった。石井さんもわたしと同じように、ひとりで図書館に来ていた。（中略）図書館の貸し出し用の袋を重そうに抱えて、受付で本を［A］出して、返却手続きをしてから本棚に向かう。児童書をひととおり見て回ってから、地下のジュニア文庫に行く。わたしは、絵本の奥にある椅子に座って、いつも遠くから石井さんを見ていた。石井さんは、わたしには気づいていないようだ。わたしも、別に話しかけようとも思わなかった。

その日も、夕方、石井さんが入ってくるのを遠くから見ていた。そして、石井さんとの距離が本棚ひとつ分になった時、「ハナエ、いつもここにいるね」という声がして、体中が［B］した。（中略）

石井さんが本を覗き込もうとしたので、①わたしはあわてて本を閉じた。隠そうとしたのに、逆に表紙が丸見えになってしまった。

「シューマン？　何これ？　伝記？」

「うん」

わたしはできるだけ②平静に言った。

「へえ。ハナエってこういうの読むんだ」

「読むよ。好きだもん、シューマン」

今度は、③少し居直った。自分から最初に言っておけば、一昨日のようなことは避けられる。

問1　［A］・［B］・［C］・［D］のそれぞれにあてはまるもっともふさわしいことばを次から一つずつえらび、記号で答えなさい。

ア　ボーッて　　イ　ヒソヒソと
ウ　ペラペラと　エ　ハアーッて
オ　ドサドサッと　カ　ビクンと

A［　］　B［　］　C［　］　D［　］

問2　——①について、「わたし」が本を隠そうとしたのはなぜですか。その理由を書きなさい。

［　　　　］

問3　——②「平静に言った」、③「少し居直った」とありますが、「わたし」がこのようにしたのはなぜですか。その理由をまとめた次の文の［　］にあてはまることばを、アは40字以内、イは3字でさがし、それぞれ書きぬきなさい。アは、最初と最後の3字を書きぬきなさい。

掃除の時間、女の子達が集まって、笑っていた。

「ちょっと、これ、誰の？　チョー受けんだけど！」「ホントだ、笑える！」

「ダサッ！」

　床に落ちていた『愛のしらベシューマン』の本のことだった。わたしの机の中から落ちてしまったものだった。自分の顔がかぁっと熱くなるのを感じながら、わたしは黙って本を拾った。

　石井さんは、校庭の掃除当番だったから、あの場にはいなかった。だから、きっとこのことは知らない、と思う。

　誰かをからかったり笑ったりする時は、自信のなさそうな子に対して激しくなる。それは、よくわかっていた。だから、わたしは、堂々と自分から言うことにした。

「シューマンって、わたしの大好きな作曲家だから」（中略）

「ハナエ、ピアノ、やってるんだよね」

「うん」

「去年、コンクールに出たとか言ってたじゃん？　今年も出るの？」

「塾に行くようになったから、コンクールには出ない。両方やるのは無理だもん」

「そっか。塾の方を選んだ訳だ」

「わかんない。選んだ、ってわけでもないけど……でも、④コンクールに出ないことにしたら、急に自分の好きな曲が増えたんだ。それって、ちょっと予想外だったんだけど」

　わたしは、いつのまにか自分の事を［ C ］しゃべっている。（中略）

「ハナエ、なんでシューマンが好きなの？」

「だって、曲がきれいだから。ピアノが一番きれいに聞こえるように作曲

［ ア ］ので、できるだけ［ イ ］していようと思ったから。

ア ［　　　］〜［　　　］

イ ［　　　］

問4　——④「コンクールに出ないことにしたら、急に自分の好きな曲が増えた」のはなぜだと思いますか。その理由をまとめた次の文の［　］にあてはまる内容を、考えて書きなさい。

　コンクールに出る予定だと、［ ア ］と思い、曲を味わうよゆうがなかった。しかし、コンクールに出ないと決めたことで、それぞれの曲が本来持っていた［ イ ］から。

ア ［　　　］

イ ［　　　］

されてあるんだって。曲自体はそんなに難しくないんだけど、［D］ため息が出るくらい、すっごくきれいなんだよ」

考えながら、ゆっくりと言った。⑤こんなふうに聞かれるのは初めてだから、ちょっとうれしかった。

「ハナエは、そのシューマンの曲弾くんだ。すごいね」

石井さんは、不思議そうに、ほんとに感心したように言うので、わたしはあわてて付け加えた。

「ちがうよ。そうじゃなくてわたしの先生が弾くと、やさしくて悲しい音に聴こえるの。（中略）だから、シューマンってどういう人なのかな、って思って、伝記を読んでみることにしたんだ」

「そっかあ……。じゃ、わたしも伝記、読んでみようかな」

石井さんは、図書館の手提げ袋を覗き込みながら言った。軽く十冊は入っている。

「それ全部借りるの？」

「うん、たぶんね」

「見ていい？」

「いいよ。同じ人のばかりだけど」

そう言いながら、石井さんは本をごっそり取り出した。赤川次郎の本が五冊ぐらいあって、あとは『作文の書き方』や『マンガの描き方』という難しそうなのもある。

「石井さん、⑥こういう本、借りるの？ 作文もマンガも得意なのに、こういうのも読んでるわけ？」

わたしが聞くと、石井さんは、少し恥ずかしそうに笑った。

「もっとうまくなりたいもん。わたし、けっこう気合入れてやってるんだ

問5 ――⑤「こんなふうに聞かれる」とありますが、石井さんは、どのように聞いてくれたのでしょうか。もっともふさわしいものを次からえらび、記号で答えなさい。

ア 意見をおしつけるのではなく、「わたし」の考えを聞いてくれた。

イ 「わたし」が話しやすいように助け舟を出しながら聞いてくれた。

ウ ばかにしたりせずに、興味を持ってきちんと聞いてくれた。

エ からかわれたことをなぐさめるようなやさしい聞き方をしてくれた。

問6 ――⑥「こういう本、借りるの？」ということばにあらわれているものを次からえらび、記号で答えなさい。

ア けいべつ　　イ あこがれ

ウ 意外さ　　エ 親しみ

オ ひやかし

よ。夜は、だいたいマンガ描いてるんだ」

　知らなかった。マンガの描き方をちゃんと勉強してるなんて。なんとなく適当に描いてるんじゃなかったんだ。

「じゃ、わたしそろそろ帰るね」

　石井さんはそう言うと、サッと立ち上がった。（中略）石井さんは受付のカウンターに行って、貸し出しの手続きを済ませると、後ろを振り向いてわたしに手を振った。同時に、出入り口近くのカラクリ時計がメロディーを流し始めた。楽隊のメンバーが次々と出てくる。五時。石井さんはいつも今頃の時間に帰って行く。もしかしたら、図書館にいる時間もちゃんと決めているのかもしれない。

　⑦わたしは急にソワソワし始めて、家に帰ることにした。今日は早めに帰って、ピアノを弾こう。シューマンの「トロイメライ」から。今日は、前よりも少し上手に弾けるような気がする。

（華恵『本を読むわたし　My Book Report』より）

問7　――⑦「わたし」が「急にソワソワし始めて、家に帰ることにした」のはなぜですか。もっともふさわしいものを次からえらび、記号で答えなさい。

ア　石井さんはもっとうまくなりたいと、マンガを描くことに努力をしている。そんな石井さんを見て、もっとしんけんにピアノに取り組もうと思ったから。

イ　図書館から決まった時間に帰るなど、きちんと計画性を持って生活している石井さんを見て、目的もなくだらだらすごしている自分がはずかしくなったから。

ウ　石井さんとシューマンについて語り合った、このうれしい気分の今なら、難しいシューマンの曲もうまく弾きこなせるような気がしていたから。

エ　石井さんが努力をするすがたに感動し、あこがれの気もちをいだいたので、石井さんとなかよくなるために同じように努力する人間になろうと思ったから。

詩　詩はふつうの文章と、こんなにちがう！

学習のねらい　▼リズムにふれよう／印しょう的な表現のくふうを知ろう

【問題1】◆次の詩を読んで、下の問いに答えなさい。（数字は行数番号）

どんどんほったら

阪田寛夫

しゃべるで　のはらに　1
あなを　ほる　2
でてきましたは　みみずのこ（①）　3
それでも　どんどん　ほってゆく　4

どんどん　おおきな　5
あなを　ほる　6
でてきましたは　ちかてつどう（②）　7
それでも　まだまだ　ほってゆく　8
まだまだ　げんきに　9
あなを　ほる　10
さむくてあつくて　まっくろけ　11
それでも　ずんずん　ほってゆく　12

問1　この詩の印しょうとして、必ずしもあてはまらないものを二つえらび、記号で答えなさい。

ア　とぎれとぎれで、いきぐるしい
イ　ほほえましく、親しみやすい
ウ　すっきりと、こぎれいである
エ　かろやかで、リズムがある
オ　子どもらしく、かわいらしい
カ　元気で、明るい

［　］・［　］

問2　この詩では、まったく同じ表現の行が三回くり返されています。その行数番号三つを答えなさい。

［　］と［　］と［　］

問3　――①「でてきましたは　みみずのこ」と――②「でてきましたは　ちかてつどう」の二つは、ことば自体はまったく同じではないけれども、詩句の組み立てが同じになっています。ほかにも組み立てが同じになっている行が三つあります。その行数番号三つを答えなさい。

［　］と［　］と［　］

問4　［　］の部分からは、どんなようすがつたわりますか。次の空らんに、あとからもっともふさわしいことばをえらび、記号で答えなさい。

ずんずん　ほったら
そこぬけた
おやまあどこです　こののはら
ちきゅうの　むこうだ　いいてんき
※③そこがぬけたら　かえりましょう

※注　そこがぬけたら　かえりましょう…♪なべ、なべ、そっこぬけ
　　そこがぬけたらかえりましょう♪
（お鍋の底がぬけたら、おうちに帰りましょう）
というわらべ歌の最後の歌詞

どんどんほったら、すぽーんとあながぬけて、ちきゅうのむこうに出られるのかな……。そこにもやはり野原があって、気もちのよいお天気で……。子どものそんな楽しい［　　］が伝わる。

ア　希望　イ　未来　ウ　現実　エ　想ぞう

［　　］

問5　――③「そこがぬけたら　かえりましょう」という詩句について、次からあてはまるものを二つえらび、記号で答えなさい。

ア　せっかくちきゅうのむこうに行ったのに、もう帰らなくちゃと、いそがせている感じがする。

イ　子どもが苦労してちきゅうのむこうまでほりきったまんぞく感がよく出ている。

ウ　わらべ歌の歌詞の最後があることで、楽しくあそび終えた感じが出ている。

エ　思うぞんぶんあそんでから自分の家に帰るここちよさが出ている。

［　　］・［　　］

表現技法のおやくそく１　リズムを作るくふう　くり返し・ついく（対句）

詩とは、心に強く感じたことを、リズムのあることばや印しょう的な表現であらわした文学です。今回は「リズム」について考えてみましょう。

詩のリズムはどのようにして生まれるのでしょうか。日本語では五音と七音をもとにすると、自然にリズムが現れてくると言われています。でも、詩でも、歌うようなリズムを感じるものがあります。すぐ目につくのがくり返し、つまり同じ表現をくり返す方法です。反復法・リフレーンともよびます。

【おやくそく】

★くり返し（反復法・リフレーン）

同じ表現をくり返すことで、リズムをととのえ、強調する表現技法

〈例〉

悲しみだろうか　それは
くしゃみをするおれを
世界は涙ぐんでふりかえる
悲しみだろうか　それは

（石原吉郎「くしゃみと町」より）

また、ことば自体は全部同じではないけれど、詩句（詩の文句）の組み立てを同型にしてリズム感をもたせる方法もあります。ついく（対句）といって、おたがいどうしがひびきあい、てらしあいます。

★ついく（対句）

詩句の組み立てを同じにして、たがいにひきたてあう表現技法

〈例〉

ぼくは、無数の星のうちの一つに住むんだ。無数の星のうちの一つで笑うんだ。

（サンテグジュペリ作／小島俊明訳「星の王子さま」より）

おけいこ　次の詩を読み、問いに答えなさい。（下の数字は行数番号）

北の海　　中原中也

海にいるのは、
あれは人魚ではないのです。
海にいるのは、
あれは、浪ばかり。

曇った北海の空の下、
浪はところどころ歯をむいて、
空を呪っているのです。
いつはてるとも知れない呪。

海にいるのは、
あれは人魚ではないのです。
海にいるのは、
あれは、浪ばかり。

① 同じ表現がくり返されているはんいを行数番号で答えなさい。

［　　］行目から［　　］行目　と　［　　］行目から［　　］行目

② こうした表現技法によって、どんなようすが強調されていますか。「北の海」ということばで始めて、のべなさい。

［　　　　　　］

【問題2】◆次の詩を読んで、下の問いに答えなさい。

若葉よ来年は海へゆこう

金子光晴

絵本をひらくと、海がひらける。①若葉にはまだ、海がわからない。

若葉よ。来年になったら海へゆこう。②海はおもちゃでいっぱいだ。

③うつくしくてこわれやすい、ガラスでできたその海は

きらきらとして、揺られながら、※風琴のようにうたっている。

海からあがってきたきれいな貝たちが、若葉をとりまくと、

若葉も　貝になってあそぶ。

若葉よ。来年になったら海へゆこう。そして、じいちゃんもいっしょ

に④貝になろう。

※注　風琴…　アコーディオン、またはオルガン。空気をとりいれて、けん盤やボタンで音を鳴らす楽器

問1　――①「若葉にはまだ、海がわからない」について。「若葉にはまだ」ということばを、どうとらえるのがよいでしょうか。次からもっともあてはまるものをえらび、記号で答えなさい。

ア　若葉はまだ、ことばで説明しても理解できないので
イ　若葉はまだ、本ものの海を見たことがないので
ウ　若葉はまだ、海へ行きたがらないので
エ　若葉はまだ、絵本のほうが好きなので

問2　――②「海はおもちゃでいっぱいだ」の「おもちゃ」とは、たとえばどんなものですか。ものの名前をいくつか答えなさい。

問3　――③「うつくしくてこわれやすい、ガラスでできたその海」とは、海の、どういうようすを表現しているのですか。考えて、次の空らんにことばをおぎないなさい。

海が、まるで（　　）のように（　　）ようすを表現している。

問4　きらきら、風琴（ふうきん）のように、について。何を表わしたことばですか。次からそれぞれあてはまるものをえらび、記号で答えなさい。

ア　海の上の太陽がまぶしいようす
イ　波の音が美しくひびくようす
ウ　海が風にゆすられるようす
エ　海のかおりがするようす
オ　波が光るようす

きらきら…　　　風琴のように…

問5　――④「貝になろう」とはどういう意味ですか。次からもっともふさわしいものをえらび、記号で答えなさい。

ア　手足を出したりひっこめたりしよう
イ　よせてはかえす波とたわむれよう
ウ　丸く、すべすべになろう
エ　かたく口をとじよう

問6　この詩の中で「くり返し」になっている表現を書きぬきなさい。

表現技法のおやくそく2　印しょうを強めるくふう　よびかけ・ぎせい語・ぎたい語

今回は詩や物語など、文学的文章でよく使われる表現技法を学びましょう。まずよびかけです。詩や物語の中の相手にむかって、また時には読者にむかってよびかけるのです。さそうような口調・たのむような口調・命令するような口調……、色々な感じのよびかけがありますが、明らかにそれまでの詩句や文章から調子が転じ、読者の注意をひきつける効果が生まれます。

【おやくそく】

★よびかけ
作品中のだれかや読者に直接よびかけて、注意をひきつける表現技法
〈例〉
ごらんなさい、私たちはみるみる沖のほうへ沖のほうへと流されているのです。（有島武郎「おぼれかけた兄妹」より）
なあ／虫けらや　虫けらや（大関松三郎「虫けら」より）

またぎせいご（擬声語）・ぎたいご（擬態語）という表現技法もあります。ふつう、ひらがなやカタカナで書かれ、下に「と」をつけることができます。擬は「なぞらえる（まねる）」という意味の漢字です。「わんわん」「ガシャン」のように、何かの声や音をまねたことばを擬声語、「くるくる」や「ゆらり」のように動きや状態（ようす）をあらわしたことばを擬態語といいます。

★ぎせいご（擬声語）（※擬音語ともいう）
生き物の声やものの音をまねた表現技法（そういう音がしている）
〈例〉
風はどうどう空で鳴ってる（宮沢賢治「宗教風の恋」より）

★ぎたいご（擬態語）
ものごとの動きや状態をあらわした表現技法（音はしていない）
〈例〉
ごんは、ぐったりと目をつぶったまま（新美南吉「ごん狐」より）

おけいこ1

次のことばの横にA（擬声語）かB（擬態語）を記入しなさい。

にっこり　きらきら　ホーホケキョ　ぐらり　ぱしゃぱしゃ

おけいこ2

次の詩を読み、問いに答えなさい。（下の数字は行数番号）

蛙よ　萩原朔太郎

蛙よ、
青いすすきやよしの生えてる中で、
蛙は白くふくらんでいるようだ、
雨のいっぱいふる夕景に、
ぎょ、ぎょ、ぎょ、ぎょ、と鳴く蛙。

まっくらの地面をたたきつける、
今夜は雨や風のはげしい晩だ、
つめたい草の葉っぱの上でも、
ほっと息をすいこむ蛙、
ぎょ、ぎょ、ぎょ、ぎょ、と鳴く蛙。

蛙よ、
わたしの心はお前から遠くはなれて居ない、
わたしは手に燈灯をもって、
くらい庭の面を眺めて居た、
雨にしおるる草木の葉を、つかれた心もちで眺めて居た。

① 何かに「よびかけ」ている詩句を○でかこみなさい。

② この詩から「擬声語」と「擬態語」を一つずつ書きぬきなさい。

擬声語　

擬態語　

表現技法のおやくそく 3 印しょうをゆたかにするくふう ひゆ・ぎじんほう

さて、今回は、詩や物語などの文学的文章に欠かせないくふうを学習しましょう。このくふうを自分でも使ったり作ったりして身につけると、国語の読解力や記述力がとても高まります。

「見立て」ということばを知っていますか？　たとえば美女のすがたを「真っ赤なバラ」に見立てるのと、「真っ白な鈴（すず）らん」に見立てるのとでは、美女は美女でもその印しょうが大きくかわってきます。前者ははなやか。後者は清らかで、かれんな印しょうです。この「見立て」のことを**「ひゆ（比喩）」**といいます。何かを別のものに見立てて喩（たと）えると、ものにそなわっているもともとのふんい気や性質が、よりはっきりと立ち現れるのです。

【おやくそく】

★ひゆの基本→ちょくゆ（直喩）

「（まるで）～（の）よう」と、喩えのことばを直せつ使う表現技法

〈例〉

風琴のようにうたっている。

（金子光晴「若葉よ来年は海へゆこう」より）

★ひゆの応用→いんゆ（隠喩）（※暗喩ともいう）

喩えのことばを隠（かく）して何かに見立てる表現技法

〈例〉

ガラスでできたその海は　（同）

※「説明しなさい」「わかりやすくいいかえなさい」ときかれたら、

① 隠れていることば（まるで～よう）をもどしてから、

② たとえの内容を考えて、おぎないます。

（右の例）→まるで美しくくだけるガラスのようなその海は

★ぎじんほう（擬人法）

人でないもののようすを、人の動作のようにあらわす表現技法

〈例〉

その海は／……風琴のようにうたっている。　（同）

おけいこ

次は宮沢賢治（みやざわけんじ）の作品の一部です。あとの問いに答えなさい。

A　ふくろうどもはもうみんなばかのようになってどなりました。

「のろづきおほん、おほん、おほん、ごぎのごぎおほん、おほん、おほん」

（「かしわばやしの夜」より）

B　カムパネルラは、そのきれいな砂（すな）を一つまみ、掌（てのひら）にひろげ、指できしきしさせながら、夢（ゆめ）のようにいっているのでした。

「この砂はみんな水晶（しょう）だ。中で小さな火が燃（も）えている。」

（「銀河鉄道の夜」より）

C　さっき火事だとさわぎましたのは虹（にじ）でございました

もう一時間もつづいてりんと張って居（お）ります

（「報告」より）

① Aの……線部「ばかのよう」と、Bの……線部「夢のよう」は、なんという表現技法ですか。

② Aの――線部「ふくろうどもは　どなりました」と、Cの――線部「さわぎましたのは虹でございました」は、なんという表現技法ですか。

③ Bの――線部「中で小さな火が燃えている」をわかりやすく言いかえなさい。

④ A～Cの═線部の、擬声語には★を、擬態語には●をつけなさい。

基本篇のまとめ　文章の種類によって、ちがう取りくみをしよう

学習のねらい ▼筆者が考えたことを考え、感じたことを感じてみる

【基本篇のまとめ問題1　随筆文】◆次の文章を読んで、下の問いに答えなさい。

友人たちと音楽会に行った帰り、おそい食事をしながらしゃべっているうちに、ちょうどタクシーのつかまらない時間、十一時過ぎになってしまった。※飲めない女同士でこれ以上時間をつぶすより、それぞれ地下鉄で帰ろうということになる。こんなにおそく地下鉄に乗るのは初めてで、でも日本の嬉しい所は強盗の心配なんか、ほとんどしないですむことだ。まあたいして害のない酔っぱらいや若者たちの中を、わたしの降りる駅までくる。都会の真中で、いくつもの出入口がある駅だ。ところが、いつもわたしの使う出入口を含めていくつかは、十一時半で閉まるということが、この夜はじめてわかった。改札口を出て、いつもは左へ真すぐ歩いて行くのに、そこは※鎧戸が下りている。仕方なく右へ行ってそのまま階段を上った。①表へ出る。夏の夜は薄く靄がかかって、歪んだ月を雲がかすめる。②その時、わたしは前にも後ろにも人影がまったくないのに気がついた。③同じ電車から一緒に降りた人が何人かいたように思ったのに、どこへ行ったのだろう。そしてこの通りも建物も、たしかに見たことはあるけれど、どっちへ行けば駅から七分ほどのマンションに帰れるのか、見当がつかない。降りる駅を間違えたはずはない。ただ、いつもと出口が違うだけなのだから、方角をちゃんと考えれば迷うということはないだろう。そこでわたしは、深夜の大通りに立ったまま、ゆっくり考えた。

問1　文中の——①②③④⑤の表現の味わいとして、それぞれあてはまるものを次からえらび、記号で答えなさい。

ア　道にまよったことを、すすんで楽しむようすが伝わってくる。
イ　ゆめごこちのような、うっとりするような感じがただよっている。
ウ　ミステリーにまきこまれたような、どきりとしたしゅん間が表現されている。
エ　知らない出口から外へ出た筆者の、あてどない感じが、情景にたくされている。
オ　どうしてしまったのだろうといぶかしく思う気もちが、つぶやきのように表わされている。

①	②	③	④	⑤

問2　文中の都会の真中、深夜の大通り、周囲は同じようなビルばかり、一台の車も通らない、がらんとした駐車場、などのことばからは、どんなふんい気が伝わりますか。次の中からあてはまるものを二つえらび、記号で答えなさい。

ア　人の気配のない、夜の都心のひっそりしたさま
イ　都心なのにうつろで、みすぼらしいさま
ウ　夜の都心の、意外なほどのやすらぎ
エ　都心の夜の、すっきりした美しさ
オ　夜の都心の、無表情な感じ

［　］・［　］

あっちに歩いてああ出た所があそこなのだから、こっちに歩いてこう出たここは、この辺にちがいない。

周囲は同じようなビルばかりだ。百メートルほど向こうに交差点が見える。あれはあの交差点だから、わたしの行くべき方向は、こっちだろう。そんなわけで、わたしは歩き出した。まあ間違えたってたいしたことではない。不思議なほど焦りもせず、怖くもなかった。むしろ④野原を歩いているように、一種うきうきした気分だった。一台の車も通らない。⑤どこかからクチナシの匂いが運ばれてくる。

でも、それにしても、とわたしは考えた。どうも方角を間違えたらしい。□□□左に曲がってみることにした。当分、左に曲がる道はなさそうだったので、大きな※露天駐車場に入って行った。なんとか向こうの道に出られそうな気がしたのだ。車が五、六台しか停まっていない、がらんとした駐車場の突き当りは、けれどもビルの外側の階段に通じているだけだった。わたしはためらいもせずに⑥その階段を上って行った。ショウウィンドウの内側は暗かったけれど、そこが大きなファッションビルだということはわかる。わたしは最初の店でガラスの中の洋服をゆっくりと選び、次の店でそれに合う靴を選んだ。次の店は帽子で、でも帽子をかぶらずに選ぶのは難かしい。その先に進もうとして、わたしは、足元のレンガの間に⑦灯がともった色の小さい花を見つけた。小指の先ほどの月見草が咲いているのだ。⑧月見草は、※ヘンゼルとグレーテルのパンくずのように点々とレンガの道を照らしていた。わたしはそれを伝って向こう側の階段を下り、見慣れた道に出た。⑨夜しか咲くことのないこの小さな花を、わたしの他にもだれか見た人があるだろうか。

（岸田今日子『妄想の森』所収「真夜中の散歩」全文）

問3 25行目の□□には、どんなことばが入ればよいですか。次から一つえらび、記号で答えなさい。

A つまり　B むしろ　C そこで　D きっと

問4 ——⑥「その階段」とは（1）どこにある（2）どの階段ですか。次の空らんに入るよう、答えなさい。

（1）8字 にある （2）14字 の階段

（1）

（2）

問5 ▒▒ の文章について。筆者は何をしていますか。次からあてはまるものを一つえらび、記号で答えなさい。

ア 音楽会のあとの夜の買い物を友人と楽しんでいる。
イ お客でこまない夜の買い物をひとり楽しんでいる。
ウ 洋服屋や靴屋や帽子屋に次々入って買い物をしている。
エ 外からお店の中を見て買ったつもりを楽しんでいる。

※注

飲めない　…　（この場合）お酒がのめない。お酒がにがてである

鎧戸(よろいど)　…　シャッター

クチナシ　…　梅雨(つゆ)の時期に咲(さ)く白い花で、あまくやさしい香(かお)りがする

露天(ろてん)　…　屋根のない

ヘンゼルとグレーテルのパンくず

…　グリム作「ヘンゼルとグレーテル」で、ヘンゼルが深い森からでも帰り道がわかるよう、目じるしに落としていったパンくずのこと

問6　――⑧「月見草は、ヘンゼルとグレーテルのパンくずのように点々とレンガの道を照(て)らしていた」について。

（1）こうした表現のくふうをなんとよびますか。

（2）「月見草」のことを――⑦で「灯(ひ)がともった色の小さい花」、――⑨で「夜しか咲くことのないこの小さな花」と表現しています。それぞれからこの花へのどんな気もちが読みとれますか。一つずつ、記号で答えなさい。

ア　ふだんは見なれないものをめずらしがる気もち

イ　かれんに思っていとおしむような気もち

ウ　地味なようすをざんねんに思う気もち

エ　どきりとおどろくような気もち

オ　はっと気づいて心なごむ気もち

⑦	
⑨	

問7　本文の題名は「真夜中(まよなか)の散歩(さんぽ)」です。この題名と本文の内容から、どんな味わいが読みとれますか。次からもっともふさわしいものをえらび、記号で答えなさい。

ア　暗がりの心ぼそさ

イ　しずかな落ちつき

ウ　ひそやかな自由さ

エ　道をさがす真剣(けん)さ

【基本篇のまとめ問題2　説明文】

◆次の文章を読んで、下の問いに答えなさい。（上の数字は段落番号）

1　今回は自動販売機のことについて少し考えてみる。ぼくが考えてもしょうがないんだけれど、でも考えてみる。［あれ］は昔からなぜかどうも気になるやつだったのだ。

2　たとえばインドネシアのバリ島の海抜三〇〇〇メートルもあるアグン山に登ったときのことだ。夜更けに登りだすので頂上についた時は明け方であり、南の島とはいえ朝はすこぶる寒い。冷たい風の吹いてくるなかで太陽が昇ってくるのを待つ。朝日の光の※一閃が体に温かくて嬉しい。やがてその山を降りていく。下りは早いといっても三〇〇〇メートルもあるから麓に降りる頃はもう午後になっている。ぎらつく太陽の下、地面はいつの間にか燃えるようになっている。疲れて喉の乾いたこの身がなにか冷たいものをモーレツに欲しがっている。

3　［喉を削っていくような冷たいビール］が飲みたい。それがなければ冷たいサイダー。だめならせめて冷たい水をコップ一杯、いいや半分、ええい三分の一……などとだらしなくココロはのたうちまわっているのであるが、人家は見えども店らしきものは何もない。

4　こんなところにビールの自動販売機があったらば……などと思うと乱れた心が※悶えにかわる。日本だったら相手の心を見透かすようにして必ず自動販売機のひとつやふたつ置いてある。それはじつにありきたりの風景なのである。

5　ああ懐かしい日本の自動販売機。（中略）

6　海外を旅していると、自動販売機（以下自販機）を見かけることは実に少ない。それも、年中暑くてどうしようもないような国ほど自販機の姿を見ない。

問1　2行目の［あれ］とは何ですか。また、33行目の［その人］とはだれですか。それぞれ文中のことばを書きぬいて答えなさい。

あれ……

その人…

問2　［喉を削っていくような冷たいビール］、とありますが、なんという表現のくふうですか。次の中からえらび、記号で答えなさい。

ア　ぎせい語　　イ　ぎたい語

ウ　比ゆ　　エ　リフレーン

問3　第2段落は「たとえば」ということばで始まっています。「たとえば」ということばの後には、どんな内容が書かれるのがふつうですか。5字以上7字以内で答えなさい。

問4　本文の段落ごとに小見出しをつけてみました。空らんに、ふさわしい小見出しを考えて書きなさい。

7 欧米もそうである。注意して見てきたが※ニューヨークでもサンフランシスコでも自販機を見ることはめったになかった。とくに繁華街の通りには皆無である。（中略）

8 日本に初めてやってきたあるアメリカ人のジャーナリストが、日本の街の風景で驚いていたのは、道の狭さとその道の左右に並ぶ旗看板（あの戦国合戦の旗指物のような）と、いたるところで目にする自販機であった。とくに夜中に畑の続く道を車で走っていて、回りに人家がまったくない道のバスの停留所の隣に並んでいた自販機には※目を見張っていた。①何のためにここにあるのだ？②よく壊されずにずっとあるものだ！　と。（注…ここでの①②は原文の一部）

9 アメリカの誰も人の通らないような道路の端にこんなものがあったらたちまちそれは壊され、中のものは持っていかれてしまうだろう。もしかすると機械ごと持っていかれてしまうかもしれない――、と［その人］は言った。

10 夜更けでも早朝でも電気をつけて稼働している日本の自販機の群れは彼らの目には相当※奇異に映っている、というのはひとつの大きな※示唆であった。

（椎名誠『活字の海に寝ころんで』所収「全国どこでも自販機横丁」より）

※注
光の一閃　…光が、ぱぁっときらめくこと
悶え　…　気絶しそうになるほどの苦しみ
ニューヨークでもサンフランシスコでも　…　ともにアメリカの大都市
目を見張って　…　おどろいて
奇異に　…　きみょうに。へんなふうに
示唆　…　示された教え

1	2 3	4 5	6	7	8 9	10
		日本ならぜったい自販機があるのに……との思い		おもにアメリカでの自販機のようす	アメリカ人から見た日本のふしぎな風景と自販機	そうとう変わっているらしい、日本の自販機風景

問5　本文で筆者がもっとも言いたかったことは、次のうちのどれですか。記号で答えなさい。

ア　インドネシアで冷えたビールを飲みたかったこと
イ　日本にはいつでもどこでも自販機が置いてあって、とても便利だということ
ウ　自販機がありふれた日本の風景は、実は世界の中ではかわった光景なんだという驚き
エ　海外で自販機を見かけないふしぎさ

【基本篇のまとめ問題3　物語文】

◆次の文章を読んで、下の問いに答えなさい。

雪のある日、「ぼく」の部屋の窓ガラスに何かがぶつかって、窓枠におっこちてきた。体長10センチの小鳥ちゃんだった。くちばしと細い足が濃いピンクで、体はまっしろだった。

小鳥ちゃんは「いい部屋ね」と言って、そのままいついてしまう。「ぼく」のガールフレンドがバスケットのベッドを作ってくれ、小鳥ちゃんはそこで寝起きするようになる——。

ある朝、いつもぼくと一緒におきる小鳥ちゃんがおきてこなかった。ぼくは洗面所で①それに気づくと、寝室に戻って小鳥ちゃんのバスケットをのぞいた。あごまできちんと布団にうまり、目をとじて横になっている。

「小鳥ちゃん？」

のぞきこんで声をかけると、目をあけて弱々しい声で、

「あたしびょうきになったみたい」

と言う。

「びょうき？　どんな？　どこかいたむの？」

どきっとした。ぼくは瞬時にあれこれおもいめぐらせる。きのうまで食欲はちゃんとあったし、おなかをこわしている様子もない。小鳥は骨折しやすいというのをきいたことがあるけれど——。

「べつにどこもいたまないわ。ただのびょうきだもの」

小鳥ちゃんはしずかに言う。

「ちょうどよかったの。あたし、一度びょうきになってみたかったところだから」

ぼくが※電話帖でいちばん近い獣医を調べ、電話をかけようとすると小鳥ちゃんが首をもたげた。

「なにしてるの？」

不安そうな声だ。

問1　——①「それ」とはどんなことをさしますか。「こと」につづくような文中の表現をさがし、その最初と最後の3字を書きぬきなさい。

□□□〜□□□こと

問2　——②「心配しなくていいよ」について。どんな心配を「しなくていいよ」と言っているのですか。「〜心配」で終わるよう答えなさい。

問3　——③「だめっ。そんなことしちゃだめ。はやく受話器をおいて」について。

（1）「小鳥ちゃん」は「ぼく」がどうするつもりだとわかって、こう言ったのですか。

つもりだとわかって。

（2）なぜ「だめ」なのですか。「小鳥ちゃん」がこう言う理由を簡単に説明しなさい。

「②心配しなくていいよ」

と、ぼくは言った。

「いま医者を探してるからね。会社にいくまえにつれていくよ。帰りにまた迎えにいく」

「だめっ」

小鳥ちゃんの声は※おもいのほか大きく、断固としていた。

「③だめっ。そんなことしちゃだめ。はやく受話器をおいて」

布団をはねのけておきあがっている。ぼくは受話器をおき、おどろいて小鳥ちゃんをみつめた。

「どうして？」

④小鳥ちゃんは［それ］にはこたえずに、もう一度バスケットに横になる。しずかに深呼吸をすると、

「布団をかけて」

と言う。ぼくは言われるままに布団をかけた。

「ありがとう」

小鳥ちゃんは言い、またぐったりした様子になった。

「ほんとうにびょうきなの？」

ぼくが尋ねると、小鳥ちゃんは［　A　］に、

「もちろんほんとうにびょうきよ」

と言う。

「だったら医者にいかなくちゃだめだよ」

ぼくが言うと、いかにも［　B　］というようにため息をつき、

「わかってないのね」

問4　――④「小鳥ちゃんは［それ］にはこたえずに ～ 様子になった」について。

（1）「それ」とは何ですか。

（2）小鳥ちゃんは、結局どうしたかったのですか。これ以前の文中から、15字で書きぬいて答えなさい。

問5　［　A　］には、どんなことばが入るのがふさわしいですか。次から一つえらび、記号で答えなさい。

ア　とてもかなしそう

イ　少しはにかんだよう

ウ　ぼくの目をにらむよう

エ　ちょっと気を悪くしたよう

と、つぶやいた。

⑤「びょうきっていうのがどういうものか、あなたには全然わかってない」

いやんなっちゃう、という口調だ。

「びょうきっていうのは一日じゅうねていなきゃならないものなのよ。どこへもでかけられないの。一日じゅうねて、朝と夜にお薬をもらって、じっとしてなきゃいけないの」

説明をおえると、ぼくの顔をじっとみて、

「わかった？」

と訊く。仕方なくぼくはうなずく。

「それから、お薬っていうのは※ラム酒をかけたアイスクリームよ、言っとくけど」

ぼくはもう一度うなずいてから、［ C ］と口をひらいた。

「確認させてくれるかな」

小鳥ちゃんは、どうぞ、と言う。

「　1　」

小鳥ちゃんはうなずく。

「　2　」

もう一度うなずく。

「　3　」

小鳥ちゃんはそのとおりと言うように、大きく何度もうなずいてみせる。

「　4　」

小鳥ちゃんの首は、もうもげそうに上下している。

「なるほど」

⑥ぼくはほっとして、うれしい気持ちになっていた。

問6 ［ B ］［ C ］［ D ］のそれぞれにもっともふさわしいことばを次から一つずつえらび、記号で答えなさい。

ア うっとり　イ しんみり　ウ ぐずぐず
エ おずおず　オ どれどれ　カ やれやれ

B	C	D

問7 ――⑤「びょうきっていうのがどういうものか、あなたには全然わかってない」について。「ぼく」、と「小鳥ちゃん」は、それぞれ、「びょうき」を「どういうもの」と考えていますか。それぞれ20字以内でのべなさい。

ぼく

小鳥ちゃん

「それで、びょうきはいつなおるのかな」

小鳥ちゃんはうなずくのをやめ、しばらく考え深げに首をかしげてから、

「予定ではあした」

と言う。

「なるほど」

よくわかった、とぼくは言い、会社にでかける支度をすませると、さっそくバスケットのなかの小鳥ちゃんに朝のぶんの薬をのませた。

「ごちそうさま」

小鳥ちゃんは礼儀ただしく言い、横になるとまんぞくしきって目をとじた。

「具合はどう？」

ぼくの問いに、それは［　D　］と、

「悪いわ」

とこたえながら。


（江國香織『ぼくの小鳥ちゃん』より）

※注
もたげた　…　もちあげた
おもいのほか　…　意外に
ラム酒　…　糖蜜に水を加え発酵させてつくるお酒。あまくまろやかな香りで、アイスクリームとよく合う

問8 ［　］中の1～4に入る会話として、それぞれふさわしいものを次から一つずつえらび、記号で答えなさい。
ア　きみはびょうきだ
イ　薬はラム酒をかけたアイスクリーム
ウ　いちにちじゅうねていなくてはいけない
エ　そんなきみに、ぼくは一日二回、薬をやる必要がある

1［　］　2［　］　3［　］　4［　］

問9 ――⑥「ぼくはほっとして、うれしい気持ちになっていた。『それで、びょうきはいつなおるのかな』」、について。こうたずねたのは、「ぼく」がどんなつもりでいるからですか。考えてのべなさい。

［　］

問10 「ぼく」の人がらとして、もっともあてはまるものを次から一つえらび、記号で答えなさい。
ア　さりげないやさしさがある
イ　さっぱりとして陽気である
ウ　強くて負けずぎらいである
エ　気が弱くて心配しょうである

［　］

【基本篇のまとめ問題4　詩】◆次の詩A・Bを読んで、下の問いに答えなさい。

A　風景　純銀もざいく

山村暮鳥

いちめんのなのはな
いちめんのなのはな
いちめんのなのはな
いちめんのなのはな
いちめんのなのはな
いちめんのなのはな
いちめんのなのはな
※かすかなるむぎぶえ
いちめんのなのはな

いちめんのなのはな
いちめんのなのはな
いちめんのなのはな
いちめんのなのはな
いちめんのなのはな
いちめんのなのはな
いちめんのなのはな
※ひばりのおしゃべり
いちめんのなのはな

問1　Aの詩全体を「目で見た」とき、ふつうとどのように変わっていますか。気づいたことをのべましょう。

いちめんのなのはな
いちめんのなのはな
いちめんのなのはな
いちめんのなのはな
いちめんのなのはな
いちめんのなのはな
いちめんのなのはな
※やめるはひるのつき
いちめんのなのはな。

※注　むぎぶえ　…　麦（むぎ）のくきでつくり、笛（ふえ）のようにふきならすもの
ひばり　…　すずめくらいの大きさで、畑などでたえずさえずる鳥
やめるは　…　病んでいるのは

問2　Aの詩はどんな情景（じょうけい）をうたったものですか。頭にイメージを思いうかべてのべましょう。

B　「花と苑（その）※と死」

花
花　死
花　花　花
花　花　死　花
苑　苑　苑　苑　苑
死　死　死　死
死　死　死
死　死
死

吉野（よしの）　弘（ひろし）

※注　苑（その）…　花や植物が植えられた場所。同じ音で「園（その）」という字もある

問3　Bの詩をよんで、気づいたことをのべましょう。

問4　この詩はどんな内容を表現しているのでしょう。問3で気づいたことをもとに、のべてみましょう。

応用篇

説明的随筆文『事実』から『意見』へ

学習のねらい ▼〈事実→意見〉の流れをつかもう・区別しよう

【基本問題】◆次の文章を読んで、下の問いに答えなさい。（上の数字は段落番号）

1　高石ともやさんと話し合いをしたことがある。高石さんは歌手であり、マラソンランナーでもある※ユニークな人である。人間の生きる姿を歌った高石さんの※フォークソングはなかなか素晴らしい。「家族関係の意義」などと題したわれわれ学者の講演を聴いたりするよりも、高石さんと一緒に「高石ともやのファミリー・フォーク」を歌う方が、よい家族関係をつくるのにはるかに効果がある、と私は思っている。

2　マラソンといっても、高石さんはアメリカ横断などというのをするのだから、まったくよく走れるものだと思うが、①その秘策のひとつは、高石さんによると、「あっ、あの雲の下まで走ろう」とか、「山がだんだん近づいてきたぞ」とか、自分の走っている周囲の自然物をある程度の目標にして走っていると、どんどん走れるのだそうである。「数字にこだわって走っていると、やたらに疲れるのですよ」と言われる。

3　今日は何キロメートル走ろうとか、時速何キロで走るとして、今日は何キロぐらい走ったとか、数字にこだわっていると、なんだかだんだんとしんどくなってくる。今日はまだ何キロしか走っていないなどと考え出すと、重荷を背負って走っているようになってくる。［A］、雲や木や山や、その他の自然物などを相手にしていると、知らぬ間にどんどんと走れるのだそうだ。

問1　（1）本文のように、筆者が見聞したこと（見たこと・聞いたこと）をもとにして感想や意見をのべた文章のことを何と呼びますか。

（2）第1段落は「高石ともやさん」がしょうかいされた文章です。では第2・第3段落では、何が書かれていますか。次から一つえらび、記号で答えなさい。

ア　高石さんから聞いた話
イ　高石さんの家族関係
ウ　筆者自身の体験
エ　筆者の意見

問2　――①「その秘策のひとつ」とはどうすることですか。文中のことばを使って、14字から17字で答えなさい。

4　それでは、オリンピックのマラソン選手などはどうなのだろう。マラソンといっても一分一秒を争う勝負になる。五キロメートルごとのタイムはどのくらいか、自分のこれまでの記録と他のライバルの選手の記録を比較するとどうか、そこには「数字」がいっぱい浮かぶことであろう。ところで、確か有名なマラソンランナーだったと思うが、自分はただ「次の電柱まで、次の電柱まで」と思って走ったという言葉があったと思う。「プロ」のスポーツ選手である限り、「数字」に関心のない人はないであろう。相撲の世界にも「※星勘定」という言葉がある。しかし、この選手の言葉にあるように、「数字」にこだわらずに走るところに※妙味が出てくるのではないだろうか。「プロ」の選手である限り、「数字」が気にならないということはないであろう。といって、それに「とらわれ」ていると、かえって駄目になるのではないだろうか。高石さんの言うとおり「疲れが※倍加してしまう」のは、「プロ」の選手でも同じであろう。「数字」のことをどこかで※念頭に置きつつ、それにとらわれずにいることを、プロでも大選手と言われる人は、②うまく見いだしているのではないかと思われる。

5　人生もマラソンにたとえられたりするが、われわれが人生マラソンを走っていく上で、「数字」にこだわっていないか、考えてみるといいであろう。「自分は何点を取ったか」「※席次は何番か」「何平方メートルの土地を買ったか」「年収はいくらか」。確かにマラソン人生も数字に満ち満ちている。そして、われわれは「数字」にとらわれてしまって、「やたら疲れて」いないだろうか。

6　③人生マラソンにおけるさまざまな「数字」が気になるのは当然である。それを無理に気にしないでおこうとすると、疲れはもっとひどくなるだろう。「俺は気にしない」と大声で触れ歩いて、周囲の人を疲れさせるのも※芸がない。とすると、数字を気にしながらも、自分の人生マラソンで、「あの雲まで」とか「山

問3　[A]にはつなぎの言葉が入ります。もっとも適切なものをえらび、記号で答えなさい。

ア　つまり　イ　また　ウ　さらに
エ　ところが

[　]

問4　――②「うまく見いだしている」とありますが、何を「見いだしている」のですか。もっとも適切なものを次からえらび、記号で答えなさい。

ア　数字を意識する心をすてて、よい記録や成績だけをあげること
イ　数字を意識しながらも、記録や成績にしばられないこと
ウ　数字をまったく意識せず、記録や成績にもこだわらないこと
エ　数字を常に意識しながら、常によい成績だけを求めつづけること

[　]

問5　――③「人生マラソンにおけるさまざまな『数字』」とは何ですか。文中から、具体的に書かれた一文をさがし、最初の5文字を書きぬきなさい。記号も字数としてかぞえます。

[　][　][　][　][　]

が近づいてきた」といえるような「風景」がどのくらい見え、どのくらい楽しめているかと考えてみるのがいいのではなかろうか。数字では計算できない人生の風景をどのくらい自分は見ているのか。人生のマラソンは、その※到達点である「死」に早く着いた人が「勝ち」などということはない点を考えるならば、途中の風景を楽しまずに、④まっしぐらに走る馬鹿さ加減もわかってくるだろう。

（河合隼雄『おはなし　おはなし』所収「何を目標にするか」全文）

※注　ユニークな人　…　個性ゆたかな人
フォークソング　…　ギターなどをひきながら歌う親しみやすい歌
星勘定　…　白星（勝ち）と黒星（負け）の数を数えること
妙味　…　おもしろみ。すぐれたあじわい
倍加　…　二倍にも三倍にもふえること
念頭に置きつつ　…　心や頭に置きながら。考えのうちに入れて
席次　…　成せきの順位
芸がない　…　くふうが足りない
到達点　…　行き着くところ

問6　――④「まっしぐらに走る」とは、どういう意味で使われていますか。もっとも適切なものを次からえらび、記号で答えなさい。

ア　人生の風景を楽しまず、結果のみを追い求めながら生きていく
イ　計画通りにいかない人生だから、点数にこだわらないで生きていく
ウ　人生のそのときどきの風景を目標にしながら生きていく
エ　人生マラソンでも風景を楽しみながら生きていく

答えかたのおやくそく

「具体的に答えなさい」って?

国語の問題文で「具体的に答えなさい」ときかれることがあります。いったい「どのように」答えたらよいのでしょう。

「具体的」の意味を辞書でひくと「ことがらのようすがじっさいの形をそなえていて、はっきりしていること」とあります。次の〈例〉を見てください。

> **〈例〉生き物→動物→ネコ→白ネコ→生まれたばかりのわが家の白ネコ**

この場合、下の方にいけばいくほど「具体的」です。「じっさいの形」が頭にうかび、「はっきりしている」からです。つまり、

「具体的に答えなさい」とは、

「できるだけ目にうかぶようにはっきりと書く」、ことです。

「具体的に書かれたところを書きぬきなさい」という設問のときも、本文の中でもっとも「実さいのようすがはっきりしている」部分が答です。記じゅつの設問でも、読む人がはっきりわかるような例をあげて書きます。

【おやくそく】

> 筆者は、自分の考えをのべるとき、「具体的」な例をあげます。そのほうが自分の考えが読者にわかりやすく伝わるからです。ですから、設問で「具体的に答えなさい」ときかれたら、
>
> ① **答は【事実】【例】のところに多くある**といってもよいのです。また、
>
> ② **接続語「たとえば」が重要**です。
> 「たとえば」のあとに「具体的」な例があげられるからです。
>
> ③ **文章で「いいかえ」の関係をとらえる**ことも、「具体的に答える」問題では重要です。接続語「つまり」「すなわち」**のあと**に、具体的にいいかえられていることも多いからです。

おけいこ 1

次の文章を読んで「ネコの特色」を具体的にあげている部分をさがし、いくつあるか、その数を漢数字で答えなさい。

ネコは特色ある動物だ。たとえば音を立てずに歩くようすや、高い場所から器用に着地するさまなどは、見ていてあきない。また好奇心が強いところや、ぎゃくに警戒心が強いところもどくとくだ。昼は寝ていて夜に活動する夜行性動物である点もおもしろい。

おけいこ 2

次の文章を読んで、問いに答えなさい。

そうです。ほんとうに、盗人のかしらはないていたのであります。——かしらは嬉しかったのです。じぶんはいままで、人から冷たい目でばかりみられてきました。じぶんが通ると、人びとはそら変なやつがきたといわんばかりに、窓をしめたり、すだれをおろしたりしました。自分が声をかけると、笑いながら話しあっていた人たちも、きゅうに仕事のことを思い出したように向こうをむいてしまうのでありました。池の面にうかんでいる鯉でさえも、じぶんが岸に立つと、がばッと体をひるがえしてしずんでいくのでありました。あるときさるまわしの背中に負われているさるに、柿の実をくれてやったら、一口もたべずに地べたにすててしまいました。みんながじぶんをきらっていたのです。みんながじぶんを信用してはくれなかったのです。ところが、この草鞋をはいた子どもは、盗人であるじぶんに牛の仔をあずけてくれました。自分をいい人間であると思ってくれたのでした。またこの仔牛も、じぶんをちっともいやがらず、おとなしくしております。じぶんが母牛ででもあるかのように、そばにすりよっています。子どもも仔牛も、じぶんを信用しているのです。

（新美南吉「花のき村と盗人たち」より）

① ——線部「みんながじぶんをきらって……信用してはくれなかった」具体例が書かれたところを、四角でかこみなさい。

② ＝＝線部「子ども」も「仔牛」も、「じぶんを信用している」ことが具体的に書かれたところを、それぞれ丸でかこみなさい。

【応用問題】◆次の文章を読んで、下の問いに答えなさい。(上の数字は段落番号)

1 兄はそのころ大手の旅行代理店の海外旅行を※統括していたが、あるとき※のっぴきならない立場に立たされた。子供の夏休み海外旅行として企画された、オーストラリア自然体験のツアーで一人の少年が行方不明になったのだ。内陸の※エアーズロックという景勝地での出来事である。少年は集合時間になってもバスの待つその場所に帰ってこなかった。※添乗員たちは必死で捜し回ったが、翌日になっても少年は発見されなかった。翌日の夕刻、その件に関しての記者会見が催される運びとなり、兄が説明役をつとめることになった。しかしその会見がはじまる直前、少年が見つかったという一報が入り、①事件は記事になることをまぬがれた。見つかった経緯は次のようなものである。

2 現地の警察も八方手を尽くして捜索したが見つからなかった。そのとき※切羽詰まった彼らが何をやったかというと、オーストラリア原住民であるアボリジニの集落におもむいたのだ。そして首長に助けを請うた。彼らはアボリジニの自然観察能力の秀でていることを知っていたのである。首長は事情を聴くと数人を現場に差し向けた。そしてわずか三時間で少年の居場所を捜し当てたのである。

3 ※視覚、臭覚、聴覚、といった五感から、第六感をも動員し、彼らは用心深く、そしてゆっくりと、確実にターゲットに向かい、[A]そこに居ることをあらかじめ知っていたかのように、岩の陰でうずくまっている少年のもとにたどりついたのだ。②驚くべきことにその行程の中で彼らは、少年が荒野をさまよいながら疲れ果てて休んだ場所や、そこで何時間休んだかということまで指摘した。そしてある場所では「ここで少年は泣いた」とも指摘した。半信半疑で聞いていた添乗員も、彼らが少年の居る場所を指さしたとき、疑う気持ちは消

問1 ——①「事件」とありますが、どんな事件ですか。次の空らんにあてはまるように、文中から50字以内でさがし、始めと終わりの5字を書きぬきなさい。

[50字以内]事件

□□□□□ 〜 □□□□□

問2 [A]に入るのにもっとも適切なことばを次からえらび、記号で答えなさい。

ア まるで　イ まさか

ウ もし　エ たぶん

□

問3 ——②「驚くべきことに」とありますが、何が「驚くべきこと」なのですか。次のア・イ・ウに、文中の表現を書きぬいたり使ったりして、それぞれ8字以内のことばを書き入れなさい。

アボリジニが、わずか三時間で少年の居場所をつきとめただけではなく、少年が[ア]や[イ]、そして[ウ]まで指摘したこと

し飛んでいた。

4 そのアボリジニの人々の能力を〝超能力〟という※神秘めかした言い方で語りたくはない。おそらくそれはかつて人間が備えていた普通の〝能力〟だったのではないかと思うからである。私たち現代人は久しく自分の感覚を機器や機械に委ねてきた結果、感覚は錆びつき〝低能力人間〟となってしまっただけのことである。

5 ※件の話には※後日談がある。兄は※深謝の意を伝えるためにオーストラリアに出向き、アボリジニの首長に会った。③そのとき首長は不思議そうな顔をしてこう言った。

「なぜ子供の父親や母親がここにいないのか」

6 兄は日本で子供の両親にすべての事情を話していた。 B 礼を述べるために両親に同行していただけると有り難いということを伝えた。 C 両親は子供が見つかったらすべてが解決したかのように、取り合おうとしなかった。現代人において、いや日本人においてと言うべきか、※退化しているものは五感のみではなく、④人の心もまた十分に退化しているのだ。

（藤原新也『映し世のうしろ姿』所収「行方不明」より）

※注　統括していた　…　まとめあげる仕事をしていた

のっぴきならない　…　にげられない。さしせまった

エアーズロックという景勝地　…　世界最大の一枚岩でできた山があり、アボリジニの聖地とあがめられている名所

添乗員　…　団体旅行で客につきそい、いろいろ世話をする仕事の人

ア □

イ □

ウ □

問4 ――③「そのとき首長は ～ 『なぜ子供の父親や母親がここにいないのか』」について。この説明として、適切なものを次から二つえらび、記号で答えなさい。

ア 子供が心配なら、いっときも早くさがしに来るはずなのに来ないので、父母の愛情がうすいのだろうかと、疑問に思っている。

イ 子供をさがしてほしいと直接たのみに来るのがあたりまえなのに来ないので、礼儀知らずの人たちだと、あきれている。

ウ みんなが子供の行方をさがしているのに、親はいったい何をしているのか、いかりを感じている。

エ 子供を助けた命の恩人にあいさつにこないことが、理解できずにいる。

オ 旅行代理店や警察、アボリジニの好意にあまえてすべてを人まかせにしている両親の態度を、ふゆかいに思っている。

□・□

アボリジニ　…　ヨーロッパ人が渡来する前からオーストラリアにいた民族で、しんりゃくされた歴史をもつ

視覚、臭覚、聴覚、といった五感から、第六感をも動員し　…　みる・かぐ・きく・（さわる・あじわう）という五つの感覚から、理くつでは説明できない感覚（直感）まで使って

神秘めかした　…　神秘らしくした

件の　…　例の。その

後日談　…　事件がすんだあとのできごと

深謝の意　…　ふかく感謝する気持ち

退化　…　はたらきがおとろえること（「進化」の反対語）

問5　B　C に入るのにもっとも適切なことばを次から一つずつえらび、記号で答えなさい。

ア　または　イ　しかし　ウ　つまり
エ　そして　オ　ところで

B	
C	

問6　――1〜5の各段落では、事実が書かれているのですか、それとも、筆者の意見が書かれているのですか。本文を読み返して、次の空らんに段落番号を書き入れなさい。

事実　…

意見　…

問7　――④「人の心もまた十分に退化しているのだ」という結びの文の説明としてあてはまるものを、次から二つえらび、記号で答えなさい。

ア　こまりきって助けを求めるような言いかた
イ　きっぱりとつきはなすような言いかた
ウ　かなしみにしずんでいる言いかた
エ　えんりょがちな言いかた
オ　ひにくな言いかた

答えかたのおやくそく　「事実」と「意見」をくべつする

随筆文は筆者が見聞きしたことや体けんしたことへの【意見】や【感想】をのべた文章です。つまり【事実】がもとになっています。

説明文や論説文は、随筆文よりも理くつっぽいのですが、具体的な【例】や実さいに起こった【事実】をもとに、【主張】（考え）をくりひろげているところは、随筆に近いとも言えます。

説明的な文章では【事実】と【意見】の二つをくべつしたうえで筆者の意見をたどり、読みとっていくことが大切です。

【おやくそく】

【事実】とは、具体的なできごとや【事件】【例】が書かれたところです。

① 筆者の感じかたや考えかたにとらわれないで、ものごとがありのままに書かれているところ。
② 地名や人名、学問的な用語、数字が用いられているような部分。
③ 「たとえば」のあとの文章にも具体的な【例】のあることが多い。

いっぽう、筆者の【意見】や【主張】は、**筆者の感じ方や考え方のあらわれた文末の表現**に注目します。

「～と考える（考えた）。」　「～と思う（思った）。」
「～と感じる（感じた）。」
「～だろうか。」　「～だろう。」

随筆文や説明文の結論（筆者がもっとも言いたいこと）は、「事実」ではなく、「意見」の文の中にあることをおぼえておきましょう。

おけいこ 1　次の文章を読んで、「ぼく」の意見や感想の書いてある文を二つさがし、それぞれの文のはじめの5字を書きぬきなさい。

妹は赤ちゃんのとき、泣いてばかりいました。おなかがすいたのか、おしめがぬれたのか、どこかが痛いのかと、母はいろんな可能性を考えて世話をしました。でも夜になると理由もわからないままに泣くので本当にこまってつかれはてていました。電話で祖母に相談すると、「赤んぼうは夜が暗くてこわいから泣く」と言われたそうです。母は「いいかげんなことを言うんだから」とあきれていました。ぼくは（でも、そうかもしれないな）、と思いました。ぼくも小さなころ、夕ぐれどきはさみしくていやだったからです。

□□□□□・□□□□□

おけいこ 2　次の文章から、意見が書かれている文章の、はじめとおわりの5字を、それぞれ書きぬきなさい。

秋は「読書の秋」「スポーツの秋」「食欲の秋」……と、いろんな意欲がわき、ものごとに集中できる季節だと言われる。運動会や文化祭、遠足や音楽会など、行事もさかんである。思うに、秋にこうして人々の活動性が高まるのは、秋が「実りの季節」であり、人間がむかしむかし猿だったころの古い記おくと体けんが、しらずしらずのうちにしげきされるからではないだろうか。食べ物の少ない冬にそなえて、せっせと自然の実りをしゅうかくし、体に栄養をつけていた活動が、別の形で出現していると考えるが、どうだろう。

□□□□□～□□□□□

第5章 論説文1 論理的な文章 「問いかけ」から「結論」へ

学習のねらい ▼問いかけと結論の段落をさがす／筆者は何を言いたいのかな?

【基本問題】◆次の文章を読んで、下の問いに答えなさい。（上の数字は段落番号）

1 シマウマのシマは、何のためについているのだろうか。人間の世界では今年の夏は黒と白の縞模様のシャツが流行していたようだが、もちろんシマウマはファッションであいう模様をつけているのではない。言うまでもなく、保護色である。「シマウマは藪の中にいるので、シマが藪と混ざり合ってわかりにくくなるからだ」と言われているが、私がアフリカに行って見たシマウマは、藪の中などにはほとんどいなかった。※ブッシュの中に隠れているのではなく、たいてい草原で群れをなしているのだ。そういう所で昼間シマウマを見ると、白黒模様の縞がくっきりと※映えて非常に目立つ。この模様は［ あ ］というよりも、むしろ目立たせるための警戒色ではないかと思うほどだった。

2 警戒色というのは、毒ヘビのどぎつい色彩やハチの目立つ縞模様などに見られるもので、

「オレは毒を持っているんだぞ、近寄ると危ないぞ」とか、

「オレを襲ってもだめだ、刺すからな」

と相手を脅かしているのである。シマウマの縞も、アフリカの輝く草原の中でそれほど派手に見えたのだ。ところが、シマウマには武器らしい武器がない。必死で逃げる時に後足で※蹴るくらいが関の山だ。そうしてみると、やはりあの縞模様は［ い ］というわけではない。

問1 ［ あ ］・［ い ］に入るような、もっとも適切なことばを、それぞれ3字で文中から書きぬきなさい。

あ □□□　い □□□

問2 ――①「そこへ差し込む太陽の影が、ちょうどこれらの動物の姿を隠すように現れてくる」とありますが、

（1）そことはどこですか。文中から書きぬきなさい。

（2）これらの動物とは何をさしますか。文中から書きぬきなさい。

問3 あんなものとはどんなものをさしますか。次の空らんにあてはまるようなことばを、文中から書きぬきなさい。

あんなに□□□で、□□□縞模様

問4 【 A 】～【 D 】に入るのにもっとも適切なことばを次から一つずつえらび、記号で答えなさい。

ア しかし　イ そこで　ウ つまり　エ すると

3　トラやヒョウは、ブッシュやジャングルにいる。①そこへ差し込む太陽の影が、ちょうどこれらの動物の姿を隠すように現れてくる。私はインドで何度か野生のトラを見ているが「そこにいるよ」と言われてもなかなか見えないということがよくあった。知らずに歩いていたら、目の前に襲って来るまで気付かなかったかもしれない。【　A　】、立派な攻撃的な※カムフラージュになっているわけだ。

4　私はシマウマの縞が何のためにあるのか、という疑問にとりつかれてしまった。【　B　】再び、アフリカで案内をしてくれた※レンジャーに聞いてみたのである。あんなものは、全然保護色になってはいないではないか、と。【　C　】レンジャーは笑ってこう答えた。

「今にわかりますから、もう少し待ちなさい。わからせてあげますよ」

5　私は、不満だったが待った。一日ジープで走り回って、やがて辺りが薄暗くなって※ロッジに帰ろうという時に、レンジャーは私の肩をつつき指してこういったのである。

「三百メートルくらい先にいる動物の群れが見えますか。」

6　私は目を凝らして見たが見えない。そう言うと、②レンジャーはにやりとしてジープをそちらの方へ走らせた。二百メートルほど走って近づいたころ、モヤモヤした霧のようなものが先に見えた。【　D　】、動物とは思えない。しかし、さらに先へ進んで近づくと、ようやくそれがシマウマの群れであるということがわかったのである。レンジャーは、

「おわかりでしょう？　あの縞模様は夕方や朝方の※薄暮・薄明のころには、このように見えなくなるんです。立派な保護色でしょう？」

7　私はなるほどと感心したが、なぜ朝夕だけ見えなくするのか、という新たな

A	B	C	D

問5　――②「レンジャーはにやりとして」とありますが、レンジャーのどんな気もちがよみとれますか。前後もよく読んで次からもっとも適切なものをえらび、記号で答えなさい。

ア　いいわけするのをごまかそうとする気持ち
イ　見えないなんて、とバカにする気持ち
ウ　笑いたいのをこらえきれない気持ち
エ　たねあかしを楽しもうとする気持ち

□

問6　そのこととは何ですか。文中から、言いかえられる部分をぬき出し、最初と最後の2字を書きぬきなさい。

□□～□□

問7　これとはどういうことですか。「こと」につづくかたちで文中の表現をさがし最初と最後の6字を書きぬきなさい。

□□□□□□～□□□□□□こと

疑問が沸いてきた。そのこともレンジャーに尋ねると、ライオンがシマウマを狩るのは、だいたい朝方か夕方なのだそうだ。彼らは※夜行動物だが、明かりがまったくない真っ暗な時間には狩りはできない。したがって、シマウマは自分たちが最も危険な時に見えなくなるような保護色を持っているというわけである。

8 私は二度感心した。これなどは知恵というよりも、自然にそういう色彩の動物になってきたのだから、非常に神秘的なことに思える。

（戸川幸夫『ヒトはなぜ子育てが下手か』第一章より）

※注
ブッシュ … やぶ
映えて … ひきたって。目立って
蹴るくらいが関の山 … せいぜい蹴るくらいしかできない
カムフラージュ … 本当のすがたやようすをしられないようごまかすこと
レンジャー … 草原や森林を管理する人
ロッジ … 小屋。小屋ふうのホテル
薄暮・薄明のころ … 夕ぐれどきや日の出前の時間
夜行動物 … 昼に休み、夜に活動する動物

問8 この文章で、

(1)もっとも大きな問いかけが書かれた段落はどれですか。段落番号で答えなさい。

問いかけの段落…□

(2) 右の問いかけへの答が書かれた段落が二つあります。その段落番号を答えなさい。

答の段落…□・□

(3)筆者は、この答を知って、どんな感想をもちましたか。その感想が書かれた段落番号を答え、筆者の感想を3字ちょうどで書きぬきなさい。

感想の段落…□　感想…□□□

答えかたのおやくそく

筆者は何について（話題）、どんなこと（結論）を、言いたいんだろう？

人はなぜ文章を書くのでしょうか？　動機も目的もなしに文字を書きつらねるとしたら、それはたんなる時間つぶしです。そうでないなら、きっと筆者の心には、

〔注目してもらいたいこと〕〔わかってもらいたいこと〕

があって、それについて文章を書いているはずです。それなら、読むがわは、

「この人は何について書いているんだろう？」「どんなことを言いたいんだろう？」

と、筆者が伝えたかったことをできるだけ正かくに受け取ってあげたいものです。この、「何について」を【話題】と呼び、「言いたいこと」を【結論】と言います。では、どんな点に注目するとよいでしょうか。

【おやくそく】

「何について書いているんだろう？」（話題）

→文章のはじめのほうに注目し、問いかけの文とキーワードに線をひく。

①【話題】はふつう、文章のはじめのほうに書かれています。

②「～でしょうか」「～だろうか」という【問いかけの文】に注目。

③【問いかけの文】に話題がしめされることが多いからです。

「何度も出てくることば」にも注目します。文章を読み解くカギ（キー）のことば（ワード）＝【キーワード】として、話題にもっとも近いからです。

「どんなことを言いたいんだろう？」（結論）

→結論は文章のおわりのほうにあることが多い。

④【問いかけの文】への「答」がどこに書かれているか、さがす。

⑤【問いかけの文】がない場合は【接続語（つなぎことば）】に注目。

（つまり／すなわち／ようするに／けっきょく／だから／したがって）などは、要点や結論をみちびくことばです。この接続語があったら、○でかこみ、すぐ後ろをマークしましょう。

おけいこ

次の文章は、①何について書かれていますか。②どんな問いかけがされていますか。③どんな結論がみちびかれていますか。それぞれ一文ずつさがし、横に――線をひいて①②③と書き入れなさい。

最近、手や足の骨をおる小学生の数がふえているそうです。それも体育の時間ではなく、ふだんの何ということもない場面で意外にかんたんに、骨せつしてしまうのだそうです。友だちとふざけていておしあいになり、へんな転びかたをして足の骨をおる。足をすべらせて転ぶとき、手で体をささえきれずに手首の骨をおる。いったいどうしてそんなにかんたんに骨をおってしまうのでしょうか。

今の子どもの生活かんきょうを観察すると、昔とくらべて外あそびの時間がへっていることがあげられます。空き地や車のこない道などの安全なあそび場が見つけにくいこと、子どもがピアノやスイミング、なかには英会話などのおけいこごとでいそがしく、「○○ちゃん、あそぼう」と気軽にむれてあそびにくくなったこと、おもしろいゲームが出ていて、室内あそびの時間がふえたこと……。いろんなえいきょうで、子どもが外であそばなくなっているのです。

そのために昔の子どもよりきん肉や骨がきたえられておらず、転ぶ時に体のバランスをとる反射しんけいも、とっさには、はたらかなくなっているのです。

また、食生活のえいきょうもあげられます。スパゲティやハンバーグなど洋食中心の食事は、かつおだしや魚中心の和食ほどカルシウムがとれないので、えいようの面から、骨自体ももろくなっているのだ、という指てきもされています。

ようするに、最近の子どもは体じたいも弱く、体を動かす技術も、昔の子どもにくらべて落ちているのだ、と言えそうです。骨せつが多いのも、そんな理由によるものだと言えましょう。

【応用問題】◆次の文章を読んで、下の問いに答えなさい。（上の数字は段落番号）

1　皆さんは「宇宙」という言葉から、どのようなイメージを連想されるでしょうか。

2　多くの人が、小学校の理科の時間に習った、太陽系のイメージを想い浮かべるのではないかと思います。中心に太陽があって、その周囲に惑星が回っている。惑星の名前を憶えている人も多いでしょう。

3　水星、金星、地球、火星、木星、土星、天王星、海王星、冥王星。これを「スイキンチカモク、ドッテンカイメイ」と暗記したりします。このうち最後の冥王星はかなり歪んだ※楕円軌道を描いているので、ついこのあいだまで、海王星の内側に入り込んでいました。だからドッテン海冥ではなく、ドッテン冥海になっていたのですが、いまは元に戻っていますので、この順番でいいのです。

4　さらに多くの人は、銀河というものをご存じでしょう。太陽系は銀河系と呼ばれる星の集団の中に位置しています。この星の集団は凸レンズの形をしているので、その内部から外の方を見ると、レンズの縁の方に星の密集したベルト地帯があるように見えます。これが天の川と呼ばれる星のベルト地帯です。銀河（ギャラクシー）というのはもともと天の川のことなのですが、いまではこの大きな星の集団のことも銀河と呼ばれます。アンドロメダ星雲は、銀河系の隣にある別の銀河です。

5　宇宙にはたくさんの銀河があります。レンズ状のものだけでなく、渦巻状のものや球状のものなど、形はいろいろですが、太陽のような光り輝く星（恒星と言います）が、集団になったものです。言い換えるなら、この宇宙は、星が密集した部分と、何もない部分に分かれている。ちょうど、広い海の上に、ぽつんぽつんと島があるようなものです。そこで銀河のことを島宇宙と呼ぶこと

（※　右図…宇宙航空研究開発機構　JAXAキッズ　オンライン・スペースノートより転載）

もあります。

6 島というものは、列島や群島など、島の集団を構成することが多いのですが、銀河も何百、何千という単位でグループを作っています。これを銀河団と言うのですが、その銀河団もどうやらグループを作っているらしい。超銀河団といったものですね。ではその先に超々銀河団といった、より大きな※構造があるのかというと、そのあたりはよくわかっていません。ただこの宇宙というものは、無限に広がっているのではなく、限られた大きさがあるというのが、現在の物理学者や天文学者の見解です。

7 なぜかというと、すべての銀河や銀河団は、お互いに遠ざかりつつある。宇宙そのものがどんどん※膨張しているらしいのです（ハッブルという天文学者が望遠鏡で根気よく宇宙を観察しているうちに、**このこと**に気づいたのです）。ということは、昔の宇宙はもっと小さかった。出発点には小さな火の玉があり、その火の玉がドカンと爆発して、宇宙の膨張が始まった（ガモフという物理学者が提唱した「火の玉宇宙論」です）。この宇宙の始まりの大爆発のことを、「ビッグバン」と呼びます。

（三田誠広『アインシュタインの謎を解く』序章より）

※注　楕円軌道　…　まん丸ではなく長丸をえがくような、星の通り道
構造　…　いくつかの部分から全体を成り立たせる組み立て
膨張して　…　ふくれあがって

★冥王星は二〇〇六年八月の国際天文学連合の会議で、太陽系から外されることになりました。ただ、ちがう意見もまだ出ています。

問1　本文の1～7の段落ごとの小見出しとして、あてはまるものを次からえらび、記号で答えなさい。

ア　島宇宙の集団「銀河団」と、銀河団の集団「超銀河団」……それでも無限ではない宇宙
イ　銀河のさまざまな形と、島のようなありかた
ウ　太陽系が存在する、銀河という星の集団
エ　「宇宙」という言葉のイメージとは？
オ　太陽系の惑星のならびかた
カ　宇宙の始まりと膨張
キ　太陽系のイメージ

1 [　]　2 [　]　3 [　]　4 [　]　5 [　]　6 [　]　7 [　]

問2　**このこと**とは、どういうことをさしますか。文中のことばを使って書きなさい。

第5章 論説文2 論理的な文章 キーワードと要点

学習のねらい ▼キーワードをさがす／要点をつかむ

【基本問題】◆次の文章を読んで、下の問いに答えなさい。（上の数字は段落番号）

1 私たち脳の研究者は記憶の研究材料として「ネズミ」をよく使います。記憶力がもっとも優れている動物は人間ですから、なぜ人間を使わないのかという疑問をもつ読者もいるかもしれませんが、①ネズミを使って実験するほうが好都合な部分もあるのです。たとえば、人とくらべてネズミのほうが※純粋な記憶をしてくれるということが挙げられます。ネズミの記憶はほとんどが※本能に根ざしたものですから、人間のように「今日はだるいな」「面倒くさいな」「早く終わらないかな」などということで記憶力が左右されません。昨日は覚えたけど今日はだめだとか、このネズミは覚えるけど別のネズミはだめ、などという「気まぐれ」や「ばらつき」が少ないのです。「記憶」という※抽象的でとらえにくい対象を研究する場合、実験の妨げになる目に見えない要因が少ないということは、とても大切なことです。こうした理由で、私の研究室でも主にネズミを使用しています。

2 ネズミを使った※オペラント条件づけの方法を図に示しました。これは※スキナー箱とよばれる装置です。この箱の中では、ブザー音が鳴ったときにレバーが押されると餌が出てくる仕組みになっています。簡単なテストなのですが（中略）、かなり高度な課題ですから、さすがに何回か訓練を積まないと学習できません。そして、ここに入れられたネズミがどのように学習していくかを観察し

問1 ——①「ネズミを使って実験するほうが好都合な部分もあるのです」について。なぜ好都合なのですか。もっとも適切な理由を次からえらび、記号で答えなさい。

ア ネズミは文句を言わないで、すなおにしたがうから。
イ からだが小さいネズミの方が、あつかいやすいから。
ウ ネズミの方が人間より正かくな結果が得られるから。
エ ネズミの方が人間より記憶力がすぐれているから。

問2 文中の【ア】【イ】に入ることばの組み合わせとしてもっとも適切なものを次からえらび、番号で答えなさい。

1 ア＝そして イ＝だから
2 ア＝だから イ＝やはり
3 ア＝やはり イ＝しかし
4 ア＝しかし イ＝そして

問3 文中の B C に入る2字のことばを、それぞれ文中から書きぬきなさい。

B

C

ていると、とてもおもしろい事実が見えてきます。

3　当然、ネズミにとってスキナー箱は生まれて初めて見るものです。目の前のレバーがなんの役割をしているのかは知りません。そもそも、レバーは押すものであるということさえも理解していないのです。しかも、突然ブザー音が鳴ったりします。まさに、戸惑うばかりの部屋です。そんなあるとき、偶然にレバーが押されて、おいしい餌が出てきます。初めは単なる偶然です。しかし、この［B］が何回か続くと、「レバーを押すこと」と「餌をもらえること」の※因果関係に気づきます。ここまでが学習の第一段階です。

4　この段階まで※到達すると、ネズミは餌欲しさに、ひたすらレバーを押します。【ア】、レバーを押したからといって必ずしも餌にありつけるわけではありません。ブザーが鳴っていないときにレバーを押しても餌が出てこないからです。何度か失敗を繰りかえすうちに、ようやくこの事実に気づきます。【イ】、ついにブザーとレバーの因果関係を理解して、ネズミのオペラント学習が完成します。何十回、何百回という※試行錯誤を繰りかえして、ネズミはこの課題を記憶するのです。

5　この※過程でネズミは数多くの失敗をします。ああでもない、こうでもない、とさまざまな失敗をして、その結果、②ブザーとレバーの関係に気づくのです。つまり、ひとつの成功を導きだすために、多くの失敗が繰りかえされるわけです。逆に、こうした数多くの失敗がなければ正しい記憶はできません。つまり、［C］とは「失敗」と「繰りかえし」によって形成され強化されるものなのです。

（池谷裕二『記憶力を強くする』より）

問4　――②「ブザーとレバーの関係」について説明された一文を文中からさがし、その最初の5字を書きぬきなさい。

［　　　　　］

問5　この文章の書き方の説明としてもっとも適切なものを次からえらび、記号で答えなさい。

ア　実験の目的や方法をはっきりさせ、順をおって結論をみちびいている。
イ　ネズミの立場に立ち、ネズミの考えたことを想像して書いている。
ウ　主ちょうをはっきりさせるために、二つの実験をくらべて書いている。
エ　事実と意見を書き分け、具体例をしめしてわかりやすくのべている。

［　］

問6　この文章を、書かれた内容で大きく二つに分けるとすると、どの段落とどの段落の間でわけるのがよいですか。もっとも適切なものを次からえらび、記号で答えなさい。

ア　1と2の間　　イ　2と3の間
ウ　3と4の間　　エ　4と5の間

［　］

※注

純粋な　：　まじりけのない

本能　：　生まれつきもっている性質や能力

抽象的　：　はっきりと目には見えない性質

オペラント条件づけ　：　動物に道具で一定の条件と結果を与えること

スキナー箱　：　一九三七年アメリカの学者スキナーが作った実験箱

因果関係　：　原因と結果のつながり

到達する　：　たどりつく

試行錯誤　：　試しにやってみてだんだんと目的に近づいていくこと

過程　：　ものごとが進んだり変化したりしていくようす

問7　この文章で筆者がもっとも言いたいこと（結論）が書かれた段落はどれですか。段落番号で答えなさい。

問8　本文にもっともふさわしい内容のことわざを次からえらび、記号で答えなさい。

ア　身から出たさび

イ　論よりしょうこ

ウ　失敗は成功のもと

エ　さるも木から落ちる

【応用問題】◆次の文章を読んで、下の問いに答えなさい。（上の数字は段落番号）

1 単純化された答えは耳に入りやすいが、おそらく正解ではない。考えの単純化を続けていくと、社会全体としては、かならずどこかに穴があくはずである。ことに環境問題の場合、相手は自然である。つきあっていくには、地道な努力に加えて、予測がしばしば不可能であることを我慢する忍耐が求められる。わからないことを※ブランクのままにし、何割ぐらいかがわかれば、まあこんなところだろうと思って、とりあえずつきあう。そういう辛抱が必要になるのである。

2 昔の人が努力・辛抱・根性といったのは、このことであろう。昔の人は自然につきあう必要があったから、ひとりでにこうした性格をもつようになった。都会に住む若者が努力・辛抱・根性を嫌うのも、そう思えば当然である。身の回りに自然があるわけでなし、自然につきあうための性格など、べつに要求されはしない。頭の回転が速く、気が利いて、上手に言葉が扱える。①都会で生きていくには、[そのほう]がはるかに重要だと、日々体験しているのである。これに加えて、※シミュレーションの能力、[A]「ああすれば、こうなる」が十分にあるなら、都会人として成功するはずである。

（中略）

3 ※メリアムがいうとおり、②環境問題は教壇から教えるようなものではない。教壇から教えると、どうしても「ああすれば、こうなる」型の発想の子どもをつくる結果になる。学校とはそもそも[そういう]ものだ。そういってもいい。体験学習と称して田舎に連れていく授業もあるが、いやいや参加しているのでは意味がない。

4 私は私立保育園の理事長をしている。そこの園長に聞いた話がある。この保

問1 [A]～[C]にあてはまる接続語（つなぎことば）を次から一つずつえらび、記号で答えなさい。

ア ところが　イ なぜなら　ウ つまり
エ たとえば

A	B	C

問2 ――①「都会で生きていくには、[そのほう]がはるかに重要だと、日々体験している」について。

（1）「体験している」のはだれですか。文中の適切なことばを書きぬきなさい。

（2）「[そのほう]」の「その」がさしている25字以内の表現を文中からさがし、最初と最後の3字を書きぬきなさい。

□□□～□□□

（3）「[そのほう]」が「何」より重要だと体験しているのですか。「何」にあたることばを文中から8字ちょうどで書きぬきなさい。

□□□□□□□□

育園では、年に一回、イモ掘りに子どもたちを連れていく。例年のように、頼んである畑に子どもたちを連れていった。[B] 隣の畑のイモの葉が、すっかり萎れている。そこで、世話をしてくれている農家の人に訊いた。

「隣の畑はなんですか」

「お宅と同じ、幼稚園のイモ掘りのための畑ですよ」

「でも、葉っぱが全部、萎れているじゃないですか」

「ああ、あそこの幼稚園は、子どもが茎を引っ張ったら、イモが簡単に抜けるようにしてくれというので、一度イモを掘ってから、また埋めなおしたんですよ」

5　③自然に触れるという作業が、[こうなっている]のでは、[どうしようもない]。実行の問題ではないことがよくわかるであろう。先生方の考え方の問題なのである。

6　自然とのつきあいは、相手との「やりとり」が基本である。[C]、野原の草をとって畑にし、作物を植える。すると、スズメが来て作物を食べてしまう。じゃあ、どうしようか。スズメを追い払うのか、畑に網をかけるのか。そのためにはどうしたらよいか。そうしたら次に何が起こるか。こんなふうに、自然に働きかけるときには、その反応を見て次の手を考えていかなければならない。

7　自然環境に対する理解を深めるには、こうした経験、つまり、自然と人間社会を行ったり来たりする経験を積み重ねることが必要である。そうすれば、頭で理解するのではなく、肌で感じることができる。逆に、教壇から自然環境について教えようとすれば、むしろ教育が害になる可能性さえある。

（養老孟司『いちばん大事なこと――養老教授の環境論』より）

問3　――②「『ああすれば、こうなる』型の発想」に近いことばを第1段落の[　]中から、6字ちょうどで書きぬきなさい。

□□□□□□

問4　文中の[そういう]がさす内容を文中から25字以内でさがし、その始めと終わりの3字を書きぬきなさい。

□□□ ～ □□□

問5　――③「自然に触れるという作業が、[こうなっている]のでは、[どうしようもない]」について。

（1）[こうなっている]、[どうしようもない]とはどんな内容をさしますか。必ずしもあてはまらない内容を次から一つえらび、記号で答えなさい。

ア　きれいごとのおあそびで終わっている
イ　イモ掘りぐらいでごまかされている
ウ　苦労をあらかじめ取りのぞいてある
エ　うその自然にしか触れられない

□

（2）[どうしようもない]からは、筆者のどんな感想が読みとれますか。次からもっとも適切なものをえらび、記号で答えなさい。

ア　あまりにおろかで、手のほどこしようがない

※注

ブランクのままにし　…　空白のままにとどめておき

シミュレーション　…　仮に何かをしたらどうなるか、予測すること

メリアム　…　筆者が環境問題を考えるうえで影響を受けた学者の名前

イ　ほんとうのことを教える勇気が出ない

ウ　どうすべきなのか、よくわからない

エ　何もしてやれなくて、悲しい

□

問6　筆者は本文で何を言いたいのですか。それをまとめた次の文の□に、ひらがな一字ずつを考えて入れなさい。

自然を相手にする時は、

「ああ□□□、こう□□□□」

ことをかくごする必要がある。

だから教壇から環境問題を教えるのではなく、自然を肌で感じ、地道につきあうことがたいせつである。

ああ□□□、

こう□□□□

第6章 物語文1 より遠くへ——むかしのおはなし

学習のねらい ▼時をこえて名作を味わう

【基本問題】◆次の文章を読んで、下の問いに答えなさい。

大きな国と、それよりはすこし小さな国とがとなりあっていました。※とうざ、その二つの国のあいだには、なにごともおこらず平和でありました。

ここは都から遠い、※国境であります。そこには両方の国から、ただ一人ずつの兵隊がはけんされて、国境をさだめた※石碑をまもっていました。大きな国の兵士は老人でありました。そうして、小さな国の兵士は青年でありました。

二人は、石碑のたっている右と左に番をしていました。いたってさびしい山でありました。そして、まれにしかそのへんを旅する人影は見られなかったのです。

はじめ、たがいに顔を知りあわないあいだは、二人は敵か味方かというような感じがして、ろくろくものもいいませんでしたけれど、いつしか二人はなかよしになってしまいました。二人は、ほかに話をする相手もなくたいくつであったからであります。そして、春の日は長く、うららかに、頭の上にてりかがやいているからでありました。

ちょうど、国境のところには、だれがうえたということもなく、一かぶの野ばらがしげっていました。①その花には、朝早くからみつばちがとんできて集まっていました。そのこころよい羽音が、まだ二人のねむっているうちから、ゆめごこちに耳にきこえました。

「どれ、もうおきようか。あんなにみつばちがきている。」

問1 ——①「その花」とは何を指していますか。次の空らんにあてはまるよう、文中のことばを書き入れなさい。

［　　］にしげっている［　　］ということもない、一かぶの［　　］

問2 ——②「はたして」について。同じ使いかたをしている文を次から一つえらび、記号で答えなさい。

ア 彼は自信満々だが、はたして勝てるかどうか疑問だ。
イ はたしてどれが真実か、だれにもわからなかった。
ウ 朝からくもっていたが、はたして雨になった。
エ そんなことが、はたしてできるだろうか。

［　　］

と、二人はもうしあわせたようにおきました。そして外へでると、②はたして、太陽は木のこずえの上に元気よくかがやいていました。

二人は、岩間からわきでる清水で口をすすぎ、顔をあらいにまいりますと、顔をあわせました。

「やあ、おはよう。いい天気でございますな。」

「ほんとうにいい天気です。天気がいいと、気持ちがせいせいします。」

二人は、そこでこんな立ち話をしました。たがいに、頭をあげて、あたりのけしきをながめました。毎日見ているけしきでも、新しい感じを見るたびに心にあたえるものです。

青年は最初、しょうぎの歩み方を知りませんでした。けれど老人について、それを教わりましてから、このごろはのどかな昼ごろには、二人は毎日むかいあってしょうぎをさしていました。

はじめのうちは、老人のほうがずっと強くて、※こまをおとしてさしていましたが、しまいにはあたりまえにさして、老人が負かされることもありました。

この青年も、老人も、いたっていい人々でありました。二人ともしょうじきで、しんせつでありました。二人はいっしょうけんめいで、しょうぎばんの上であらそっても、心はうちとけていました。

③「やあ、これはおれの負けかいな。こうにげつづけでは苦しくてかなわない。ほんとうの戦争だったら、どんなだかしれん。」

と、老人はいって、大きな口をあけてわらいました。

青年は、また※勝ちみがあるのでうれしそうな顔つきをして、いっしょうけんめいに目をかがやかしながら、相手の※王さまをおっていました。

④小鳥はこずえの上で、おもしろそうにうたっていました。白いばらの花からは、

問3 ――③「やあ、これはおれの負けかいな。～ ほんとうの戦争だったら、どんなだかしれん」とありますが、こう言っている老人の気もちとしてもっとも適切なものを次からえらび、記号で答えなさい。

ア 今までは老人のほうがずっと強かったのに、若者に負けそうなので少しくやしいと思っている。

イ 自分がしょうぎのさしかたを教えた相手が、今では自分を負かすまでに強くなったことを、ほこらしく感じている。

ウ しょうぎをさしながら、今も遠い国でおこっている戦争のことを思い、広がってこないよう願っている。

エ しょうぎは青年に負かされることもあるが、しょうぎばんでのたたかいをこだわりなく平和にできることを、こころよく思っている。

問4 ――④「小鳥はこずえの上で、おもしろそうにうたっていました。白いばらの花からは、よいかおりをおくってきました」について。この情景から二人のどんなようすが読みとれますか。のべなさい。

よいかおりをおくってきました。

冬は、やはりその国にもあったのです。寒くなると老人は、南の方をこいしがりました。

その方には、※せがれや、孫が住んでいました。

「早く、※ひまをもらって帰りたいものだ。」

と、老人はいいました。

「あなたがお帰りになれば、知らぬ人がかわりにくるでしょう。やはりしんせつな、やさしい人ならいいが、敵、味方というような考えをもった人だとこまります。どうか、もうしばらくいてください。そのうちには、春がきます。」

と、青年はいいました。

やがて冬がさって、また春となりました。ちょうどそのころ、この二つの国は、なにかの利益問題から、戦争をはじめました。そうしますと、これまで毎日、なかむつまじく、くらしていた二人は、敵、味方のあいだがらになったのです。⑤それがいかにも、ふしぎなことに思われました。

「さあ、おまえさんとわたしはきょうからかたきどうしになったのだ。わたしはこんなに老いぼれていても※少佐だから、わたしの首をもってゆけば、あなたは出世ができる。だからころしてください。」

と、老人はいいました。

これをきくと、青年は、あきれた顔をして、

「なにをいわれますか。どうしてわたしとあなたとがかたきどうしでしょう。わたしの敵は、ほかになければなりません。戦争はずっと北の方で開かれています。わたしは、そこへいって戦います。」

と、⑥青年はいいのこして、さってしまいました。

問5 ——⑤「それ」とはどんなことをさしていますか。自分のことばでのべなさい。

問6 ——⑥「青年はいいのこして、さってしまいました」とありますが、なぜ青年はさってしまったのですか。その理由としてもっとも適切なものを次からえらび、記号で答えなさい。

ア　老人にひどいことを言われたので、はらが立って。

イ　老人とけんかして、気まずくなってしまったので。

ウ　国のことを思い、若者らしく勇かんに戦いたくなったので。

エ　国境にいると、いずれは老人を敵としてあつかわなければいけなくなるので。

オ　国境にいて、老人からころしてくれとたのまれるのはいやだったので。

国境には、ただ一人老人だけがのこされました。青年のいなくなった日から、老人は、ぼうぜんとして日を送りました。野ばらの花がさいて、みつばちは、日があがると、くれるころまでむらがっています。いま戦争は、ずっと遠くでしているので、たとえ耳をすましても、空をながめても、鉄砲の音もきこえなければ、黒いけむりのかげすら見られなかったのであります。老人は、その日から、青年の身のうえをあんじていました。日はこうしてたちました。

ある日のこと、そこを旅人が通りました。老人は戦争について、どうなったかとたずねました。すると、旅人は、小さな国が負けて、その国の兵士はみなごろしになって、戦争はおわったということをつげました。

老人は、そんなら青年も死んだのではないかと思いました。そんなことを気にかけながら石碑のいしずえにこしをかけて、うつむいていますと、いつか知らず、うとうといねむりをしました。かなたから、おおぜいの人のくるけはいがしました。見ると、一列の軍隊でありました。そして馬にのってそれを指揮するのは、かの青年でありました。その軍隊はきわめてせいしゅくで声ひとつたてません。やがて老人の前を通るときに、青年は黙礼をして、ばらの花をかいだのでありました。

老人は、なにかものをいおうとすると目がさめました。⑦それはまったくゆめであったのです。それから一月ばかりしますと、⑧野ばらがかれてしまいました。⑨その年の秋、老人は南の方へひまをもらって帰りました。

(小川未明「野ばら」全文)

※注　とうざ　…　しばらくの間
国境　…　国ざかい。りょう土のきょうかい線

問7　——⑦「それはまったくゆめであったのです」について。

(1)「ゆめ」の内容が書かれている最初の5字を書きぬきなさい。

(2)「ゆめ」と現実のさかいめがえがかれている一文を文中からさがし、その文の最初の5字を書きぬきなさい。

問8　——⑧「野ばらがかれてしまいました」とありますが、作者はこの表現からどんなことをほのめかしていると思われますか。簡潔に書きなさい。

問9　——⑨「その年の秋、老人は南の方へひまをもらって帰りました」とありますが、なぜ、帰ることにしたのですか。老人の気もちを考え、次の中から二つのことばを使ってのべましょう。(※どれを使ってもかまいません。使ったことばは自分が書いた文の中で、□でかこみなさい。)

石碑（せきひ）　…　記念（ねん）や目印（めじるし）のために文字をきざんで立てた石

こまをおとして　…　実力がちがいすぎると、すぐに勝負がついてしまうので、強い人のこまをへらして対戦（せん）すること

勝ちみ　…　勝ち目。勝つ可能性（かのうせい）

王さま　…　将棋（しょうぎ）の「王」のこま

せがれ　…　むすこ

ひまをもらって　…　休みをもらって。仕事をやめて

少佐（しょうさ）　…　軍隊（たい）のなかでやや上級の位（くらい）

あんじて　…　心配して

黙礼（もく）をして　…　だまって敬（けい）礼して

むなしさ　かなしみ　つかれ

いかり　あきらめ　くやしさ

【応用問題】◆次の文章を読んで、下の問いに答えなさい。

土用波という高い波が風もないのに海岸に打ちよせるころになると、①海水浴にきている都の人たちもだんだん別荘をしめて帰ってゆくようになります。(中略)九月にはいってから三日めになるその日には、見わたすかぎり砂浜のどこにも人っ子一人いませんでした。

▼私の友だちのMと私と妹とは※おなごりだといって海水浴にゆくことにしました。おばあさまが波があらくなってくるから行かないほうがよくはないかとおっしゃったのですけれども、こんなにお天気はいいし、(中略)おっしゃることを聞かずに出かけました。

ちょうど昼すこしすぎで、上天気で、空には雲一つありませんでした。ひるまでも草の中にはもう虫の音がしていましたが、それでも砂は熱くなって、はだしだとときどき草の上にかけあがらなければいられないほどでした。▲(中略)

「※ひきがしどいね。」

と、Mがいいました。ほんとうにそのとおりでした。ひきとは、水が沖のほうにひいていくときの力のことです。②それがその日はたいへん強いように、私たちは思ったのです。くるぶしくらいまでより水のこないところに立っていても、その水がひいてゆくときには、まるできゅうな川の流れのようで、足の下の砂がどんどんほれるものですから、うっかりしているとたおれそうになるくらいでした。その水の沖のほうに動くのを見ていると目がふらふらしました。けれどもそれが私たちにはおもしろくってならなかったのです。(中略)

そのうちにMがひざくらいの深さのところまで行ってみました。そうするとうねりがくるたびごとにMは背のびをしなければならないほどでした。それがまたおもしろそうなので私たちもだんだん深みに進んでゆきました。(中略)

問1 ——①「海水浴にきている都の人たちもだんだん別荘をしめて ～ 人っ子一人いませんでした」について。

(1) ここに書かれた季節はいつですか。次のアとイに季節名を漢字一字で入れなさい。

[ア]の終わりから、[イ]の初めである。

ア □　イ □

(2) 同じような季節のけはいがうかがわれる一文を、文中の▼から▲の間でさがし、最初の3字を書きぬきなさい。

□□□

問2 ——②「それがその日はたいへん強いように、私たちは思ったのです」について。この「強い」ようすをどのようにたとえていますか。比ゆの表現を文中からさがし、15字以内で書きぬきなさい。

私たち三人は土用波があぶないということも何もわすれてしまって、波こしの遊びをつづけざまにやっていました。

「あら大きな波がきてよ。」

と、沖のほうを見ていた妹が少しこわそうな声でこういきなりいいましたので、私たちも思わずそのほうを見ると、妹のことばどおりに、これまでのとはかけはなれて大きな波が、両手をひろげるようなかっこうで押しよせてくるのでした。泳ぎのじょうずなMもすこしきみわるそうに陸のほうを向いていくらかでも浅いところまでにげようとしたくらいでした。私たちはいうまでもありません。腰から上をのめるように前にだして、両手をまたその前につきだして泳ぐようなかっこうをしながら歩こうとしたのですが、なにしろひきがひどいので、足をあげることも前にやることも思うようにはできません。③私たちはまるで［　A　］のような気がしました。（中略）

私たちはおどろきました。あわてました。そしていっしょうけんめいにめんかきをして、ようやく水の上に顔だけだすことができました。そのとき私たち三人がたがいに見あわせた目といったら、顔といったらありません。顔はまっさおでした。目はとびだしそうに見ひらいていました。いまの波一つでどこか深いところに流されたのだということを、私たちは言いあわさないでも知ることができたのです。（中略）

④ごらんなさい、私たちはみるみる沖のほうへ沖のほうへと流されているのです。私は頭をはんぶん水の中につけて、横のしで泳ぎながらときどき頭をあげてみると、そのたびごとに妹は沖のほうへと私からはなれてゆき、友だちのMはまた岸のほうへと私からはなれて行って、しばらくののちには三人はようやく声がとどくくらいおたがいにはなれればなれになってしまいました。そして波がくるたんび

問3　――③「私たちはまるで［　A　］のような気がしました」について。空らんAに入るのに適切な表現を次からえらび、記号で答えなさい。

ア　へんなおどりを無理やりおどらされているとき
イ　夢の中でこわいやつに追いかけられているとき
ウ　おばあさまにきびしくしかられているとき
エ　知らない人にじっと見つめられているとき

［　　］

問4　――④「ごらんなさい、私たちはみるみる沖のほうへ沖のほうへと流されているのです」について。この表現のしかたについて、次から必ずしも適切でない説明を一つえらび、記号で答えなさい。

ア「ごらんなさい」とやさしく語りかけることで、読者が冷静に読んでいけるようにうながしている。
イ「ほら、おばあさまの言う通りになった」という、悪い予感が的中した、いやな感じが表れている。
ウ　それまでは自分の目でみたようすをのべていたが、一転しておそろしい状況のただなかにある自分たちを、高いところからつきはなして見て語っている。
エ　事態が急に変化してしまったことを読者に直接うったえかけるような、さしせまった調子が伝わってくる。

［　　］

に、私は妹を見うしなったりM（エム）を見うしなったりしました。私の顔が見えると、妹はうしろのほうからあらんかぎりの声をしぼって、

「にいさんきてよ……もうしずむ……苦しい。」

と、よびかけるのです。じっさい妹は鼻のところくらいまで水にしずみながら声を出そうとするのですから、そのたびごとに水をのむとみえて、まっさおな苦しそうな顔をして私をにらみつけるように見えます。私も前に泳ぎながら心はうしろにばかり引かれました。いくども妹のいるほうへ泳いでいこうかと思いました。けれども私は悪い人間だったとみえて、こうなると自分の命がたすかりたかったのです。妹のところへ行けば、二人ともいっしょに沖（おき）に流れて命がないのは知れきっていました。私はそれがおそろしかったのです。なにしろ早く岸について漁夫（りょうし）にでもたすけに行ってもらうほかはないと思いました。いまから思うとそれはずるい考えだったようです。

でも⑤とにかく［そう］思うと私はもう後ろも向かずにむがむちゅうで岸のほうを向いて泳ぎだしました。（中略）

（私は浜（はま）にたどりつくものの、船も人も見かけません。やがてはるかむこうからMが若（わか）い男の人を連れてきました。その人は沖の妹を見定め、ざぶりと海に入って行きました。）

やがて若者は、はうようにして波打ちぎわにたどりつきました。妹はそんな浅（あさ）みにきても若者におぶさりかかっていました。私はうちょうてんになってそこまでとんでいきました。

とんでいってみておどろいたのは、若者のすがたでした。せわしく深く息をついて、からだはつかれきったようにゆるんでへたへたになっていました。妹は私が近づいたのを見ると⑥［むちゅう］でとんできましたが、⑦ふっと思いかえしたよう

問5 ——⑤「とにかく［そう］思うと」の［そう］に言いかえられる内容を30字以内で文中からさがし、最初と最後の3字を書きぬきなさい。

とにかく □□□ ～ □□□ 思うと

に私をよけて砂山のほうを向いてかけだしました。そのとき私は妹が私をうらんでいるのだなと気がついて、それはむりのないことだと思うと、このうえなくさびしい気もちになりました。

それにしても友だちのMはどこに行ってしまったのだろうと思って、私は若者のそばに立ちながらあたりを見まわすと、はるかな砂山のところをおばあさまをたすけながらかけおりてくるのでした。妹は早くもそれを見つけてそっちに行こうとしているのだとわかりました。（中略）

家につくともう妹のために※床がとってありました。妹はねまきに着かえて寝かしつけられると、まるで⑧むちゅうになってしまって、熱をだして木の葉のようにふるえはじめました。おばあさまは※気丈なかたでかいがいしくせわをすますと、若者にむかって心の底からお礼を言われました。（中略）若者は麦湯をのみながら、妹のほうを心配そうに見ておじぎを二ー三度して帰っていってしまいました。

「Mさんがかけこんできなすって、おまえたちのことを言いなすったときには、私は目がくらむようだったよ。おとうさんやおかあさんからたのまれていて、おまえたちが死にでもしたら、私は生きていられないから、いっしょに死ぬつもりであの砂山をおまえ、Mさんより早くかけあがりました。でもあの人が通りあわせたおかげでたすかりはしたもののこわいことだったねえ、もうもう気をつけておくれでないとほんとにこまりますよ。」

おばあさまはやがてきっとなって私を前にすえてこうおっしゃいました。日ごろはやさしいおばあさまでしたが、そのときのことばには、私は身も心もすくんでしまいました。すこしのあいだでも自分一人がたすかりたいと思った私は、心の中をそこらじゅうから針でつかれるようでした。⑨私は泣くにも泣かれないで、かたくなったまま、こちんとおばあさまの前に下を向いてすわりつづけていまし

問6 ——⑥「むちゅうで」、——⑧「むちゅうになって」について。この二つは、ちがう意味で使われています。次からそれぞれにあてはまるものをえらび、記号で答えなさい。

ア がんばって
イ あこがれて
ウ もうろうとして
エ わき目もふらず

⑥ ⑧

問7 ——⑦「ふっと思いかえしたように私をよけて」について。妹のこの動きには「私」に対するどんな感情が表れていますか。次からもっとも適切なものをえらび、記号で答えなさい。

ア 不信感
イ 不満感
ウ 不安感
エ 不快感

た。しんしんと暑い日が、※縁のむこうの砂に照りつけていました。（中略）

　私たちのいいおばあさまはもうこの世においでになりません。私の友だちのMはみょうなことから人に殺されて死んでしまいました。妹と私ばかりがいまでも生きのこっています。そのときの話を妹にするたんびに、あのときばかりはにいさんを心からうらめしく思ったと妹はいつでもいいます。⑩波が高まると妹のすがたが見えなくなったそのときのことを思うと、いまでも私の胸は※動悸がして、そらおそろしい気もちになります。

（有島武郎「おぼれかけた兄妹」より）

注※
おなごりだ　…　なごりをおしむのだ
しどい　…　「ひどい」という言葉の江戸っ子なまり
大きな波がきてよ　…　会話で「大きな波が来るわ」の上品な言いかた
めんかきをして　…　海面を犬掻きのようにかいて
横のしで泳ぎながら　…　横にひらべったく泳ぎながら
床がとってありました　…　ふとんがしいてありました
気丈なかたでかいがいしく　…　しっかりした人できびきびと
縁　…　縁側。庭にむかって、はりだした細長い板じき
動悸がして　…　心臓がはげしく脈うって

問8　――⑨「私は泣くにも泣かれないで、かたくなったまま、〜すわりつづけていました」について。このときの「私」の気もちを説明したものとして、もっとも適切なものを次の中からえらび、記号で答えなさい。

ア　やさしいはずのおばあさまに、強い調子でせめられて意外に思い、うろたえている。
イ　妹を海から救い出してもらったものの、高熱で死んでしまいやしないかと不安にかられている。
ウ　おばあさまの言われるように、父や母にどうやってゆるしてもらおうかと、こまっている。
エ　妹は助かったものの、妹を見すてた自分をつきつけられるようで、なさけなさにぼうぜんとうなだれている。

問9　――⑩「波が高まると妹のすがたが見えなくなったそのときのことを思うと、いまでも私の胸は動悸がして、そらおそろしい気もちになります」について。このときの「私」の心を説明したものとして必ずしも適切でないものを次から一つえらび、記号で答えなさい。

ア　自分だけ助かりたかったのもしかたがなく感じる。
イ　海で危険にさらされたきょうふがよみがえる。
ウ　妹を見殺しにしようとした罪深さにおののく。
エ　妹が死んでいたら……と思うとぞっとする。

第6章 物語文2 より遠くへ——ふしぎなおはなし

学習のねらい ▼ふだん読みなれない、ふしぎな世界をあじわってみよう

【基本問題】◆次の文章は、五月の小さな谷川の底でのお話です。このお話を読んで、下の問いに答えなさい。

　二疋の蟹の子供らが青じろい水の底で話していました。

※『クラムボンはわらったよ。』

『クラムボンはかぷかぷわらったよ。』

『クラムボンは跳ねてわらったよ。』

『クラムボンはかぷかぷわらったよ。』

　上の方や横の方は、青くくらく※鋼のように見えます。①そのなめらかな天井を、つぶつぶ暗い泡が流れて行きます。

『クラムボンはわらっていたよ。』

『クラムボンはかぷかぷわらったよ。』

『それならなぜクラムボンはわらったの。』

『知らない。』

　つぶつぶ泡が流れて行きます。蟹の子供らもぽっぽっぽっとつづけて五、六粒泡を吐きました。それはゆれながら水銀のように光って斜めに上の方へのぼって行きました。

　つうと銀のいろの腹をひるがえして、一疋の魚が頭の上を過ぎて行きました。

『クラムボンは死んだよ。』

問1　二疋の蟹は、（1）どんなところから、（2）どちらの方をむいて、会話していますか。空らんにあてはまるように、答えなさい。（1）は10字以内、（2）は1字とします。

（1）□□□□□□□□□□ から　（2）□ の方をむいて。

問2　——①「そのなめらかな天井」とは、何でしょうか。文中のことばを使って書きなさい。

問3　二疋の蟹は

（1）人間にたとえると、何才ぐらいの感じがしますか。次の中から一つえらびなさい。

ア　3～7才くらい　　イ　8～11才くらい

ウ　12～15才くらい　　エ　16～19才くらい

（2）それはなぜですか。そう考えた理由を列挙しなさい。

（※列挙…一つずつ短く書き並べること）

『クラムボンは殺されたよ。』

『クラムボンは死んでしまったよ……。』

『殺されたよ。』

『それならなぜ殺された。』兄さんの蟹は、その右側の四本の脚の中の二本を、弟の平べったい頭にのせながら言いました。

『わからない。』

　魚がまたツウと戻って下流の方へ行きました。

『クラムボンはわらったよ。』

『わらった。』

　にわかにパッと明るくなり、日光の黄金は夢のように水の中に降って来ました。波から来る光の網が、底の白い磐の上で美しくゆらゆらのびたりちぢんだりしました。泡や小さなごみからはまっすぐな影の棒が、斜めに水の中に並んで立ちました。
②魚がこんどはそこら中の黄金の光をまるっきりくちゃくちゃにしておまけに自分は鉄いろに変に底びかりして、また上流の方へのぼりました。
『お魚はなぜああ行ったり来たりするの。』

　弟の蟹がまぶしそうに眼を動かしながらたずねました。

『なにか悪いことをしてるんだよとってるんだよ。』（注…原作のまま）

『とってるの。』

『うん。』

　そのお魚がまた上流から戻って来ました。今度はゆっくり落ちついて、ひれも尾も動かさずただ水にだけ流されながらお口を環のように円くしてやって来ました。その影は黒くしずかに底の光の網の上をすべりました。

問4　――②「魚が……くちゃくちゃにして」は、魚が何を、どうするようすですか。のべなさい。

『お魚は……。』

その時です。俄に天井に白い泡がたって、③青びかりのまるでぎらぎらする鉄砲弾のようなものが、いきなり飛び込んで来ました。

兄さんの蟹ははっきりとその青いもののさきが④コンパスのように黒く尖っているのも見ました。と思ううちに、魚の白い腹がぎらっと光って一ぺんひるがえり、上の方へのぼったようでしたが、それっきりもう青いものも魚のかたちも見えず光の黄金の網はゆらゆらゆれ、泡はつぶつぶ流れました。

⑤二疋はまるで声も出ず居すくまってしまいました。

お父さんの蟹が出て来ました。

『どうしたい。ぶるぶるふるえているじゃないか。』

『お父さん、いまおかしなものが来たよ。』

『どんなもんだ。』

『青くてね、光るんだよ。はじがこんなに黒く尖ってるの。それが来たらお魚が上へのぼって行ったよ。』

『そいつの眼が赤かったかい。』

『わからない。』

『ふうん。しかし、そいつは鳥だよ。※かわせみと言うんだ。大丈夫だ、安心しろ。おれたちはかまわないんだから。』

『お父さん、⑥お魚はどこへ行ったの。』

『魚かい。魚はこわい所へ行った。』

『こわいよ、お父さん。』

『いいいい、大丈夫だ。心配するな。そら、※樺の花が流れて来た。ごらん、きれいだろう。』

問5 　部分の――③「青びかりの……いきなり飛び込んできました」、――④「その青いものの……尖っている」とは、何が、どうであるようすをあらわしていますか。

③

④

問6 　でおこったことを、わかりやすくのべなさい。

問7 ――⑤「二疋は……居すくまってしまいました」とは、二疋のどういうようすをあらわしていますか。

問8 ――⑥「こわい所」とはどこをさしますか。考えて書きなさい。

⑦泡といっしょに、白い樺の花びらが天井をたくさんすべって来ました。
『こわいよ、お父さん。』弟の蟹も言いました。
光の網は［ゆらゆら］、のびたりちぢんだり、花びらの影はしずかに砂をすべりました。

（宮沢賢治※「やまなし」より）

※注　クラムボン　…　作者がつくったことば
鋼　…　鋼鉄、かたい金属のこと
かわせみ　…　水辺にすむ鳥。スズメよりやや大きい。背中は青く美しい空色。水中に飛びこみ、長くするどいくちばしで魚をとって食べる
おれたちはかまわない　…　蟹である自分たちは、相手（餌）にしない
樺の花　…　かおりのよい、白い花
やまなし　…　本文は「やまなし」という作品の第一部（五月篇）。やまなし（くだもの）は、第二部（十二月篇）で登場する

問9　――⑦「泡といっしょに……すべりました」の説明としてもっとも適切なものを一つえらび、記号で答えなさい。

ア　水の中に平和がもどり、安心できるようになったことを、きれいな花びらであらわしている。
イ　花びらが軽いので、川の表面ですべるように流れることを強調している。
ウ　子供の蟹のおびえと、何ごともなかったかのような川の流れを並べ、深く静かな印象をあたえている。
エ　こわがっている子供の蟹をいやすような、静かでなごやかな自然の世界をあらわしている。

［　　］

問10　このおはなしでは、詩によくつかわれるくふう（技法）が使われて、ふしぎな印しょうや世界をかたちづくっています。文中の［コンパスのよう］・［ごらん］・［ゆらゆら］は、それぞれ何という名のくふうですか。答えなさい。

コンパスのよう…［　　］
ごらん…［　　］
ゆらゆら…［　　］

【応用問題】◆次の文章を読んで、下の問いに答えなさい。

こんな夢を見た。

六つになる子供を負ってる。たしかに自分の子である。ただ不思議な事にはいつの間にか眼が潰れて、※青坊主になっている。自分が御前の眼はいつ潰れたのかいと聞くと、なに昔からさと答えた。声は子供の声に相違ないが、言葉つきはまるで大人である。しかも対等だ。

左右は青田である。路は細い。※鷺の影が時々闇に差す。

「田圃へかかったね」と背中で云った。

「どうして解る」と顔を後ろへ振り向けるようにして聞いたら、

「だって鷺が鳴くじゃないか」と答えた。

すると※鷺がはたして二声ほど鳴いた。

自分は我子ながら少し怖くなった。こんなものを背負っていては、この先どうなるか分らない。どこか打遣ゃる所はなかろうかと向うを見ると闇の中に大きな森が見えた。①あすこならばと考え出す途端に、背中で、

②「ふふん」と云う声がした。

「何を笑うんだ」

子供は返事をしなかった。ただ

「御父さん、重いかい」と聞いた。

「重かあない」と答えると

「今に重くなるよ」と云った。

自分は黙って森を目標にあるいて行った。田の中の路が不規則にうねってなかなか思うように出られない。しばらくすると二股になった。自分は股の根に立って、ちょっと休んだ。

問1　このお話の背景となっている季節はいつごろですか。次からもっとも適切なものを一つえらび、記号で答えなさい。また、そう考える理由（ヒント）となったものを二つ以上、文中から書きぬきなさい。

ア　春のはじめころ　　イ　梅雨のころ

ウ　真夏のさかり　　エ　秋の長雨のころ

記号　　もの

問2　——①「あすこならば」とありますが、この後にどんなことばが省略されて（かくされて）いるのでしょうか。考えて、ふさわしい表現をおぎないなさい。

あすこならば

問3　——②「『ふふん』と云う声がした。『何を笑うんだ』子供は返事をしなかった」について。この「ふふん」の後にはどんなことばが省略されて（かくされて）いるのでしょうか。考えてふさわしい表現をおぎないなさい。

ふふん、

「石が立ってるはずだがな」と小僧が云った。

　なるほど※八寸角の石が腰ほどの高さに立っている。表には左り日ケ窪、右堀田原とある。③闇だのに赤い字が明かに見えた。赤い字は井守の腹のような色であった。（注…「左り」は原作のまま）

「左が好いだろう」と小僧が命令した。左を見るとさっきの森が闇の影を、高い空から自分らの頭の上へ抛げかけていた。自分はちょっと※躊躇した。

「遠慮しないでもいい」と小僧がまた云った。自分は仕方なしに森の方へ歩き出した。腹の中では、よく※盲目のくせに何でも知ってるなと考えながら一筋道を森へ近づいてくると、背中で、「どうも盲目は不自由でいけないね」と云った。

「だから負ってやるからいいじゃないか」（注…「負って」は原作のまま）

「負ぶって貰ってすまないが、どうも人に馬鹿にされていけない。親にまで馬鹿にされるからいけない」

　何だか厭になった。早く森へ行って捨ててしまおうと思って急いだ。

「もう少し行くと解る。――④ちょうどこんな晩だったな」と背中で独言のように云っている。

「何が」と際どい声を出して聞いた。

「何がって、知ってるじゃないか」と子供は嘲けるように答えた。すると何だか知ってるような気がし出した。けれども判然とは分らない。ただこんな晩であったように思える。そうしてもう少し行けば分るように思える。分っては大変だから、分らないうちに早く捨ててしまって、安心しなくってはならないように思える。自分はますます足を早めた。

　雨はさっきから降っている。路はだんだん暗くなる。⑤ほとんど夢中である。ただ⑥背中に小さい小僧がくっついていて、その小僧が自分の過去、現在、未来をこ

問4　――③「闇だのに赤い字が明かに見えた。赤い字は井守の腹のような色であった」とありますが、このときの「赤」と近い印しょう（感じ）のものを、次から四つえらび、記号で答えなさい。

ア　ヘビいちごの赤い色のような、毒々しい感じ
イ　夜ふけの神社の赤い鳥居のような、不吉な感じ
ウ　噴火口から飛びちる赤い溶岩流のような、はげしい感じ
エ　なかなか止まらない血のような、不安をかきたてる感じ
オ　夜空に開いては消える花火の、美しいけれどはかない感じ
カ　ヘビの口からちろちろ出る赤い舌のような、ぶきみな感じ

□・□・□・□

問5　――④「ちょうどこんな晩だったな」とありますが、

（1）「こんな晩だった」晩とは、どの晩のことですか。文中から20字ちょうどで書きぬきなさい。

とごとく照して、※寸分の事実も洩らさない鏡のように光っている。しかもそれが自分の子である。そうして盲目である。自分はたまらなくなった。

「ここだ、ここだ。ちょうどその杉の根の処だ」

雨の中で小僧の声は判然聞えた。自分は覚えず留った。いつしか森の中へ這入っていた。※一間ばかり先にある黒いものはたしかに小僧の云う通り杉の木と見えた。

「御父さん、その杉の根の処だったね」

「うん、そうだ」と思わず答えてしまった。

「文化五年※辰年だろう」

なるほど文化五年辰年らしく思われた。

「御前がおれを殺したのは今からちょうど百年前だね」

自分はこの言葉を聞くや否や、今から百年前文化五年の辰年のこんな闇の晩に、この杉の根で、一人の盲目を殺したという自覚が、忽然として頭の中に起った。おれは人殺であったんだなと始めて気がついた途端に、背中の子が急に石地蔵のように重くなった。

（夏目漱石『夢十夜』所収「第三夜」全文）

※注　青坊主　…　髪の毛がそられて青っぽいぼうず頭であるようす
鷺　…　水辺にいる白い夏鳥。長い足とくちばしを持ち、カエル・どじょう・水生昆虫・小さい魚などを食べる
はたして　…　その通り
八寸角　…　約二十四センチ四方の四角
躊躇した　…　ためらった

（2）その晩に何があったのですか。どこで（くわしく）だれが、何をしたのか、書きなさい。

どこで ＿＿＿＿

だれが ＿＿＿＿

何をした ＿＿＿＿

問6　——⑤「ほとんど夢中である」について。「どう」したいと思って「夢中」なのですか。次の空らんに入るよう、12字ちょうどの表現を、文中から書きぬきなさい

□□□□□□□□□□□□したいと思って。

問7　——⑥「背中に小さい小僧がくっついていて、その小僧が自分の過去、現在、未来をことごとく照して、寸分の事実も洩らさない鏡のように光っている」について。その鏡にうつしだされているものがあるとしたら、どんなものですか。次から、必ずしもふさわしくないものを一つえらび、記号で答えなさい。

盲目（めくら）　…　目の見えない人（今は差別用語とみなされて使わないが、原文にしたがった）
寸分（すんぶん）　…　ほんのちょっと
一間（いっけん）　…　約百八十センチ
文化五年辰年（たつどし）　…　一八〇八年。「干支（えと）」が辰の年だった

ア　この子のような、不自由で不幸な自分のすがた
イ　生まれ変（か）わってもただされなかった汚（よご）れた魂（たましい）
ウ　かくそうとしてもかくしきれない悪の心
エ　のがれられない暗い運命の手
オ　永遠（えい）につづく罪（つみ）の重さ

問8　このおはなしは「こんな夢（ゆめ）を見た。」という一文で始まっています。夢には人間の心のおくにある意しきや感情があらわれると言われます。「こんな夢」では、「自分」をどんなそんざい（人間）と感じているのでしょうか。考えてのべなさい。

第6章 物語文3 より遠くへ——外国のおはなし

学習のねらい ▼日本の物語とはちがうふんいきを味わおう

【基本問題】◆次の文章を読んで、下の問いに答えなさい。（上の数字は会話の番号）

今から千七百年あまり前の中国——。乱世に覇権をにぎろうとする曹操は、八十万とも百万ともよばれる軍勢をととのえ、長江の中流「赤壁」に大船団をきずいて、対岸の孫権軍をおびやかしていた。これをうけて孫権軍は曹操と敵対する別の勢力—劉備軍と一時的に同盟をむすぶ。しかし孫権軍総司令官の周瑜は曹操撃退の※糸口をなかなか見つけられずにいた。補佐役の魯粛は心配し、同盟勢力劉備軍の軍師—孔明の知恵をかりようとする。

そのころ周瑜は、山の上から敵陣をながめていたが、さっと一陣の風が吹きおこったとたん、※あおのけざまにたおれて、気をうしなってしまった。

江東の大将たちはうろたえた。曹操の大軍がいつせめよせてくるかもわからぬのに、指揮官にたおれられては、どうしようもない。魯粛は気が気でなく、孔明をたずねていって苦境をうったえた。すると、孔明は笑いながら、

1「周瑜どのの病気は、わたしにはすぐ治せます。」

という。魯粛はよろこんで孔明を連れだした。

周瑜の病床を見舞った孔明は、筆と紙をとりよせて、なにやらさらさらと書くと、

2「これがご病気のもとでしょう。」

と、周瑜に見せた。紙にはこう書いてあった。

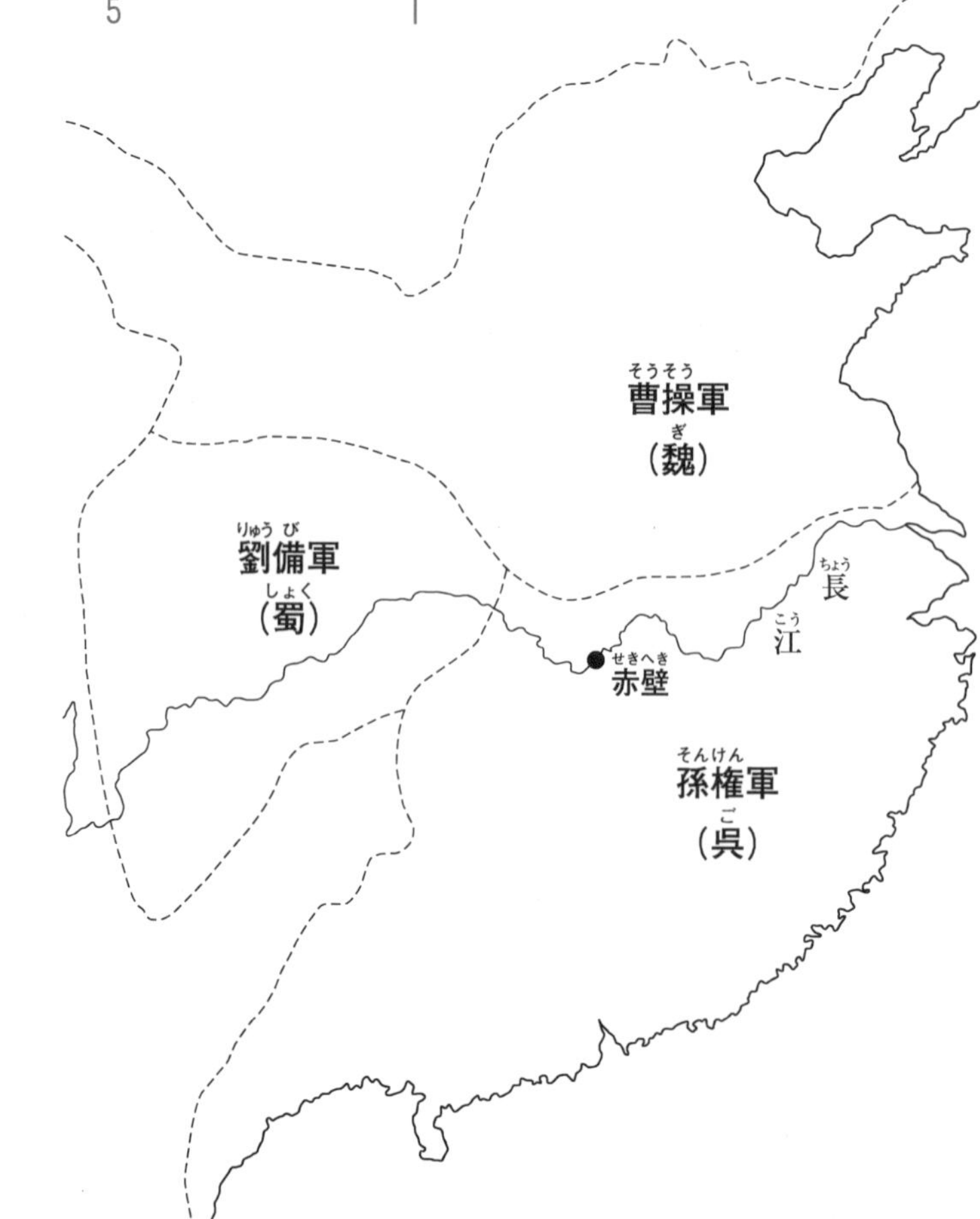

曹操をやぶらんとすれば
火ぜめの計をもちうべし
用意は万端ととのえども
惜しむらくは東風を欠く

（訳…曹操をやぶろうとするのなら、
火ぜめの作戦を用いるべきだ。
用意はすべてととのっているが、
残念ながら必要な東風が吹かない。）

周瑜はそれを見てびっくりした。①なんというおそろしいやつだろう、すっかりおれの心のなかを見ぬいている。

3「病気のもとをごぞんじのうえは、どのような薬でなおしたらよいか、教えていただきたい。」

4「薬には東南の風がよいでしょう。わたしは、かつてふしぎな人物から風をおこし雨をよぶ術を伝授されました。もし東南の風をお望みならば、南屏山に北斗七星をまつるための七星壇をお築きください。その壇上で術をおこなって、三日三晩、東南の風をよびおこしましょう。」

5「いや、ただ一晩だけ大風が吹けばよいのですが、おくれてはなんの役にもたちません。」

6「それでは十一月二十日に東南の風をよびおこして、二十二日にやむようにしてはいかがですか。」

周瑜はよろこんで病床から起きあがると、すぐ命令をくだし、五百人の兵士を南屏山へさしむけて壇を築かせ、さらに百二十人の兵士を選んで孔明のさしずにしたがわせた。

十一月二十日になると、孔明は身を清めて七星壇にのぼり、東南の風をよびおこすべく天をあおいで祈りはじめた。

そのころ周瑜は、程普・魯粛らとともに本陣で、風のおこるのを待ちかまえていた。※先鋒の大将、※黄蓋も、②火船二十そうの準備をすっかりととのえて、出

問1　本文には多くの人物が登場します。文中にある会話1～22はそれぞれだれの発言ですか、次の空らんに会話の番号を書き入れなさい。

孫権軍
周瑜…
魯粛…
徐盛…
兵士…

劉備軍
孔明…
趙雲…

曹操軍
曹操…
程昱…
文聘…
兵士…

撃の命令をいまやおそしと待っていた。この火船というのは、油をそそぎかけたうえに、さらに、硫黄や炎硝をぬりつけた枯れ草を、山のように積んだ船で、そのへさきには、いちめんに大きなくぎがうえつけてあり、船尾には船足の速い小船がつないであった。

ところが、やがて日がくれてきても、風はおこらなかった。周瑜はいらいらして、

7「孔明は③出まかせをいったのだな。この冬のさなかに東南の風が吹くはずはない。」

などといいだしたが、魯粛は、

8「孔明が出まかせをいうはずはありません。もっと待ちましょう。」

と、周瑜をなだめた。やがて真夜中ごろになったとき、とつぜん風が吹きだして陣中の旗がいっせいに西北へはためいた。

9「おお、東南の風だ。孔明というやつは、④まことにおそろしい男だ。⑤生かしておいては、わが国のためにならぬ。」

と、周瑜はまたもや孔明を殺す決心をし、丁奉と徐盛をよんで、いいつけた。

10「おまえたちはおのおの兵士百名をひきつれて、徐盛は水路を、丁奉は陸路を、いそいで南屏山の七星壇へ行って、うむをいわさず［ A ］こい。」

七星壇についたのは丁奉のほうが早かった。見れば、壇上には旗をもった兵士たちが、吹きすさぶ風の中に立っているだけで、孔明の姿はない。さがしまわっているところへ徐盛の船が着いたので、いっしょになってたずねまわっていると、旗持ちの兵士の一人が、

11「昨夜から小船が一そうそこの岸につないでありましたが、さきほどそれに乗って上流へこぎだしていかれました。」

問2 ――②「火船二十そうの準備をすっかりととのえて、出撃の命令をいまやおそしと待っていた」について。つづく本文で、この火船は油をそそぎかけたうえに枯れ草を積み、大きなくぎがへさきにうえつけてあり、船尾には船足の速い小船がつないであった、とあります。

これらの「火船二十そうの準備」の結果はどうなりましたか。その結果が書かれた文章をさがし、最初と最後の3字を書きぬきなさい。

［　　　］～［　　　］

問3 ――③「出まかせ」とはどういう意味ですか。簡単に答えなさい。

問4 ――①「なんというおそろしいやつだろう」、――④「まことにおそろしい男だ」と、二度「おそろしい」という表現が使われています。どんな意味で使われているか考え、必ずしもふさわしくないものを次から一つえらび、記号で答えなさい。

ア なみはずれた
イ 才気のある
ウ 底知れぬ
エ ひどい

という。二人はまた水陸の二手にわかれて孔明のあとを追った。

徐盛の船はまもなく、先を行く小船に近づいた。

12「軍師どの、お待ちください。周総督がお迎えしてこいといわれました。」

と、徐盛がよぶと、小船の中から姿をあらわした孔明が、⑥からからと笑いながら、

徐盛は孔明の船が帆をあげていないのを見て、いそいで追っていくと、一人の大将が弓に矢をつがえて船尾に立ち、

13「周瑜どのにお伝えください。ぬかりなくおやりなさいとな。わたしはいったん夏口へもどって、いずれまた改めてお目にかかりますとな。」

14「おれは趙雲だ。軍師をお迎えにきたのに、いらざるじゃまだてをするな。本来なら一矢でうち殺してやるところだが、両国の不和のもととなってはまずいゆえ、許してやる。ただ、おれの手なみだけは見せてやろう。」

とさけぶなり、ヒョウと射はなてば、矢は徐盛の船の帆づなに命中し、帆はぱらりと水中に落ちて船は大きくゆれた。そのあいだに、孔明の小船は帆をあげて、とぶように遠ざかっていった。

東南の風の吹きつのる二十一日の朝、曹操は黄蓋からの※密書をうけとった。

〈周瑜の監視がきびしくて、これまではぬけだす機会がありませんでしたが、このたび鄱陽湖から※兵糧が送られてきて、その見張りの役を命ぜられましたので、いよいよ決行いたします。今夜十時ごろ、兵糧船二十そうに青竜の旗を立ててまいりますから、どうかおまちがえのないよう。この兵糧船のほかに、※投降の手みやげとして江東の名ある大将の首をとって参上いたします。〉

曹操は密書を読んでおおいによろこび、諸将とともに水上の陣地の中央に浮

問5 ――⑤「生かしておいては、わが国のためにならぬ」とありますが、どういう意味ですか。次の空らんに適切なことばを考えて入れなさい。

今は［1］をむすんでいるから、こうして知恵と力をかりているが、吹かないはずの風をよびおこすなんて、［2］の力をこえている。もし孔明のいる劉備軍を［3］にまわすことがあれば、苦しめられるのはさけられない。だから生かしてはおかれない。

1	
2	
3	

問6 ［A］に入るのにもっとも適切なことばを次からえらび、記号で答えなさい。

ア 孔明をていねいにおむかえして
イ 孔明のさしずにしたがって
ウ 孔明に風のお礼をつげて
エ 孔明の首をとって

問7 ――⑥「からからと笑いながら」という表現には、孔明のどんなようすがあらわれていますか。次からもっとも適切なものをえらび、記号で答えなさい。

ア こちらは一枚うわ手なのだという、よゆう
イ わざわざむかえにこなくてよいという、えんりょ
ウ なすべきことをせいいっぱいしたという、ほこり
エ 約束ははたしたのだから用はないという、いらだち

かぶ大船に乗りこんで、黄蓋の船のくるのを待ちうけた。（中略）

さて、曹操が大船に乗りこんで待ちうけていると、まもなく見張りの兵の知らせがあって、

15「兵糧船らしい船が近づいてきます。」

という。みずから、やぐらの上にのぼってながめていると、また知らせがあって、

16「船はみな青竜の旗を立て、大旗には黄蓋と大書してあります。」

17「黄蓋がきたとは、天の助けというものだ。」

と、曹操がほくそえむうちにも、船はしだいに近づいてくる。これを【 1 】ながめていた※程昱が、

18「あれは敵の※計略です。陣地へ近づけてはなりません。」

19「どうして計略とわかる。」

20「兵糧を積んだ船が、あんなに⑦船足のかるいはずはありません。しかもこのはげしい東南の風。 B にでもされたら防ぎようがありません。」

曹操は【 2 】気づいて、

21「だれかあの船を止めてこい。」

とさけんだ。文聘という者がすぐ小船にとびうつってこぎだすと、数そうの船がこれにつづいた。文聘がへさきに立って、

22「※丞相の命令だ。その船、止まれ。」

とさけぶと、その声のまだ終わらぬうちに、文聘は肩を矢でうたれて【 3 】たおれた。大将をうしなった兵士たちが、たじろぐうちに、黄蓋の船は早くも曹操の陣地にせまった。このとき、黄蓋が刀を一ふりして合図をすると、兵士たちは船内の枯れ草に火をつけて、船尾につないである小船にとびうつった。

問8 ――⑦「船足のかるい」とはどういう意味ですか。わかりやすくいいかえなさい。

問9 B に入ることばを3字ちょうどで答えなさい。

問10 文中の【 1 】【 2 】【 3 】【 4 】に入るのに適切なことばを次からえらび、記号で答えなさい。

ア ぼうぼうと
イ はっと
ウ どっと
エ じっと

1

2

3

4

二十そうの火船はいずれもいっせいに火をふき、火は風にのり風は火をあおり、

【４】燃えさかりながら敵陣に突入して、へさきにうえつけてあるくぎで、城壁のようにならぶ敵船の胴にくらいついた。※鉄の鎖でつなぎとめられている曹操の船団は、逃げようにも逃げられず、みるみるうちに火につつまれる。

（羅　貫中・著／駒田信二・訳『三国志』より）

※注

軍師　…　どう敵と戦うか、作戦を考える責任者

あおのけざまに　…　あおむけにのけぞったまま。顔を上にむけたまま

先鋒　…　いくさの一番乗りをつとめる者

黄蓋　…　孫権の父の代からつかえた老将。この赤壁の戦いでは、いつわりの降伏で曹操をあざむき、孫権軍の勝利にこうけんした

密書　…　秘密の手紙

兵糧　…　武器や食　糧

投降　…　敵に降さんすること

程昱　…　曹操軍の軍師

計略　…　もくろみ。作戦

丞相　…　皇帝から政治をまかされた位の名。本文では曹操をさす

鉄の鎖でつなぎとめられて　…　船ゆれを防ぐため船と船が鉄の鎖でつながれ、行き来する板がわたしてあった

105

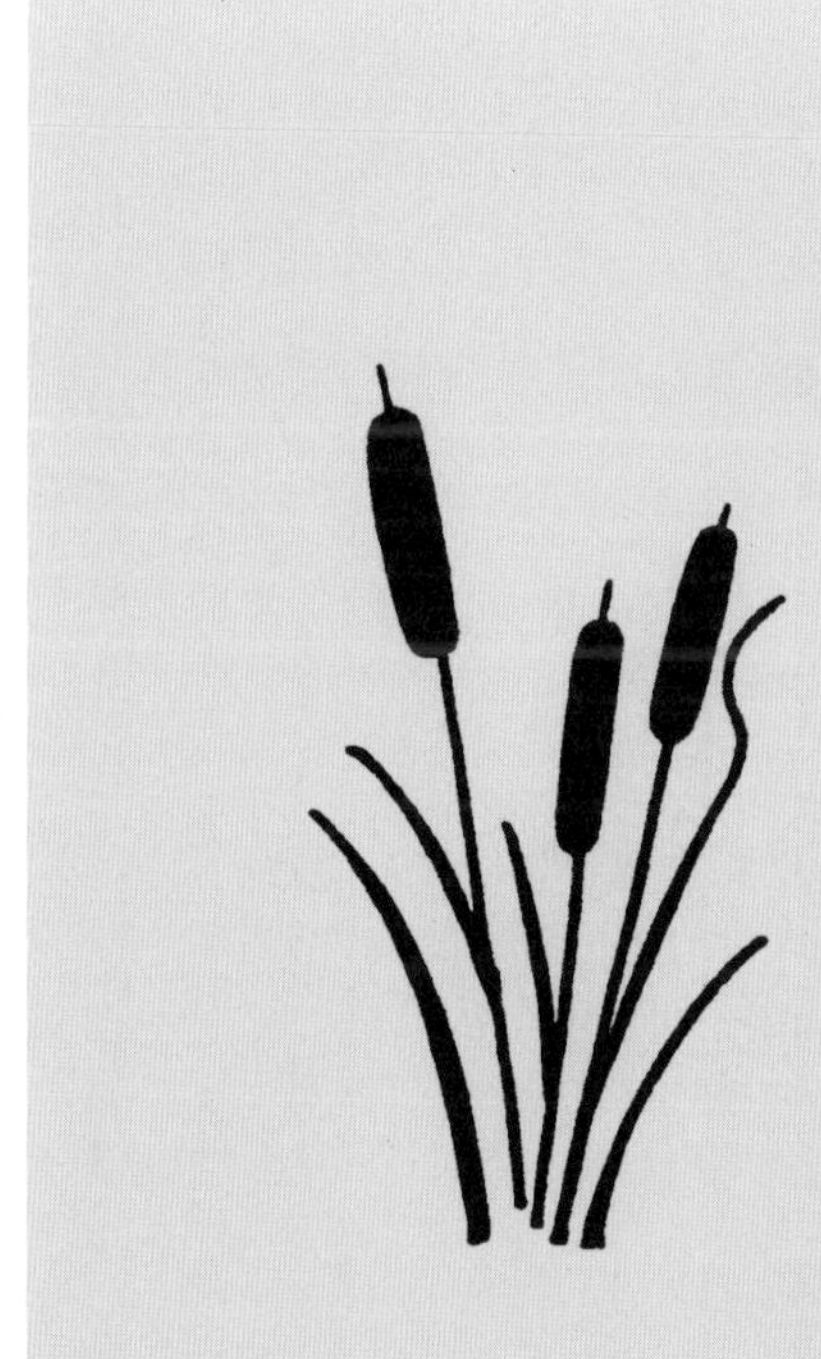

【応用問題】◆次の文章を読んで、下の問いに答えなさい。

「ぼく」は砂漠に不時着したパイロット。こわれた機体の修理をしていると、ふしぎな少年と出会います。彼は遠くのちっぽけな星からやってきた王子さまでした。二人は親しくなり、ある日には砂漠の中の古い井戸も見つけます。そのとき「ぼく」はさびついた滑車をからからとまわし、王子さまに水を飲ませてあげました。でもその後のある日、王子さまが黄色い毒蛇と話しているのに出くわします。「毒蛇と一年前に出あった同じ場所と時こく」に①何かをする約束があるらしく、「ぼく」が王子さまにたずねると、王子さまはまっさおな顔で答えるのでした。

②「夜になったら、星を眺めてよ。ぼくのところは小さすぎて、どこにぼくの星があるか教えられない。でも、そのほうがいいんだ。ぼくの星が、数知れない星のうちの一つだと思えるからね。そうすれば、きみはどの星を眺めるのも好きになるだろう……星がみんな友だちになるってわけさ。それから、プレゼントを一つあげよう……」

彼はまた笑いました。

「ああ、坊や、坊や、ぼくはその笑い声を聞くのが大好きなんだよ！」

③「そう、これがぼくのプレゼントなんだ……あの水みたいなものだよ……」

「それ、どういう意味」

「人はみんな星を持ってるけど、どれも同じじゃないんだよ。ある旅行者たちにとっては星はガイドだし、ほかの人たちにとっては小さな光にすぎない。学者にとっては星は難題だし、あの事業家にとっては黄金だった。でも、どの星もみんな、口をきかないんだ。だけど、きみ、きみは誰のものとも違う星を手に入れることになるんだ……」

「それ、どういう意味」

問1 ——①「何かをする約束」とありますが、

（1）何をする約束ですか。あらすじと本文前半（43行目まで）からおしはかり、簡潔に答えなさい。

（2）それを「する」と王子さまはどうなるのですか。後半（44行目〜）の——⑥・⑦・⑧の文からおしはかってのべなさい。

問2 ——③「そう、これがぼくのプレゼントなんだ」の、これとは何ですか。文中の3字を書きぬいて答えなさい。

「④ぼくは、無数の星のうちの一つに住むんだ。無数の星のうちの一つで笑うんだ。だから、きみが夜、空を見上げると、どの星も笑ってるように見えるだろう。きみは、笑うことのできる星を手に入れるんだよ！」

そう言って、王子さまはまた笑いました。

「そのうち元気を取り戻したら（人はいつだって慰められるのさ）、ぼくと知りあってよかったと思うよ。きみはいつでもぼくの友だちなんだ。きみはぼくと一緒に笑いたくなるよ。そして、ときには、こんなふうに気晴らしに窓を開ける……きみの友人たちは、きみが空を眺めて笑うのを見たら、とてもびっくりするだろうね。そのときには、《そうなんだ、星を見るといつも笑いたくなるんだよ！》と言うのさ。すると友人たちは、きみがおかしくなったと思うだろう。ぼくはきみに、質の悪い悪戯をしたことになるだろうね……」

そう言って、彼はまた笑いました。

「⑤ぼくは星の代わりに、笑うことのできる小さな鈴をたくさんあげたようなものだね……」

そう言って、彼はまた笑いました。それから真顔に戻ってこう言いました。

「今夜は……ね……来ないでね……」

「ぼくはきみから離れないよ」

「ぼく、病人みたいになるよ……少しだけ死んでいくみたいになるよ。こんなふうにね。見に来ないでね。来なくていいからね……」

「ぼくはきみから離れないよ」

そう言っても、彼は心配そうでした。

「こんなこと言うのは……蛇がいけないんだ。きみが蛇に嚙まれてはいけないからでね……蛇というのは、質が悪いんだよ。面白半分に嚙むこともあるからさ

問3 ——④「ぼくは、無数の星のうちの一つに住むんだ」について。これはどういう意味ですか。それまでの会話を手がかりにしてのべなさい。

問4 前半の文章では、彼はまた笑いましたという表現が何度も出てきます。なぜ何度も笑ったのですか。次からあてはまるものを三つえらび、記号で答えなさい。

ア 「約束」の時をむかえるおそれを忘れたかったので。
イ 自分の思いつきがすてきで、ほこらしかったので。
ウ 友だちのパイロットの心配をなだめたいと思って。
エ 笑い声が、友人の記おくに残るようにと思って。
オ 友だちにいたずらをするのがおもしろいので。
カ 何でもおかしく思える年ごろだったので。

……」

「ぼくはきみから離れないよ」

けれども、彼は［A］何かに気づいて安心したようでした。

「そうだ、本当なんだ、二度目に嚙みつくとき、蛇にはもう毒が無いってことは……」

その夜、王子さまが出かけたのに、ぼくは気がつきませんでした。［B］抜け出したのです。ぼくが追いついたとき、彼は［C］すごく足早に歩いていました。

そして、ただこう言いました。

「ああ、来ちゃったの？……」

王子さまはぼくの手を取りましたが、［D］苦しみました。

「来てはいけなかったんだよ。辛い思いをするよ。⑥ぼくは死んだみたいになるけど、本当じゃないんだよ……」

⑦ぼくは黙っていました。

「わかるね。遠すぎるんだよ。この身体を持っていくことができないんだよ。重すぎてね」

ぼくは黙っていました。

⑧「でも、この身体は、すてられた古い抜け殻のようなものになるんだ。古い抜け殻なんて、悲しくもないよ……」

ぼくは黙っていました。

彼は少し落ち込んだ様子でしたが、また気を取り直してこう言いました。

⑨「ね、すてきだろう。⑩ぼくも星を眺める。すると、星という星が錆びついた滑車のある井戸になるだろう。星という星が、ぼくに飲み水を注いでくれるだろう

問5 ——⑤「ぼくは星の代わりに、笑うことのできる小さな鈴をたくさんあげたようなものだね」について。次は「星」と「鈴」のつながりを説明してみたものです。空らんにふさわしいことばを後からえらび、記号で答えなさい。

どの星を見ても、それが王子さまの星かもしれないと思うと、星の［1］に王子さまの笑い声が重なる。王子さまの笑い声は鈴を［2］ようにかわいらしく、星の代わりに鈴の音が夜空に［3］わたるようだ。

1… ア ゆらめき　イ またたき　ウ しずけさ
2… ア ふる　イ たたく　ウ つける
3… ア うち　イ 歌い　ウ ひびき

1	2	3

問6 文中の［A］・［B］・［C］・［D］に入るのに適切なことばを次からえらび、記号で答えなさい。

ア 胆を決めて　イ こっそり
ウ なおも　エ ふと

A	B	C	D

「……」

「ぼくは黙っていました。」

⑪「すごく面白いだろうな！　きみが五億の［ア］を持つことになり、ぼくは五億の［イ］を持つことになるなんて……」

そう言って、彼も口をつぐみました。彼は、泣いていました……

（サンテグジュペリ・著／小島俊明・訳『新訳　星の王子さま』より）

問7　――②で「夜になったら、星を眺めてよ」と言っていた王子さまは――⑩で「ぼくも星を眺める」と言っています。どんな気づかいからですか。考えてのべなさい。

問8　［ア］［イ］に入るのにふさわしいことばを次から一つずつえらび、漢字で答えなさい。

星　魂　黄金　泉　空　鈴

ア	
イ	

問9　――⑨「ね、すてきだろう」、――⑪「すごく面白いだろうな！」と王子さまが言うのに対して「ぼくは黙っていました」と何度も出てきます。そして最後に「彼も口をつぐみました。彼は、泣いていました……」となります。この［　］の場面の二人のようすをあらわすことばを次の空らんに入れなさい。

［　　］の［　　］みを王子さまは必死にふりはらおうとし、「ぼく」はこらえようとした。

第7章

詩　ことばを味わおう

学習のねらい　▼印象（いんしょう）にのこる表現のくふう

【問題1】◆次の詩を読んで、下の問いに答えなさい。

人形

八木重吉（やぎじゅうきち）

ねころんでいたらば
うまのりになっていた①桃子（もも）が
そっとせなかへ人形をのせていってしまった
うたをうたいながらあっちへいってしまった
そのささやかな人形のおもみが②うれしくて
③はらばいになったまま
胸（むね）をふくらませてみたりつぼめたりしていた

問1　――①「桃子」の人物像としてもっともふさわしいものを次からえらび、記号で答えなさい。

ア　まだあどけない愛娘（まなむすめ）
イ　明るく人なつっこいおさななじみ
ウ　陽気で落ち着きのない妹
エ　勝ち気で気まぐれな女ともだち

問2　3～4行目で使われている表現技法（げんぎほう）は何ですか。もっともふさわしいものを次からえらび、記号で答えなさい。

ア　よびかけ　イ　対句（ついく）　ウ　リフレーン
エ　ぎじんほう　オ　ひゆ

問3　――②「うれしくて」とありますが、なぜうれしいのですか。もっともふさわしいものを次からえらび、記号で答えなさい。

ア　桃子に貸（か）してあげた人形を桃子がやっと返してくれたことに、内心ほっとしたから。
イ　桃子が人形遊びにあきても放り投げたりせず、そっと置いていったところに感心したから。
ウ　さっきまで桃子が馬乗りをして重く苦しかったが、今は桃子がどいて軽くなったから。
エ　桃子の思いつきがほほえましく、人形を通じて桃子とつながっているような安らぎを感じたから。

【参考】

3・4行目「そっとせなかへ人形をのせていってしまった／うたをうたいながらあっちへいってしまった」と、「そっとせなかへ人形をのせて、うたをうたいながらあっちへいってしまった」とでは、どんな印象のちがいがあるでしょうか。考えてみましょう。

問4 ――③「はらばいになったまま／胸をふくらませてみたりつぼめたりしていた」は作者がどうする様子ですか。次の書き出しに続けて書きなさい。

桃子がせなかにのせた人形のおもみに幸せを感じたので、

問5 この詩全体から読みとれる作者の心情の説明としてもっともふさわしいものを次からえらび、記号で答えなさい。

ア 日常のさりげない幸福をいつくしんでいる。
イ ひとり置きざりにされ、さみしくなっている。
ウ 楽しい人形遊びにむちゅうになっている。
エ もっと桃子と遊ぼうとはりきっている。

問6 この詩はひらがなが多く使われています。それがこの詩にもたらしていないものを次からえらび、記号で答えなさい。

ア やさしさ　イ そぼくさ
ウ やわらかさ　エ りくつっぽさ
オ あたたかさ

表現技法のおやくそく 4　印しょうをのこすくふう　体言止め（たいげんどめ）・倒置法（とうちほう）

表現のくふうについて、たくさん学んできました。もうひとがんばりして「表現技法」の大事なものを、あと二つだけ学びましょう。体言止めと倒置法です。詩や文の終わりかたをふつうとはちがうものにして印しょうを強めたり、頭や心に映ぞうをのこす効果があります。

【おやくそく】

★体言止め（たいげんどめ）
ものをあらわすことば（体言・名詞）で終わらせる表現技法
※「〜だ。」「〜です。」を省略して「もの」で終わるので、ものの印しょうが強まり、余いんがのこります。

〈例〉
大きなビルの真ッ黒い、小ッちゃな小ッちゃな出入り口
（中原中也「正午　丸ビル風景」より）

〈例〉
いかりのにがさまた青さ
（宮沢賢治「春と修羅」より）

★倒置法（とうちほう）
ことばの順じょをさかさまにして、注意をひきつけ、印しょうをのこす表現技法

〈例〉
夢はいつも帰って行った　山の麓のさびしい村に
（立原道造「のちのおもいに」より）

おけいこ

次は吉野弘「雪の日に」の詩の一部です。（数字は行数番号）

1 ★雪がはげしく　ふりつづける
2 雪の白さを　こらえながら

3 ●欺きやすい　雪の白さ
4 ●誰もが信じる　雪の白さ
5 信じられている雪は　せつない

6 ▲どこに　純白な心など　あろう
7 ▲どこに　汚れぬ雪など　あろう

8 ★雪がはげしく　ふりつづける
9 ◆うわべの白さで　輝きながら
10 ◆うわべの白さを　こらえながら

11 雪は　汚れぬものとして
12 いつまでも白いものとして
13 空の高みに生まれたのだ
14 その悲しみを　どうふらそう

（以下略）

① 体言止めになっている行はどれですか。二つ、行数番号で答えなさい。

［　　］・［　　］

② 倒置法が使われているのはどの行とどの行ですか。三組答えなさい。

［　　］［　　］　［　　］［　　］　［　　］［　　］

③ ★と★、●と●、▲と▲、◆と◆の組みあわせは、それぞれくり返しですか、それとも対句ですか。印の上に書き入れなさい。

【問題2】◆次の詩を読んで、下の問いに答えなさい。（下の数字は行数番号）

まつおかさんの家

辻 征夫

①ランドセルしょった
六歳のぼく
学校へ行くとき
いつもまつおかさんちの前で
泣きたくなった

②うちから　四軒さきの
小さな小さな家だったが
いつも　そこから
ひきかえしたくなった
がまんして　泣かないで
学校へは行ったのだが

③ランドセルしょった
六歳の弟
ぶかぶかの帽子かぶって
学校へ行くのを
窓から見ていた
ぼくは中学生だった

問1　——①「ランドセルしょった／六歳のぼく」と、——③「ランドセルしょった／六歳の弟」は、ことばの組み立てが同じです。

（1）この表現のくふうを何と言いますか。

（2）これによってどんな効果が出ていますか。

問2　——②「うちから　四軒さきの／小さな小さな家だったが」とありますが、なぜそこで「泣きたく」なり、「ひきかえしたく」なるのですか。次の A ～ C にあてはまることばを、詩の中からそれぞれ6字以内で書きぬいて答えなさい。

まつおかさんちより遠くは A のように感じられて、B と C がこみあげてくるから。

A
B
C

弟は
うつむいてのろのろ
歩いていたが
いきなり　大声で
泣（な）きだした
まつおかさんちの前だった

ときどき
未知（みち）の場所へ
行こうとするとき
④いまでも　ぼくに
まつおかさんちがある
こころぼそさと　かなしみが
いちどきに　あふれてくる
ぼくは　※べつだん泣いたって
かまわないのだが
叫（さけ）んだって　いっこうに
かまわないのだがと
かんがえながら　⑤黙（だま）って
とおりすぎる

※注　べつだん … べつに

問3　――④「いまでも　ぼくに／まつおかさんちがある」について。この詩句の意味としてふさわしいよう、次の空らんにことばを考えて入れなさい。

[A]になったいまでも、ぼくの[B]の中にまつおかさんの家のような、未知への不安がこみあげてくる境目（さかいめ）がある。

A [　　]

B [　　]

問4　――⑤「黙（だま）って／とおりすぎる」について。「六歳のぼく」にもこれと似（に）た行動があります。詩の中からひとつづきの2行をさがし、最初の行数番号を答えなさい。

[　　]

問5　この詩の味わいとして適切なものを次からえらび、記号で答えなさい。

ア　おさないころをしみじみふりかえるなつかしさ
イ　ものごとをはっきりえがく力強さ
ウ　ぽつりぽつりと語る不器用（ぶきよう）さ
エ　ほのぼのとしたあたたかさ

[　　]

まとめ

応用篇のまとめ　文章から広がる世界

学習のねらい　▼文章のなかから新しい発想を見出す

【応用篇のまとめ問題1　論説文】◆次の文章を読んで、下の問いに答えなさい。

　このぼくにとっても母親は、最も偉大な先生だったし、今もそうだ。

　まだまだ寒い初春の日、もうすぐ八十五歳になる母と散歩をした。ゆっくりと、ゆっくりと、ぼくたちは腕をくんで歩く。①毎年、少しずつ、でもたしかに母が歩く速度はおちてゆく。今年は去年より、来年は今年よりも、ぼくたちの散歩は遅くなる。でもそれはただ母の体力がおちたというだけの理由ではない。母はますます散歩に熱心になっているのだ。五感を研ぎすますようにして母はあたりに春の気配をさぐる。まるでこれが最後の春であるかのように。

　母は一人ぐらし、今も食べものへのこだわりは昔のままで、材料選びから調理まですべてひとりでこなす。小さな台所からあっという間にすごい料理を生み出す魔術師ぶりも健在だ。画家としての腕前も上がり続けている。仕事のスピードも上がっている。やすやすと楽しげに、作品を次々に生み出す、とはた目には見えるのだ。

　でも②そんな母の散歩は、ますます遅くなってゆく。しょっちゅう、立ち止まっては、背をのばし、胸を開くようにして息をととのえる。やがてまた歩き出すが、その歩みののろさといったら、立ち止まっているのと区別

問1　——①について、「母の体力がおちた」ということ以外で「ぼくたちの散歩」が遅くなる理由としてふさわしいものを次からえらび、記号で答えなさい。

ア　ふだんはいそがしくすごしている分、ゆっくり歩くことを心がけているから。

イ　散歩に熱心になるあまり、つかれを感じないで長い時間歩いているから。

ウ　母が足が遅いのを気にしなくてもすむように、筆者が母よりも遅く歩いているから。

エ　しばしば立ちどまっては、そこここに春の気配をさぐりながら歩いているから。

□

問2　——②「そんな母」とはどんな母ですか。そのようすが書かれている形式段落を文中からさがし、その最初と最後の3字を書きぬきなさい。

□□□～□□□

がつかないくらいだ。それに寄りそって歩くのは楽ではない。慣れるのに時間がかかる。最初は、自分にいい聞かせながら動きにブレーキをかけ続ける。ほら、ほら、合わせなきゃいけないぞ。待つんだ。そう、ここが辛抱のしどころ。やさしさの見せどころ。これぞ、親孝行……そうやっているうちに、③なんとか、うまくできるようになってくる。

しまいに、④になったような気分になる。慣れればそれも悪いものではない。④が角を立てるみたいに、ぼくも世界に向かってアンテナを立てる。いや、からだ全部がアンテナみたいだ。母とともに立ち止まっては、木のこずえに耳をかたむける。道ばたの花に見入る。ぼくと母とがこころをひとつにして、鳥のすがたをみつけ、その声を聞きわける。

やがて、ぼくのこころは懐かしさでいっぱいになる。ぼくの娘たちがまだ小さかったころ、背負ったり、乳母車に乗せたり、手をつないだりして、のろのろ、よちよちと散歩したときのことを思い出す。からだに障がいがあって歩けない友だちの車椅子をそろそろと押したときのことを思い出す。そればかりではない、母に手を引かれて歩いた遠い昔のことさえ思い出す。

ぼくたちはみんなそうやって、自分より⑤人たちの遅さに合わせて歩いてきたのだし、自分より⑥人たちに辛抱強く寄りそってもらったのだった。そしてこれからも速さのちがうものたちと、なんとかおり合いをつけながら歩き、生きていくのだろう。ふと、年老いた自分が、娘たちやその子どもたちに手をとられて、のろのろと歩く姿を想う。そもそも、人生というのはそんなふうに、待ったり待ってもらったり、つきそったりつきそってもらったりしながら、生きていくものなのではないだろ

問3　――③「なんとか、うまくできるようになってくる」とありますが、何がうまくできるようになってくるのですか。30字以内で書きなさい。

問4　二か所の④にあてはまる生物の名前を次からえらび、記号で答えなさい。

ア　サイ　　イ　カタツムリ
ウ　クワガタ　　エ　ミツバチ
オ　ウサギ

問5　⑤と⑥には、「遅い」か「速い」のどちらが入りますか。それぞれあてはまることばを書きなさい。

⑤

⑥

うか。
日本ほど、人々が互いを急かせ、自分を急かせている社会もめずらしい。「がんばろう」が、この社会の合言葉。サン・テグジュペリの「星の王子さま」がこう言っていたのを思い出す。「みんなは ⑦ に乗りこむけど、いまではもう、なにをさがしているのか、わからなくなってる」。ぼくたちは自分にも人にも「がんばれ」というけど、なんのために、なにを、どう、がんばるのか、もう誰にもわからなくなっているんだ。

⑧親たちは、そして教師たちは、子どもたちにいったいどれだけ「急げ」とか「さっさと」とか「早く」とか言ったら気がすむのだろう。幼児、老人、障がい者など、独特の遅さをもつ人たちに対して、ぼくたちはますますいらだちをつのらせ、冷たい態度をとるようになっていないだろうか。しかしぼくたちが待てないのは他人ばかりではない。たぶん自分自身がもう待ちきれないんだ。

⑨ぼくたちが待てないのは、人間ばかりではない。そのことは第一部でもう見たね。「より多く」「より速く」を合言葉に、まるでプラスチック製品を生産するように野菜や動物を「生産」する現代の農業や畜産業では、ホウレン草の時間とか、ニワトリの時間とかをのんびり待っているわけにはいかない。地球温暖化というのも地球のペースを待ちきれないせっかち人間たちのしわざ。生きものにも、地球にとっても生きづらい世の中なのだ。

人間ががんばればがんばるほど、ほかの生きものは迷惑する。自分の「がんばり」がほかの人の迷惑になる。それでも「自分さえよければいい」と思うことはできた。昨日までは。 A 今では、その「がんばり」が実は自分自身をも苦しめ、人生を生きづらいものにしてしまうことが見えてきた。

問6 ⑦ には、次のうちどのことばが入りますか。記号で答えなさい。

ア 長距離列車　イ 各駅停車
ウ 貨物列車　エ 特急列車

問7 ――⑧のようなことに対して、筆者はどういうことが大切だと考えているでしょうか。これよりあとの文中から30字以上35字以内でさがし、その最初と最後の3字を書きぬきなさい。

□□□～□□□

問8 ――⑨「ぼくたちが待てないのは、人間ばかりではない」とありますが、「ぼくたち」は、人間のほかに何を待てないのですか。これよりあとの文中から6字ちょうどで二つさがし、書きぬきなさい。

B もうがんばるのはやめよう。スローライフとは、自分のペースで生きること。自分を待ってあげること。C 、きみとともに生きるまわりの人々と、待ったり待ってもらったりする関係を大切にすること。そして自然界の時間に寄りそうように生きること。

（辻　信一『「ゆっくり」でいいんだよ』より）

問9　A ～ C に入ることばの組み合わせを次からえらび、記号で答えなさい。

ア　A＝だけど　B＝だから　C＝そして

イ　A＝だから　B＝だけど　C＝そして

ウ　A＝そして　B＝だから　C＝だけど

エ　A＝そして　B＝だけど　C＝だから

【応用篇のまとめ問題2　物語文】◆次の文章を読んで、下の問いに答えなさい。

クリスマス・イブ。

ひとりの青年がせまい部屋のなかにいた。彼はあまりぱっとしない会社につとめ、あまりぱっとしない地位にいた。そして、とくに社交的な性格でなく友人もいなかった。

恋人がほしかったが、それもなかった。去年のやはりクリスマス・イブ、来年こそは恋人を作り、イブをいっしょにすごしたいものだなと思った。しかし、その期待もむなしく、こよいも彼はひとりですごさなければならなかった。

その青年の部屋は、せまく粗末で※殺風景だった。夕方にちらほら雪が降り、それはやんだというものの、そとは寒かった。その寒さは室内まで忍び込んでくる。暖房も充分でなく、また、つくりが粗末なので、寒さを防ぐことがむずかしいのだった。

室内は殺風景で壁に絵もなく、花も花びんすらない。あたたかさを目に感じさせるものもなかった。クリスマス・イブといっても、それにふさわしいものは、なにもない。

ただひとつあるといえるものは音楽だった。青年は小型ラジオから流れるクリスマスの音楽を、小さな机にもたれて聞いていた。ほかにすることもない。その音楽を聞いていると、①あたたかい曲のはずなのに、なんとなくさびしくなってくる。自分がみじめで※とるにたらない人間に思えてくるからだった。

といって、ラジオの音楽をとめる気にもならない。そんなことをしたら、もっとやりきれない気分になるだろう。②さびしさは一種のなぐさめなのだ。彼は洋酒のびんを出し、それをグラスについでちょっと飲んだ。「メリー・クリスマス」と言ってみたかったが、てれくさかったし、ちっとも※メリーじゃないと気がつき、

問1　これは、何月何日の、どんな時間帯のおはなしですか。

［　　　　］のおはなし

問2　［　］部分について。どういう青年がどういう部屋にいますか。

［　　　　］青年が［　　　　］部屋にいる。

問3　――①「あたたかい曲のはずなのに、なんとなくさびしくなってくる」について。

（1）「さびしくなってくる」のはなぜですか。考えて、自分のことばでのべなさい。

［　　　　］

声に出さなかった。

それでも、いくらか酔い、青年はうとうとした。そして、そのうち、彼はそばに人のけはいを感じ、はっとして顔をあげた。

そばにサンタクロースが立っている。

白いひげをはやした※柔和な表情の老人。赤いゆるやかな服を着て、長靴をはき、大きな袋を手にさげていた。といったふうに、外見はサンタクロースそのものだった。しかし、いうまでもなく、青年は相手を物語のサンタクロースとみとめたわけではない。彼は、だれかの悪ふざけだろうと思った。

「変な芝居はやめて下さい。ぼくはいま、あまり楽しい気分じゃないんです。ばかさわぎの仲間入りする気はありません」

サンタクロースはやさしい目つきで言った。

「芝居だの、ばかさわぎだの、そんな目的でここを訪れたのではありません」

「それなら、なにかの宣伝ですか。むだですよ。ぼくにはお金も少ししかない」

「宣伝や販売に来たのでもありません。わたしはサンタクロースです」

「本物のだとおっしゃるのですか。なにかの冗談でしょう」

と青年が言うと相手は答えた。

「わたしをよくごらんなさい。さわってもかまいませんよ。また、音もなくここに出現したことを考えてみて下さい」

青年は見つめた。相手は欲のない表情だった。やとわれて変装しているのではなさそうだった。ひげにさわってみる。つけひげでなく、心の休まるような感触があった。室内を見まわしたが、ドアには鍵がかかっており、普通の人間なら入ってこれないはずだった。（中略）

「ことしはどこを訪れようかと③空をただよっていたら、さびしげなものを感じた。

（2）——②に「さびしさは一種のなぐさめなのだ」とあります。こうあるのは「さびしさ」がどんな気もちから生まれているからでしょうか。次からもっとも適切なものをえらび、記号で答えなさい。

ア　何でもきちんとしようとするまじめさ
イ　理くつっぽく思いつめる気むずかしさ
ウ　人とのつながりを求める人恋しさ
エ　ものごとをくよくよと考える暗さ

（3）——③に「空をただよっていたら、さびしげなものを感じた。そこで、ここへ来たわけです」とあります。ここにも「さびし」いという語が出てきます。サンタクロースが感じた「さびしげなもの」としてもっともあてはまるものを次からえらび、記号で答えなさい。

ア　寒さ　　イ　まずしさ
ウ　病気　　エ　こどく

問4　——④「青年の頭のなかに、さまざまなものが、まわりどうろうのようにあらわれ、そして消えた」について。このとき、青年は自分の心にどんな問いかけをしているのですか。その問いかけを考えて書きなさい。

そこで、ここへ来たわけです。なにかおくりものをあげます。望みのものを言って下さい」

「すると、物語は本当だったのですね」

「世の多くの人びとが、心の奥で存在を期待している。その期待の力によってわたしが出現し、望みをかなえてあげるというわけです。世の中のどこかでクリスマス・イブに一回ぐらい、奇跡が起ってもいいでしょう」

「その幸運な一回に、ことしはぼくが選ばれたというわけですか。ああ、なんとすばらしいことだろう」

「さあ、なにが望みですか」

サンタクロースはうながした。④青年の頭のなかに、さまざまなものが、まわりどうろうのようにあらわれ、そして消えた。美しい恋人。もっとすばらしい住居。家具。新しい自動車。いや、会社での昇進といったことのほうがいいかな。自己の性格を社交性あるものに変えてもらおうか。あるいは……。

「さあ、望みはなんでしょう」

サンタクロースがまた言った。⑤だが青年は、いざとなると、なかなかきめられなかった。迷っているうち、彼の心のなかでなにか変化が起った。青年は質問する。

「ぼくが辞退したら、あなたはよそを訪れることになるのですか」

「それがお望みならばね」

「ぼくがいま、なぜこんな気まぐれを思いついたのかわからないし、ばかげたことだとも気づいています。しかし、あなたのおくりものを受ける権利が、ぼくにあるかどうか。それが気になってきました。権利というより資格といったほうがいい。ぼくよりも、もっと気の毒な人がいるはずだ。そっちへ行ってあげたほう

問5 ――⑤「だが青年は、いざとなると、なかなかきめられなかった。迷っているうち、彼の心のなかでなにか変化が起った」について。

（1）「変化が起っ」た結果、青年はどう考えにゆきつきましたか。文中の25字以内の文をさがし、その最初の5字を書きぬきなさい。

（2）その考えの具体例としてだれを思いうかべましたか。文中から一文をさがし、最初の5字を書きぬきなさい。

問6 ――⑥「あとにはなにも残らない。しかし、青年の心には、さっきまでなかったなにかが鮮明に残されていた」、――⑦「目に見えない、すばらしいものをもらったような気分だった」について。

青年には「なにも残らない」のに、なぜ「心には、さっきまでなかったなにかが鮮明に残され」、「目に見えない、すばらしいものをもらったような気」がするのでしょうか。次の□に入る適切なことばを後からえらび、記号で答えなさい。

青年は「奇跡」を［A］にゆずります。「ぼくから回されたことはだまって」とサンタクロースに口どめして。

がいいんじゃないでしょうか。たとえば、このもう少し先に、なおりにくい病気で寝たきりの女の子がいる。あまりいい暮しでもないそうです。そこへあなたが出現したら、どんなに喜ぶかわからない。ここでぼくが品物をもらったりすると、あとに反省や後悔が残りそうです。ぼくから回されたことはだまって、その女の子のところへ行ってあげて下さい」

「では、そうしましょう。あなたの言う通りにしましょう……」

サンタクロースは歩き、壁を通り抜けるごとく消えた。⑥あとにはなにも残らない。しかし、青年の心には、さっきまでなかったなにかが鮮明に残されていた。彼はこれからサンタクロースのやってくれることを想像し、楽しさをおぼえた。満足感があり、後悔はなかった。⑦目に見えない、すばらしいものをもらったような気分だった。

そのあと、青年は酒を少し飲み今度は「メリー・クリスマス」と声に出して言い、そして眠った。⑧きれいな夢を見た。

星新一著「ある夜の物語」（新潮文庫刊『未来いそっぷ』所収）より部分掲載

※一部省略あり

※注　殺風景　…　おもしろみや、はなやかさがないようす

とるにたらない　…　とりあげる価値もない。つまらない

メリー　…　陽気な。お祝い気分の

柔和な　…　やさしくおだやかな

[B]も友人もなく、地位も持ちものもない貧しい青年。しかしそんな何も「ない」青年の心には、実は、[C]への思いやり、やさしさ、つつしみぶかさ、おくゆかしさが「あった」のです。青年が心の底から望んだのは「物」でも「地位」でもなく、[D]でした。「目には見えない」けれど、「すばらしいもの」。それを得て、青年の心はあたためられたのです。

ア　サンタクロース　イ　他の人　ウ　病気の少女
エ　恋人　オ　お酒　カ　人とのつながり
キ　ひみつのできごと　ク　天からのおくりもの

A	B	C	D

問7　――⑧「きれいな夢を見た」の「きれいな」にはどんなひびきがありますか。次からもっとも適切なものをえらび、記号で答えなさい。

ア　くっきりした
イ　きよらかな
ウ　はなやかな
エ　あかるい

【応用篇のまとめ問題3】◆次の詩を読んで、下の問いに答えなさい。

日向で

吉野　弘

日向で
蠅が翅をふるわせている

私が蠅に生まれる可能性も
あった筈

①私の親が蠅であれば
私も蠅だった

勤めの※配属先が
何かの偶然で分かれるように

生まれの配属先が
人だったり蠅だったり三味線草だったり

②人という※辞令をもらった私は
見ている

蠅という辞令をもらったものの翅が
ありあまる光に温められているのを

※注　配属先…ふりわけられた持ち場
※注　辞令…役職を命じたりやめさせたりする命令書

問1　――①「私の親が蠅であれば／私も蠅だった」の説明として適切なものを一つえらび、記号で答えなさい。

ア　蠅も私も同じ命だから大切にしようと思っている。
イ　私が蠅で蠅が私だったらと思い、ぞっとしている。
ウ　自分が人に生まれたのは偶然だとみとめている。
エ　蠅に生まれないでよかった、と安心している。

問2　――②「人という辞令をもらった私は／見ている／蠅という辞令をもらったものの翅が／ありあまる光に温められているのを」について。

(1)どんな表現のくふうがされていますか。次から一つえらび、記号で答えなさい。

ア　擬声語　　イ　擬態語
ウ　倒置法　　エ　体言止め

(2)この情景に、詩人が感じたものは何でしょうか。次の[A]に入ることばを上段から、[B]に入ることばを下段からえらび、記号で答えなさい。

[A]の中で生きている[B]

ア　まぶしいかがやき　　カ　小さな命そのもの
イ　恵みのあたたかさ　　キ　たくましい生命力
ウ　とうめいな静けさ　　ク　不潔なこんちゅう

A	
B	

たくさんあります。おぼえようとする前に、じっくり見つめてどんなものか感しょくをつかんでください。今後詩や文学的文章を学習するとき、何度もくり返し出題されます。あやふやになったとき、このページを開きましょう。

表現技法のおやくそく　表現ぎほうのおさらい（いちらん表）

★くり返し（反復法・リフレーン）
同じ表現をくりかえすことで、リズムをととのえ、強調する
〈例〉ああ十二時のサイレンだ、サイレンだサイレンだ　（中原中也「正午　丸ビル風景」より）

★対句（ついく）
詩句の組み立てを同じにして、たがいにひきたてあう
〈例〉だれも　見ていないのに
咲いている　花と花
だれも　きいていないのに
啼いている　鳥と鳥　（立原道造「ひとり林に……」より）

★よびかけ
作品中のだれかや読者に直接よびかけて、注意をひきつける
〈例〉おうい雲よ
ゆうゆうと
馬鹿にのんきそうじゃないか　（山村暮鳥「雲」より）

★擬声語（ぎせいご）
生き物の声やものの音を、ひらがなやカタカナでまねて、耳にのこす
〈例〉雨のいっぱいふる夕景に、
ぎょ、ぎょ、ぎょ、ぎょ、と鳴く蛙　（萩原朔太郎「蛙よ」より）

★擬態語（ぎたいご）
ものごとのじょうたいや感しょくを、ひらがなやカタカナでそれらしくあらわす

おけいこ　次の詩について、問いに答えなさい。（下は行数番号）

くしゃみと町
石原吉郎

◎かなしみだろうか　それは
くしゃみをするおれを
●世界は涙ぐんでふりかえる
かなしみだろうか　それは
そのとき手のあいだから
▼おとしたもの
どこへおれの影がとどく
だまって肩へ
▼手をおいて行くやつら
かなしみだろうか　それは
◆鍋はぐらぐらと煮えつづけ
どこへつっぱりもなく
ひとつの町がたっている
■投げあげた勇気よ
■かえってこい
くしゃみをするたびに
立ちどまりながら
けれども　この町へはもう
かえってはこないのだ

① ◎――線部「かなしみだろうか　それは」について。
（1）この表現技法の名を答えなさい。

〈例〉ポッカリ月が出ましたら、
舟を浮べて出掛けましょう

（中原中也「湖上」より）

★比喩（ひゆ）の基本→直喩（ちょくゆ）

「（まるで）〜のよう・〜みたいだ」と、喩えのことばを直せつ使い、ようすを印しょうづける

〈例〉そらにはちりのように小鳥がとび

（宮沢賢治「冬と銀河ステーション」より）

★比喩（ひゆ）の応用→隠喩（いんゆ）（※暗喩とも言う）

喩えのことばを隠（かく）して何かに見立て、ものの性質やようすを印しょう的にあらわす

〈例〉美しくてこわれやすい、ガラスでできたその海は

（金子光晴「若葉よ来年は海へゆこう」より）

※隠されていることば（まるで〜のよう）をもどして読みとる

★擬人法（ぎじんほう）

人でないもののようすを、人の動作のようにいきいきとあらわす

〈例〉さっき火事だとさわぎましたのは虹でございました

（宮沢賢治「報告」より）

★体言止め（たいげんどめ）

ものをあらわすことば（体言・名詞）で終わらせて、ものの印しょうを強めたり、余いんをのこしたりする

〈例〉大きなビルの真っ黒い、小ッちゃな小ッちゃな出入口

（中原中也「正午　丸ビル風景」より）

★倒置法（とうちほう）

ことばの順じょをさかさまにして、印しょうを強めたり、余いんをのこしたりする

〈例〉夢はいつも帰って行った　山の麓のさびしい村に

（立原道造「のちのおもいに」より）

（2）同じ詩句が4行目と10行目にも出てきます。この表現技法の名を答え、効果をかんたんにのべなさい。

表現技法の名

効果

② ●——線部「世界は涙ぐんでふりかえる」について。この表現技法の名を答えなさい。

③ ▼——線部「おとしたもの」「手をおいて行くやつら」とありますが、これらの表現技法の名を答えなさい。

④ ◆——線部「ぐらぐら」は、なんという表現技法ですか。

⑤ ■——線部「投げあげた勇気よ／かえってこい」は、なんという表現技法ですか。

ここまで進んできました。
あたらしい世界を知ること、
それはよろこびです。

文章のあとの「※語注」も、よく読みましょう。
ことばになれ、親しむことで、表現力もゆたかになります。

みなさんは、やわらかい若木のように、
みずみずしい養分をごくごくのみほしてゆけるから。

発展篇

第8章　リズムのある表現　五七調・七五調の調べを実感しよう

学習のねらい　▼音読してみよう／身近にある五七・七五のリズム

【リズムのある表現1　童謡】◆次の童謡について下の問いに答えなさい。

かなりや

西條　八十

——唄を忘れた金糸雀は、後の山に棄てましょか。
——いえ、いえ、それはなりませぬ。
（一連）

——唄を忘れた金糸雀は、※背戸の小藪に埋けましょか。
——いえ、いえ、それもなりませぬ。
（二連）

——唄を忘れた金糸雀は、柳の鞭でぶちましょか。
——いえ、いえ、それはかわいそう。
（三連）

——唄を忘れた金糸雀は、
※象牙の船に、銀の櫂、
月夜の海に浮べれば、
忘れた唄をおもいだす。
（四連）

※注　背戸の小藪に埋けましょか…うら戸の小さな植えこみに埋めましょうか
象牙の船に、銀の櫂　…　白くなめらかな象牙で作った船に、銀のオール

問1　上の童謡に、次の例のように5音か7音の音の切れ目でしゃ線（／）を入れ、音読しましょう。

例　われと来てあそべや親のない雀　　小林　一茶
↓
（われときて／あそべやおやの／ないすずめ）
（5音）　（7音）　（5音）

答　われと来て／あそべや親の／ない雀

問2　第一～三連で「唄を忘れた金糸雀」を棄てたり、埋けたり、ぶったりしてはいけないといっています。ではどうしなさいというのですか。わかりやすくのべなさい。

問3　「唄を忘れた金糸雀」を人にたとえるとしたら、それはどんな人ですか。次から必ずしも適切でないものを一つえらび、記号で答えなさい。

ア　とくいなことができなくなってしまった人
イ　心がきずついてぼうぜんとしている人
ウ　本当の自分を見うしなってしまった人
エ　古い歌を思い出せない人

答えかたのおやくそく　生活の中にある五七調の調べ

① ゴミはみな　きちんと分けて　出しましょう

これは近所で見かけたはり紙のよびかけです。何もとくべつではないのですが、ことばにリズムがあります。ひと区切りずつ音読したときの音の数でみると、

ゴミはみな（5音）／きちんとわけて（7音）／だしましょう（5音）となっています。この【五・七・五】のリズムは【俳句（はいく）】のリズムと同じです。俳句とは、江戸時代に松尾芭蕉という人が文学的なかちを高めて完成させた、「世界中でもっとも短い詩」とよばれるもので、季節をあらわすことばがかならず入ります。ニンジャ・ハラキリ・ポケモンと同じように、【ハイク】で世界に通じる詩の形です。芭蕉の俳句で有名なのは何といってもこれでしょう。

古池や　蛙（かわず）とびこむ　水の音

（古い池に、かえるがとびこんだ。その水音が静けさの中にひびいた。）

② 春の海　のぼる朝日に　手を合わせ
いのる笑顔に　幸の来るなり　〈運勢…大吉〉

これは神社でひいた「おみくじ」に書かれていた歌です。「春のおだやかな海にのぼる朝日。それにむかって手を合わせていのりましょう。その笑顔に幸せがやってきます。大吉です」という意味の【短歌】です。

短歌は、今から一四〇〇年くらい前からあった詩の形です。一〇〇〇年くらい前の平安時代、貴族によってさかんに歌われました。「歌合わせ」といって、みかどから選ばれた歌の名手たちが二つのチームに分かれて、歌のうまい・へたをきそいあうイベントまでありました。そこで負けたショックで死んでしまった、壬生忠見という歌人もいたほどです。

【短歌】の調べは【五・七・五・七・七】です。今でもこんなふうにおみくじに使われて、みやびな感じや和のふんいきを出すのにひと役買っています。

おけいこ1　次の俳句につながることばをあとからえらび、記号で答えなさい。

① 雪とけて　村いっぱいの（　）…小林一茶
② 青蛙　おのれもペンキ（　）…芥川龍之介
③ 夏嵐　机上の白紙（　）…正岡子規
④ 菜の花や　月は東に（　）…与謝蕪村

ア ぬりたてか　イ こどもかな　ウ 日は西に　エ 飛びつくす

①	②	③	④

おけいこ2　次の短歌につながることばをあとからえらび、記号で答えなさい。

① ひさかたの　光のどけき　春の日に（　）…紀友則
② 遠足の　小学生徒　うちょうてんに（　）…木下利玄
③ 夏のかぜ　山よりきたり　三百の（　）…与謝野晶子
④ 街をゆき　子どものそばを　通るとき（　）…木下利玄

ア みかんの香せり　冬がまたくる
イ 大手ふりふり　往来とおる（※「往来」とは道のこと）
ウ 牧の若うま　耳ふかれけり（※「牧」とは牧場のこと）
エ しづこころなく　花の散るらむ（※「花」とはさくらをさす）

①	②	③	④

【リズムのある表現2　俳句】◆次の文章を読んで、下の問いに答えなさい。

秋のはじめに、懐かしい人からはがきが届きました。

「桃子さん、お久しぶりです。私の家の前はすっかり稲が色づいて、毎朝雀が群れてにぎやかに鳴いています。お元気ですか？　この頃、俳句のできる人はいいなあと思います。私はとても俳句などつくれないので、ただ秋の庭を見ているばかりです。どうぞ、お仕事がんばってくださいね」

私は早速、返事を書きました。

「久しぶりのおはがき、うれしく拝見いたしました。俳句などとてもつくれないとお書きですが、①<u>おはがきには、ちゃんと俳句ができていましたよ。</u>

<u>家の前すっかり稲が色づいて</u>
秋の朝雀が群れてにぎやかに

ちゃーんと五・七・五になっているではありませんか。それに、『稲』『秋の朝』という立派な季語（季節のことば）も入っています。②<u>この調子で、どんどんつくってみてくださいね」</u>

どうですか？　ほんとうにそうだ、と思われるあなたは、もう立派に俳人の資格あり、です。俳句は、このようにふだんのなんでもないところに、③<u>季節の詩を見つけ出す</u>ことなのです。「俳句はつくれません」という人がいても、「はがきは書けません」という人はいませんね。親しい人になにげなくはがきを出すような気分で、俳句もつくればいいのです。

俳句はまず、五・七・五の定型にあてはめることが一番大切です。そしてもう一つは、季語を入れることです。俳句において季語は、ヘソのようなものといわれるほど大切なものです。

④<u>これさえわかっていれば、俳句はすぐにでもつくれます。</u>あれこれ考えていな

問1　——①「おはがきには、ちゃんと俳句ができていましたよ。／家の前すっかり稲が色づいて」について。「はがき」のどの部分をどうすると、この俳句になるのですか。

問2　——②「この調子で、どんどんつくってみてくださいね」とあります。どんな気分で俳句を作ったらよいのですか。「〜気分」とつづくように文中から20字以内の表現をさがし、その最初と最後の3字を書きぬきなさい。

□□□〜□□□気分

問3　——③「季節の詩を見つけ出す」とありますが、これはどんな意味ですか。次から適切なものをえらび、記号で答えなさい。

ア　絵はがきのような季節の映ぞうをえらび出す
イ　季節をはっと感じさせる場面を再発見する
ウ　季節がえがかれた詩のことばをとりいれる
エ　詩のように季節の歌をうたいあげる

いで、とりあえず、五・七・五にあてはめてつくってみることです。
私がこのはがきからつくった句を、もう一句あげておきましょう。

ただ秋の庭をみているばかりなり　【季語／秋の庭（秋）】

たとえば、こんなお手紙も来ました。

「すっかり秋の気配に変わりつつあります。夕べは台風の前触れのような激しい雨が雨戸を打っていました。先生、お変わりありませんか……」

これもみな俳句になります。

台風の近づく気配雨戸打ち　【季語／台風（秋）】

はや［　］気配となってきたりけり

（中略）

それでは、さっそくつくってみましょう。

といわれると、さて、いったい何を題材にしたらよいのだろうと途方にくれてしまうかもしれませんが、何か特別なことをしなければならないと思わないでください。⑤今日一日のことを日記に書く気持ちになってみてください。

今日の出来事で頭に浮かんだこと、心に残っていること、書き留めておきたいことを題材に、つくってみましょう。

たとえばそれは、「今日会いたいと思っていたあの人に会いました」ということかもしれません。その場合、

「今日は、あの会いたい人に会いました」と書いてみてください。ほら、すでに、一行の詩みたいになっているではありませんか。それに、自然と十七音（五音・七音・五音）のリズムにもなっています。

さらに、次はこれを五・七・五の俳句のリズムに乗せてみてください。加えて、俳句には不可欠な季節を表わすことば（季語）も入れたいところです。

問4　——④「これ」とはどういうことですか。「こと」につづくよう、文中から二つ書きぬきなさい。一つは15字以内、もう一つは7字以内とします。

［　　　　　　　　　　　　　　　］こと
［　　　　　　　］こと

問5　31行目の［　］に入るのにふさわしいことばを、［　］部分から書きぬきなさい。

［　　］

問6　——⑤「今日一日のことを日記に書く気持ち」で俳句をつくってみましょう、というよびかけについて。「日記に書く気持ち」で俳句を作るとき、注意したほうがよいことは何ですか。次の［1］と［2］にあてはまる2字を、それぞれ文中から書きぬきなさい。

日記はできごとを［1］のこととして書くものだが、俳句にするときは［2］の気分でつくったほうがよい。

1［　　］　2［　　］

「今日」はどんな日だったのでしょうか？　そういえば、春の風が吹いていました。そうです、この「春の風」こそ季語なのです。さっそくこの季語をつかってみましょう。

Ａ　春の風会いたい人に会いました

どうでしょう。見事に五・七・五のリズムに乗って、しかもきちんと季語が入った、立派な俳句ができたではありませんか。俳句はこのように、今日のこと、あるいは、いまのことを題材に表現すればいいのです。

ただし、日記は、今日一日のことを振り返って書きますから、「○○さんに会いました」「春の風が吹いていました」というふうにすべてが過去形になってしまいますが、俳句の場合は、「いま、会いたかった人に会っているのです！」「春の風が吹いているのです！」というような気分でつくってみてください。

欲をいえば、時間がたてばたつほど、その感動は薄れてしまいますから、何か心に感じることがあったら、その印象が消えないうちに、すぐに書き留めるように心がけてみてください。

Ｂ　※おべんたうまだかまだかと豆の花　【季語／豆の花（春）】

郷里の母から小包が届きました。開けたら新米が入っていて、隅っこから柿が二つ出てきました。

Ｃ　母よりの小包のすみ柿ふたつ　【季語／柿（秋）】

（辻　桃子『はじめての俳句づくり』より）

※注　おべんたう　…　むかしふうの書きかた。おべんとう、のこと

問7　文中のＡ・Ｂ・Ｃの俳句の説明としてあてはまるものを、次から一つずつえらび、記号で答えなさい。

ア　お昼ごはんをまちどおしく思っているときにふと見えた風景を写しとっている。

イ　季節を感じながら、ふわっとうき立つような幸せな気分をよんでいる。

ウ　さりげない情愛になつかしさ・あたたかさを感じている。

Ａ	Ｂ	Ｃ

【リズムのある表現3　短歌】◆次の文章を読んで、下の問いに答えなさい。

①短歌を作っているときは、正直言ってそれを読む人のことは、まるで頭のなかにはない。自分の心を揺らした何かを、言葉にすることで精一杯だ。ぶつぶつ呟いてみて「あ、違う違う」、また書き直してみて「うん、そうそう」。②考えてみると、自分自身が唯一の読者、なのかもしれない。

　できあがった短歌の並べかたを考えるとき、少しまなざしが客観的になるのを感じる。今は短歌をワープロで打って、画面を眺めながら、あーでもないこーでもない、とやっている。そのときの「あー」だの「こー」だのという気持ちのなかには、それらの短歌を活字として楽しむ目、というのが入っている。(中略)

　もちろん活字にするからには、自分以外の誰かに読んでほしい、と思う。けれどどういう人が自分の短歌を読むのか、作っているときはよくわからない。どういう人が自分の短歌を読んだのか、は、手紙をいただいたりすることで※若干わかる。

が、これも「読者像」といった言葉で表すのはむずかしい。十通のお手紙からは、十通りの像ができてしまう。(中略) そこで、私自身がおおいに共感した一通のお手紙を、紹介しようと思う。

　日本語の文字もたどたどしいその手紙の主は、京都在住のグリーンさんというかた。日本での暮らしはまだ浅く、歌集も辞書をひきひき読んでくださったとのこと。その手紙の一節に、こんなくだりがあった。

　※「歌のすばらしい点は、それが個人の考えや経験にもとづくものであるにもかかわらず、読んだ人にとくべつの意味をもたらしてくれることだと思います。③日本に住んでいる私にも気持ちがよくわかる歌があります。それは

A　※『エアメール海を渡りて掌の上に小さな愛ある不思議』

問1　――①「短歌を作って」とありますが、筆者の場合、「短歌を作る」作業とは、どうすることですか。文中から20字で書きぬきなさい。

問2　――②「考えてみると、自分自身が唯一の読者、なのかもしれない」とはどんな意味ですか。あてはまるものを次から一つえらび、記号で答えなさい。

ア　自分こそだれにも負けない、すぐれた読者である。
イ　自分の短歌のことは自分が一番よくわかっている。
ウ　短歌を作る時は、自らが読み手となっている。
エ　自分には、自分ひとりしか読者がいない。

問3　――③「日本に住んでいる私にも気持ちがよくわかる歌」として、AとBの短歌がしょうかいされています。この二つの短歌に必ずしもあてはまらないものを一つえらび、記号で答えなさい。

ア　愛する人の手紙がとどくのを待ちつづけるつらさ
イ　愛を運んでくれる手紙という手段のあたたかさ
ウ　きょりと時間をかけてとどく手紙へのいとしさ
エ　外国から、また親しい人へと手紙をかわす幸せ

B『書き終えて切手を貼ればたちまちに返事を待って時流れだす』

です。そしてだれでも、④その人だけの『君』を持っている人なら

C『"俺は別にいいよ"って何がいいんだかわからないままうなずいている』

や

D『鳴り続くベルよ不在も手がかりの一つと思えばいとおしみ聴く』

の気持ちがよくわかるでしょう」

（中略）

一首の短歌のいちばん幸せな運命は、それを読んだ人の心に住みつき、ふとした瞬間に口をついて出てくる、というのではないかと思う。

⑤短い、というのはマイナス面でとらえられがちだけれど、決してそうではない。まるごと読者の心に住みつける強さを、短歌は持っている。

また、短歌を作る者のなかには、多かれ少なかれ、百年先、千年先の読者への思いというのがあるように思う。現に自分たちは、何百年前の短歌、あるいは千年以上前の短歌、を読んでいる。ごくごく自然なこととして。そしてみな、同じ⑥五七五七七という土俵で戦っている。

その感覚は、自分の歌は何百年たっても残るだろうという、あつかましい自信とは少し違う。今、自分が短歌を作っているということが、ひとつの流れのなかで感じられる、ということだ。⑦「つながっている」という感触が、後ろだけでなく前の方向にも伸びている、と言ってもいいかもしれない。

（俵　万智『言葉の虫めがね』所収「読者について」より）

問4　――④「その人だけの『君』」とはどのような人をさしますか。20字以内でわかりやすく言いかえなさい。

問5　――⑤「短い、というのはマイナス面でとらえられがちだけれど、決してそうではない」とありますが、どういう意味ですか。次の空らんにあてはまるよう、文中のことばを書きぬきなさい。

短歌は短いからこそ、ぎゃくに［16字］があり、ふとした瞬間に口をついて出てくる、そんな良い面がある。

※注
若干（じゃっかん）　…　いくらか
歌　…　この場合は「短歌」をさす
エアメール　…　外国便（航空便）の手紙

問6　――⑥「五七五七七」について。この音のくぎりかたが短歌の定型です。文中のBの短歌に斜線（／）を書き入れて「五七五七七」でくぎりなさい。

例　エアメール海を渡りて掌の上に小さな愛ある不思議

↓

エアメール／うみをわたりて／てのひらの／（五七五）
うえにちいさな／あいあるふしぎ（七七）

答　↓

エアメール／海を渡りて／掌の／（五七五）
上に小さな／愛ある不思議（七七）

問7　――⑦『つながっている』という感触が、後ろだけでなく前の方向にも伸びている」とはどういう意味ですか。次の①②③④の空らんにあてはまるよう、文中のことばを書きぬきなさい。

自分たちが何百年前、あるいは千年以上前に作られた短歌を、とても①□□に読んでいるように、今自分が作っている短歌も②□年先、③□年先の④□□に読んでもらえるのだなぁ――そんな大きな時間の流れの中にいるという意味。

①□□　②□　③□　④□□

人々の情熱1　知る・学ぶ

学習のねらい　▼知るおどろき・学ぶよろこびが伝わる文章を読んでみる

【基本問題　伝記文】◆次の文章を読んで、下の問いに答えなさい。

ファーブル先生のつとめていた学校には、新しくはいってきたわかい先生もたくさんいました。みんなもっと勉強して学位をとり、上級の学校でおしえたいと考えていましたから、おたがいに勉強をきそっていたのです。

ファーブル先生のとなりの部屋にはもと兵隊だった教師が住んでいて、数学で大学の入学資格をとろうとしていました。この資格をとれば大学にはいって勉強をすることができますし、そのよゆうがなければ、働きながらでも勉強をして試験を受け、大学卒業の資格、つまり学士号をとることができます。（中略）やがてファーブル先生が文学で大学入学資格の試験に通ったあと、二人で※代数と※解析幾何の勉強をはじめることになったのです。

その当時は自然科学をやる人でも、そのまえにギリシャやラテンの古典文学をしっかり学ぶことになっていました。そのために理科系の人でも、ものの考え方にこまやかさや美しさをとりいれることができたのです。日本でいえば※漢文や日本の古典を学ぶようなものです。【　A　】のちには科学の進歩とともに、学ばなければならないことがらが多くなり、技術的なことを学ぶだけでせいいっぱいになって、文章としてすぐれているかどうかなどということはどうでもよくなってしまったのだ、とファーブル先生はいっています。

先生自身もわかいときには、①科学を勉強するのに何の役にもたたないと思われ

問1　文中のこの資格とは何の資格ですか。書きぬきなさい。

問2　【　A　】から【　D　】にあてはまることばとして適切なものを、次の中からそれぞれ一つずつえらび、記号で答えなさい。

ア　いっぽうで　　イ　そこで　　ウ　ところが
エ　さて

A	B	C	D

問3　——①「科学を勉強するのに何の役にもたたないと思われるラテン語やギリシャ語をやらされていらいらしたこともあった」先生は、のちに——②「古典文学の勉強をもっとつづければよかった」と考えるようになりました。そのように考えるようになったのはなぜですか。理由を二つ、のべなさい。

るラテン語やギリシャ語をやらされていらいらしたこともあったのですが、としをとってから、むかしのテキストを読みかえしながら、②古典文学の勉強をもっとつづければよかった、と思うようになったのでした。

【 B 】ファーブル先生は、のちに『昆虫記』などの本を書くとき、わかいころに※幾何学をやったことが役にたったといっています。人に自分の発見や考え方をきちんとわからせようとするときに、幾何の※証明で身についた、順序だてた論理的な書き方がとてもよかったのです。先生の研究が、※ちみつな実験からなりたっているのもそのせいでしょう。

【 C 】、ファーブル先生と、そのもと兵隊の先生は、いよいよいっしょに数学の勉強をはじめました。二人でひっしに勉強してみると、あいての先生がなぜ二度も試験に落ちたかがわかってきました。この人は、※X軸とY軸の意味がよくわかっていなかったのです。基本的なことがわからないのに背のびしてむずかしい応用問題ばかり、とこうとしていたのです。

【 D 】こんどはファーブル先生のほうがおしえる番になりました。チョークで黒板に式とグラフを書いて説明すると、すらすらとよくわかります。新しくおぼえるというよりは、むかしおぼえたことを思い出すといったほうがいいぐらいでした。二人で力を合わせて考えていると、大きな岩のように見えていた※難問も、すこしずつゆるぎ出し、やがてころがってくずれてしまうのです。

夜おそく自分の部屋に帰ってベッドにはいっても、ファーブル先生の頭の中は数学や記号でいっぱいです。そしてうつらうつらしているときに答えがひらめくことがありました。そんなときファーブル先生はベッドからとび起きてランプをつけ、紙に書きつけておくのでした。③あいての人にきいてみると、勉強したあとはつかれてよくねむれる、とこたえました。

問4 37行目のうつらうつらという語について。

（1）なんという表現技法の語ですか。

（2）同じ意味の4字のひらがなを考えて、書きなさい。

（1）

（2）

問5 ――③の「あいての人」のようすについて、筆者はどのようにとらえていると考えられますか。もっとも適切なものを次から一つえらび、記号で答えなさい。

ア 思いっきり勉強したあとぐっすり休むというやり方は、ファーブルとは正反対だけれど、健康的ですばらしいと考えている。

イ ファーブルのようにねたり起きたりするのではなく、時間のけじめをきちんとつけた良い生活のしかただと好ましく思っている。

ウ ファーブルは数学のことが頭にうかび、ねむれないのに、「あいての人」はよくねむれるので、ファーブルもうらやましかったろうと思っている。

エ ファーブルといっしょに勉強するから夜ねるのがおそくなり、またとても頭を使うためつかれきってしまうのだろうと「あいての人」に同情している。

オ たえず数学のことを考えているファーブルにくらべ、勉強時間が終わると数学のことをわすれてしまう「あいての人」は、数学への情熱が多くないと思っている。

④ファーブル先生の頭の中は数学という美しい学問でいっぱいになりました。そういうとき、先生は十九世紀フランスの大詩人、※ヴィクトール・ユゴーの詩句を思いうかべるのです。

科学の中にあるごとく、数は芸術の中にもある。
代数は天文学の中にあり、天文学は詩ととなりあう。
代数は音楽の中にあり、音楽は詩ととなりあう。

ファーブル先生がユゴーの詩をほめたたえ、数学の美しさを話すと、あいてはいうのでした。

「そんなの詩人の※たわごとさ。いいから練習問題をかたづけよう」

この人は数学をちっともたのしんでいないのでした。

こうして十五か月ほどふたりで勉強してから、モンペリエ大学でいっしょに試験を受け、二人とも数学の大学入学資格試験に合格しました。ファーブル先生は数学がおもしろくてたまりません。

「さあ、こんどはもっと高等な数学だ！　ここまできたら数学で、大学の学士号をとろうよ」

というと、あいては、

「もうぼくはたくさん。つかれちゃった。それに※独学じゃこれ以上むりだよ」

というのです。この人は数学がすきなのではなく、資格がほしいだけなのでした。

それでファーブル先生はしかたなく、たったひとり、本をあいてにこつこつと勉強して数学の学士号をとり、同じようにして※物理の学士号もとってしまいまし

問6　ファーブルの学問への考え方として、あてはまるものには○を、必ずしもそうでないものには×をつけなさい。

ア　ラテン語やギリシャ語の勉強は数学には関係ないので、数学者が学ぶ必要はないだろう。

イ　学問は基本をしっかり理解することが大切である。

ウ　漢文や日本の古典は大切な学問なので、他の国の人も学ぶべきだ。

エ　古典文学を学んだ成果は、数学の中でもこまやかな考え方にあらわれたりする。

オ　数学は本さえ読めば、独学ですらすら理解することができる。

カ　数学にも文学の教養が役立つし、ぎゃくに文章を書くとき、数学の論理的な考え方が役立つことがある。

キ　学問の根本は基本をおさえることが第一で、高度なものをもとめる必要はない。

ク　学問は資格をとったり、しけんに合格するためにいやいややるより、好きになって楽しむほうがよい。

ケ　数は芸術や天文学の中にもあり、数学は詩や音楽のような美しさをもつ。

コ　情熱をもってこつこつ学んでいけば、だれかに教わらなくても学問は身につくものだ。

ア	イ	ウ	エ	オ

カ	キ	ク	ケ	コ

た。つまり大学の理学部の、数学科と物理学科を卒業したのと同じだけの学問を、ひとりで勉強して身につけたのです。

（奥本大三郎『ファーブル昆虫記8　伝記　虫の詩人の生涯』より）

※注　代数　…わからない数をいったん記号で代わりに表して式をつくり、つきとめていく、式と計算の学問

解析幾何　…　図形の性質や図形どうしのつながりを明らかにしていく学問

漢文　…　中国の文章や文学

幾何学　…　図形の学問

証明　…　あることがらが正しいことを論理的に明らかにすること

ちみつな　…　こまかいところまでしんけいの行きとどいた

X軸とY軸　…　グラフで、たてと横の基じゅんをしめす直線

難問　…　解くのがむずかしい問題

ヴィクトール・ユゴー

…ビクトル・ユーゴーとも言う。約百年前に生まれたフランスの文学者。『レ・ミゼラブル（ああ、無情）』や詩で有名

たわごと　…　たわけた（ばかげた）ことば

独学　…学校に行ったり先生に教わったりせずに、自分自身で学ぶこと

物理　…　物の運動やつくり、熱・光・音・電磁気のはたらきの学問

問7　――④「ファーブル先生の頭の中は数学という美しい学問でいっぱいになりました」とあります。あなたは算数に「美しさ」を感じたことがありますか。あったら、のべてみましょう。なければ、自分が好きな科目の好きなところを書きましょう。

【応用問題　随筆文】◆次の文章を読んで、下の問いに答えなさい。

①生涯にただ一度だけ、カンニングをしたことがある。

小学校の一年か二年か、今はもう記憶が定かではないのだが、ともかく、それは、国語の書取りのテストだった。

ごく小さい頃から、私は国語の読み書きが達者で、町を歩きながら、難しい看板の漢字などをすらすらと読んでは大人たちを驚かせたものだった。別段私の両親が、とりたてて英才教育を施したとか、そういうことではないのだが、言ってみれば、文字を読んだり書いたりということに、これはたとえば虫を取ったり裏山を探検したりするのと同じような、なにかこう特別な興味のようなものを自然と持っていた、ということだったのであろう。

当時、私たちの学校にはプールがなく、水泳の季節になると、ちょっと離れた赤松小学校という古い小学校まで、いわば「貰いプール」をしに行ったものだった。

その道々、質屋の看板をみて先生が「あれは何と読むか」と皆に聞いたことがある。質という字を「しち」と読むのはじつはちょっと特殊な読み方で、小学校の一年や二年では普通読むことは難しいのである。案の定、誰も答える者がなかったけれど、私はその読みを既に知っていた。そこで、背が小さくて一とう前を歩いていた私はすかさず、「シチヤ！」と答えたのだった。「おっ、よく知ってるなぁ」といって先生に褒められたのが、幼心にはとても得意だったに違いない。だからこそ四十年もたった今になってもそのことを覚えているのだろうと思うのだ。

A　そこで私は、その部分をさっと消ゴムで消して直すと、ずうずうしくも、休み時間に先生の所へ持って行き、採点の間違いだと申し立てた。

問1　――①「生涯にただ一度だけ、カンニングをしたことがある」とあります。どのようにカンニングしたのかは、文中の　　の部分に書かれていますが、文の順序が正しくありません。文中のA・B・C・Dを適切な順序に並べかえなさい。

□→□→□→□

問2　――②「私はこの行いを非常に恥じて、今でもはっきりと思い出すことができる」について。この「恥ずかしい」「行い」を、筆者は文中で何と表現していますか。「カンニング」以外の7字以内のことばを二つ、文中から書きぬきなさい。

問3　――③「教育とは、つまりこういうことであるに違いない」とあります。「こういうこと」とはどういうことですか。次からもっとも適切なものをえらび、記号で答えなさい。

ア　かんたんに叱らないこと

イ　だまされたふりをしてあげること

B　その「老」の字のオイガシラの下の片仮名のヒのような部分を、私は左右反対向きに書いてしまったのだった。

C　漢字には絶大の自信を持っていた私は、これが悔しくてならなかった。

D　ところが、ある日の書取りのテストに「老人」という字が出たことがある。

担任の先生は、徳良一夫先生という、まだ大学を出たばかりの若い男の先生だったが、私の言い分を黙って聞き、それから、しばらくじっと私の目を見つめ「では、直してあげよう。これで百点だね」と言って、点数を付け直してくださったのだった。

子供の浅知恵で、そういう※こざかしいことをしたのなど、大人の目から見ればすぐ知れたに違いない。しかし、先生はそれを叱ることよりも、「人はだませても自分の心は欺けない」という厳粛な事実を、そういう形で教えてくださったのだろう。

事実、②私はこの行いを非常に恥じて、その時の恥ずかしかった心持ちを、今でもはっきりと思い出すことができる。無論、それから二度とそういうことをしたことはない。③教育とは、つまりこういうことであるに違いない。

私は少年のころ大変にいたずらな手に負えないところのある子供だった。しかし、④徳良先生は、このキカン坊の悪タレ小僧を不思議に可愛がられ、運動神経が鈍くて鉄棒の逆上がりが出来なかった私に夏休み中ずっとつき合って、とうとう出来るようにしてくださったこともあった。

また、「林は字がキタナイなぁ、まるでミミズが這ったようじゃないか！」といって日記を書くことを義務づけられ、毎日欠かさず※添削をしてくださったのもこの先生である。

あるとき、江の島へ遠足に行ったことがある。江の島には頂上にちょっとした

ウ　何でもお見通しだと思い知らせること

エ　自分の行いの意味に気づくよう、うながすこと

問4　——④「徳良先生は、このキカン坊の悪タレ小僧を不思議に可愛がられ」とあります。たとえばどんなことを通じて筆者は「可愛がられた」と感じたのでしょうか。具体例を三つ、のべなさい。

タワーがあって、これに皆でのぼるのだが、私は昔から高所恐怖症で、そういうコワイ所へは一切のぼらない、ということに自分で決めていた。皆が行くと言っても、そんなことは私の知ったことではない、とそのように思った私は、「僕はこういう高い所へはのぼらないことにしていますから」と、頑として言いはって、ついにそのタワーの下の階段に一人腰掛けて、皆の下りてくるのをポツネンと待っていた。そのときも、徳良先生は「いやなら、行かなくてよいから、必ずそこで待ってるように」と私の自由にさせてくれたのである。

皆と同じことをするのは、日本のような風土の中では安全な※処世術である。それに反抗することは、権威に盾突くことでもある。しかし、⑤誰もが空を見上げているときに、一人だけ地面を見つめているということがあっても良いじゃないか、と私は思うのだ。それはたしかに偏屈かもしれない、しかし、人が見ないことを見、人と違う所に目をつける、権威や俗論に目を曇らされない、そういう心の持ち方こそが、学問や文学にとって、じつは最も大切なことではないかと思うのだ。「□ようにする」というのが、日本の教育の基本にあって、個人的行動はとかく協調性がないというふうに※忌避されるなかで、⑥もしこのキカン気の少年の担任が徳良先生でなかったら……。私はつくづくと※天の配剤の妙を思うのである。

（林　望『テーブルの雲』所収「徳良先生」全文）

※注　こざかしい　…　りこうぶってなまいきな
添削　…　文章を書き加えたりけずったりして直すこと
処世術　…　世の中でのすごしかた。世わたり
忌避される　…　いやがられ、さけられる
天の配剤の妙　…　神の深い考えで人々が配置されたように思えるさま

問5　――⑤「誰もが空を見上げているときに、一人だけ地面を見つめているということがあっても良いじゃないか」と筆者はのべています。どんな理由でそう言うのですか。「から。」と続くような文中の表現をさがし、その始めと終わりの3字を書きぬきなさい。

□□□ ～ □□□ から。

問6　59行目の「□ようにする」の空らんに入るようなことばを、文中から書きぬきなさい。

□ ようにする

問7　――⑥「もしこのキカン気の少年の担任が徳良先生でなかったら……」について。この「……」には、筆者のどんな気もちや考えが読みとれますか。次から必ずしもあてはまらないものを一つえらび、記号で答えなさい。

ア　私は学校をきらいになっていたかもしれないな。
イ　私のような生徒はもてあまされていただろう。
ウ　私は心ぼそくてかなしんでばかりいただろう。
エ　先生のおっしゃることなどきかなかったろう。

□

学習のねらい ▼ふつうの人を超えた見方・感じ方・考え方を読みとる

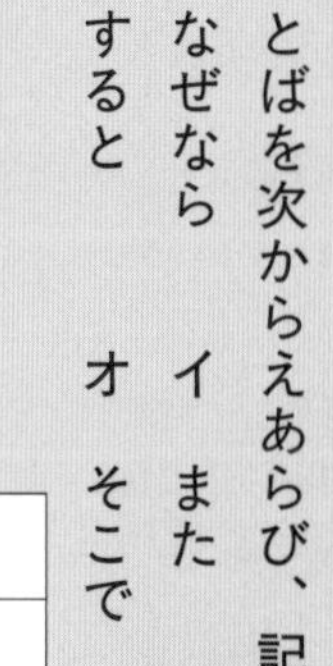

【基本問題 評伝】◆次の文章を読んで、下の問いに答えなさい。

君だって時どきぼんやりなにかをながめることがあるだろう。なにかの拍子で、ぼんやりと世界地図をながめるときもあるだろう。横をむいた※サレコウベみたいなアフリカと、耳のないぞうのような南アメリカを見て、①君はどんなことを考えるだろうか。

アルフレッド・ウェゲナーは、一八八〇年ベルリンに生まれた※気象学者である。おなじ気象学者の兄さんと、気球に乗ったり探検に出かけたりしていた若いウェゲナーは、ある日、君とおなじようにぼんやりと地図のアフリカと南アメリカの形をながめていた。そしてアフリカの西のくぼみと南アメリカの形をながめていた。そしてアフリカの西のくぼみと南アメリカの東の出っぱりの形がにていることにハッと気がついたのだ。ウェゲナーの目は、この二つの大陸がもとは一つだったのではないか――と目ざとく考えたのである。

②活動的なウェゲナーは、すぐにその予想をうらづける証拠をしらべはじめた。

【 A 】どうだろう。アフリカにも南アメリカにもおなじ古いシダ植物の化石が埋もれていた。氷河が流れた跡や古代の気象も一致していた。遠くはなれてはこばれたようすもないのに、二つの大陸の魚やミミズなどの動物、それに※植物の分布がきわめてよくにていた。【 B 】現在ダイヤモンドの第一の産地はアフリ

問1 文中の【 A 】【 B 】【 C 】に入るのに適切なことばを次からえらび、記号で答えなさい。

ア なぜなら　イ また　ウ だが
エ すると　オ そこで

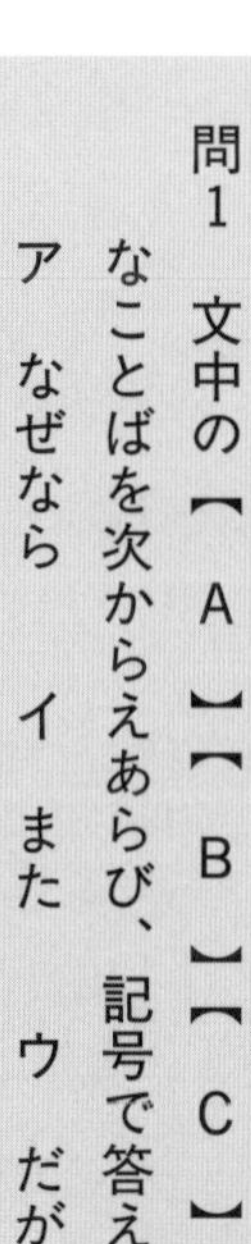

A	
B	
C	

問2 ――①「君はどんなことを考えるだろうか」とありますが、ウェゲナーの場合はどんなふうに考えたのですか。文中から具体的に書かれた箇所を二つさがし、次の空らんに書きぬきなさい。

［　　　　］と考えた

［　　　　］と考えた

問3 ――②「ウェゲナーは、すぐにその予想をうらづける証拠をしらべはじめた」とありますが、ウェゲナーの調査の結果わかったことを、次から四つえらび、記号で答えなさい。

ア 古代の地磁気のようすが一致した。
イ 海底にある海嶺のなりたちがわかった。

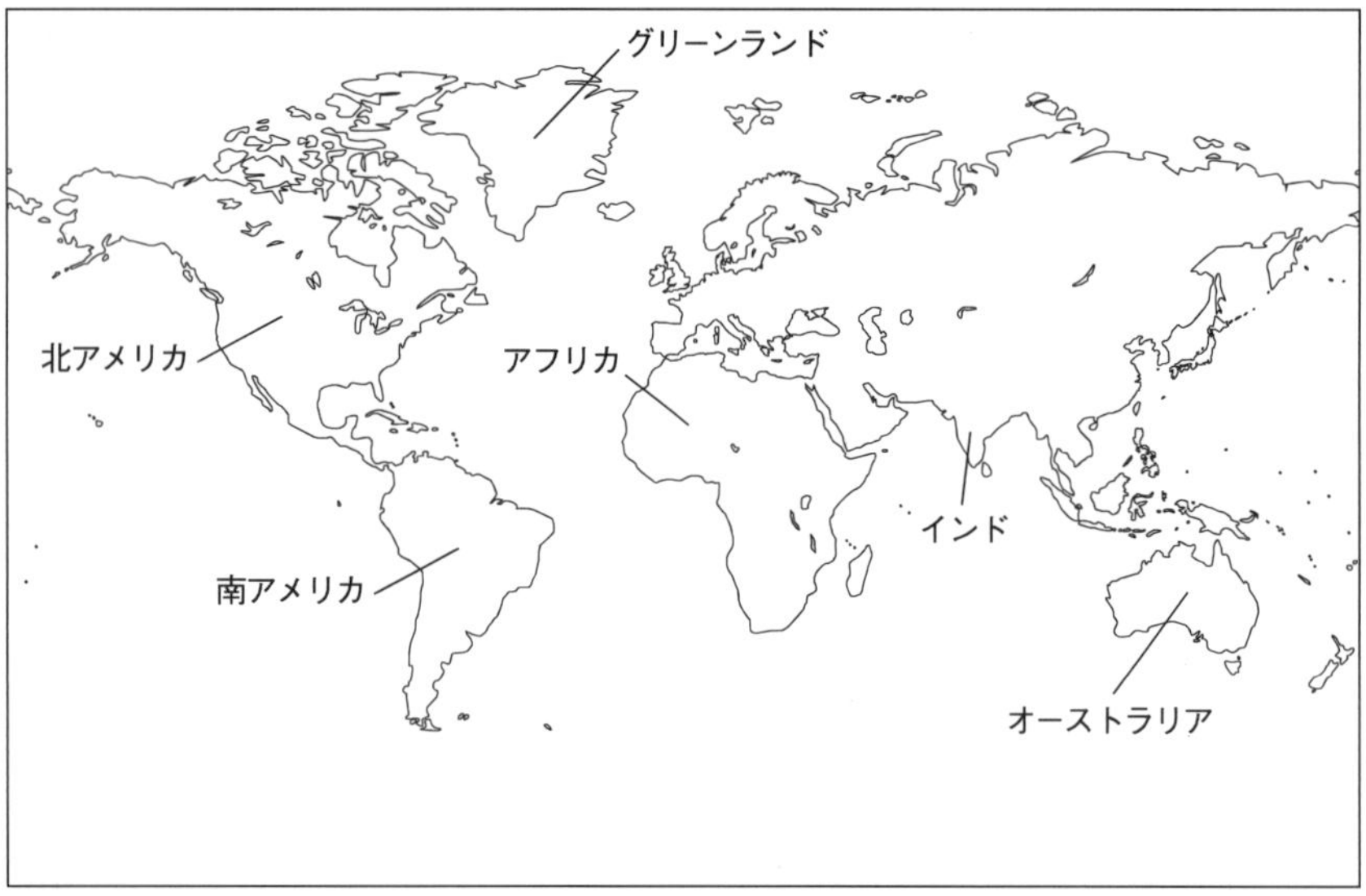

カだが、それまではブラジルであったことからわかるように、※地質や※地層のようすもぴったり合っていた。

ウェゲナーは、このほかたくさんの資料をあつめて研究した結果、アフリカと南アメリカだけでなく、地球全体にわたるつぎのような大きな結論をひき出したのである。

いまから三億年以前、二畳紀・石炭紀とよばれる時代には、インドやアフリカ、南アメリカ、それにオーストラリアや南極大陸も、みなパンゲアとよばれる一つの大きな陸地だった。ところが石炭紀のおわりごろから、パンゲアに割れ目ができ、だんだんとはなれて、南北アメリカ大陸はグリーンランドをおいたまま西へ西へと移動していった。オーストラリアがちぎれ、南極大陸がちぎれ、インドの三角にとがった鼻がちぢんでヒマラヤの高い山々を形づくっていた——三二歳のときから学術雑誌にのせたこの論文は、第一次世界大戦で戦場にいったあいだもつづけられ、三五歳のとき一冊の本にまとめられた。

③ウェゲナーの大たんな考えは、「大陸移動説」とよばれ、専門の学者ばかりでなく一般の人びともおどろかした。古代の生物や地質を研究する人の多くは賛成した。しか

ウ　マントルの流れが大陸を動かしていた。
エ　両方の地質や地層のようすが合っていた。
オ　両方の動物や植物の分布がよくにていた。
カ　地層・地震・地かくのようすが一致していた。
キ　氷河が流れたあとや古代の気象が一致していた。
ク　偏西風がつねに両方の大陸を引きはなしていた。
ケ　両方の大陸におなじ古いシダ植物の化石があった。

□・□・□・□

問4　——③「ウェゲナーの大たんな考えは、『大陸移動説』とよばれ、専門の学者ばかりでなく一般の人びともおどろかした」について。

(1)「大陸移動説」に賛成したのは、おもにどんな分野の人でしたか。文中から14字で書きぬきなさい。

(2)「大陸移動説」に反論したのは、おもにどんな分野の人たちでしたか。文中から8字で書きぬきなさい。

し地球物理学者たちは、大陸の形や生物の分布がにているだけでは証拠にならない。大陸を引きはなす強い力がいったいどこからきたのか不明ではないか、と反論した。

ウェゲナーは気象学者だったし、当時の学問では④その答えははっきりわからなかった。はじめ熱狂した人びとも「さまよえる想像大陸」とか「ただよう学説」と悪口をいい、やがて大陸移動説などわすれてしまった。

【Ｃ】、第二次世界大戦以後各国の地球科学の進歩は、つぎつぎと新しい事実を見出した。古代の※地磁気の研究、海底にある※海嶺のなり立ち、地質の調査、地震や※地殻の研究――それらはみないちように、大むかし大陸が一つだったこと、そこから分かれた大陸がいまも動きつつあることをはっきりしめしていた。大陸を動かす大きな力は地球内部にある※マントルの流れであることもわかった。こうしてウェゲナーの目が地図からすばやくよみとった「大陸移動説」は、ふたたび正しく評価されることとなったのである。

しかしそれより以前の一九二九年、当時グラーツ大学教授だった四九歳のウェゲナーは元気に三度目のグリーンランド探検に出かけ、そして一年半にわたる研究資料を犬ぞりにつんで※帰途についたまま行方不明になってしまった。今日にいたるまでまだ※遺体も発見されていない。

ウェゲナーの一生も劇的であったし、また大陸移動説ほど□□がいろいろ変わった例もめずらしい。

残念なことは、そして反省しなければならないことは、おなじものを見たり、ながめたりしていても、すぐれた科学者が一目ですばやく感じとったことや、独

問5 ――④「その答え」の「その」とは何をさしますか。文中の表現を使って言いかえなさい。

問6 56行目の□□に、文中からあてはまる語句を書きぬきなさい。

問7 ――⑤「私たちは科学者の目に学ばなければならない」について。「科学者の目に学ぶ」とはどうすることですか。次からもっとも適切なものをえらび、記号で答えなさい。

ア 科学者のように、細かいことまで見落とさないこと
イ 科学者の、かわった見方や考え方のまねをすること
ウ 科学者のように、自分の目でみたことを信じること
エ 科学者のような、ねばり強いたいどをたもつこと
オ 科学者のひらめきや観察力を重んじること

特の眼力で瞬時に見ぬいたことを、私たちは長いことかかってもじゅうぶん理解できなかったり、おろかにも反対したりしていることである。⑤私たちは科学者の目に学ばなければならない。

（かこ　さとし『科学者の目』所収
「地図から大陸の動きを読みとった目――アルフレッド・ウェゲナー」より）

※注　サレコウベ　…　しゃれこうべ、頭がい骨（頭の骨）のこと
気象　…　大気でおこるげんしょう（天気・気圧・風速）など
植物の分布　…どんな植物が分かれたり広がったりして生えているかということ
地質　…　土の性質
地層　…　土や岩のかけらが長い間に積み重なってできた層
地磁気　…　地球がもっている磁気（じしゃくの力や電気の流れ）
海嶺　…　海の底にある山脈
地殻／マントル　…左下の図を参照
帰途についたまま　…　帰り道のとちゅうで
遺体　…　なきがら、死体

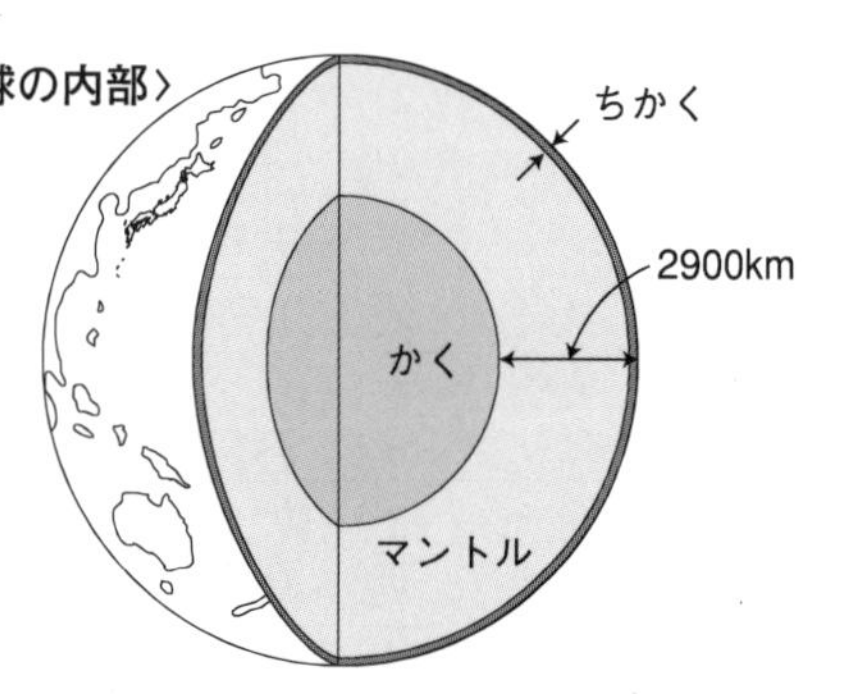

【応用問題　物語文】◆次の文章を読んで、下の問いに答えなさい。

中学入学前の春休み、少年野球の天才ピッチャー原田巧は東京から地方へ引っこしてきた。そして同い年の少年、永倉豪と知り合いになる。豪はキャッチャーで、巧の投球を試合で見たことがあり、巧の実力をよく知っていた。ある日、二人は初めてキャッチボールをする。

二十球ほど投げた後、豪が、もういいかとたずねた。

「座るぞ」

うなずく。豪は、ミットを軽くたたくとキャッチングの姿勢をとった。ゆったりと大きな構え。大きな身体が、もっと大きく見える。キャッチャーが大きく見えるということは、ストライクゾーンが広く感じられるということだ。巧の心臓が、ドクンと音をたてた。

ボールをにぎり直し、両うでをゆっくり後ろにふる。

①<u>そのまま頭の上に。左足を上げる。右うでを後ろに引く。そして、左足をふみ出す。</u>

豪のミットだけを見ていた。そこに自分の投げたボールが飛びこんでいく。音がした。ミットがボールをとらえた音だった。②<u>久しぶりに聞く音だ。身体の中を電気が走った。自分のボールを受けとめてくれる相手がいる。そのことがこんなにも心地よい。</u>

「もう、いっちょう」

返球。巧は、またミットに向かい合った。きっちり十球目。豪が首をかしげた。

「原田、本気で投げとるか」

「最初からそんなにとばせるかよ」

「じゃろな。このくらいの球なら、だれでも投げてるもんな」

問1　巧と豪がいるのは、どんな季節の、どの時間帯の、どこですか。答えなさい。

問2　――①「そのまま頭の上に。左足を上げる。右うでを後ろに引く。そして、左足をふみ出す。」について。この表現にはどんな特徴と効果がありますか。のべなさい。

問3　――②「久しぶりに聞く音だ。身体の中を電気が走った。自分のボールを受けとめてくれる相手がいる。そのことがこんなにも心地よい」について。このときの巧の感情として、もっともあてはまるものを次からえらび、記号で答えなさい。

ア　聞きなれた音への、ほのぼのしたなつかしさ
イ　キャッチャーへのすなおな感謝の気もち
ウ　ためされているという緊張感
エ　しんせんな熱い心の高ぶり

一瞬、言葉が出てこなかった。頭の芯が熱くなる。返球されたボールを強くにぎりしめた。

［　A　］だと、③ふざけんな。おれの球をそこらへんの投手の球といっしょにするなよ。

「青波」

さっきから空き地のすみで、青波が見物していたのはわかっていた。返事がない。

「青波！」

どなりつける強い口調で、弟の名を呼ぶ。

「おれのスパイクとってこい」

青波は、④バネじかけの人形のようにとび上がり、家のかげに消えた。

「原田投手が□□になるんなら、永倉捕手もその気にならんといけんな」

豪が、スポーツバッグの上にかがみこんだ。

※キャッチャーマスク、プロテクター、レガース。※

一式そろっている。

「へえ、永倉捕手はちゃんと自分用の用具、持ってるんだ」

ミットやマスクはともかく、プロテクターやレガースまで個人で持っているものは少ない。かなりの値段がするはずだ。軟式の場合、試合にさえ使用しないこともあるのだ。

「そういえば、永倉の家は病院だってな。やっぱり、お金持ちのぼんぼんは、ちがうよな」

⑤豪が、突然立ちあがった。大またで、近づいてくる。あっと思った瞬間、胸ぐらをつかまれていた。

問4　文中の［　A　］に入るのにふさわしいことばを、8字ちょうどで書きぬきなさい。

問5　――③「ふざけんな。おれの球をそこらへんの投手の球といっしょにするなよ」とあります。ここから巧のどんな人がらが読みとれますか。次から必ずしも適切でないものを一つえらび、記号で書きぬきなさい。

ア　自分の才能を信じて疑わない強いプライド

イ　カッとなりやすく負けずぎらいなところ

ウ　ごうまんとも思えるほどの大きな自信

エ　ふざけたことをいやがるまじめさ

問6　――④「バネじかけの人形のようにとび上がり」とありますが、こうした表現技法をなんと呼びますか。

問7　30行目の□□に適切な漢字2字を入れなさい。

「原田、ええかげんにしとけよ。言うてええことと悪いことがあるんぞ」
豪の声は、低くて聞きとりにくかった。

「なんだよ、おまえだって、さっきおれの球をこのくらいの球だって言っただろうが」

「本気で投げてない球だって言うたんじゃ。ほんまのことじゃろが」
答えがかえせなかった。

「おれの家が、金持ちだろうが貧乏だろうが、それが野球と何の関係があるんじゃ。原田巧てピッチャーは、野球に関係ないこと持ちだして、ぐちゃぐちゃ言うような、つまらんやつなんか」
巧の身体をつきとばすようにして、豪は手を放した。

「野球やろうや、原田。野球に関係ないことは、ほんまに関係ないんぞ」

「わかったよ」
やっとひとこと、言葉にした。⑥豪の顔がまともに見られなかった。そうだ、豪の言う通りだ。親の職業も、学校の成績も、野球に何の関係もない。野球のボールをにぎりながら、関係ないことをへらへら口にした。自分の球を本気で受けようとした相手をからかったのだ。⑦顔がほてった。

「兄ちゃん」
青波が、スパイクをさし出す。息がはずんでいた。
ほっとする。スパイクにはきかえるあいだは、豪の顔を見なくてすむ。顔のほてりもしずまるだろう。青波は、いつも絶妙のタイミングを知っている。そんな気がした。

「ええな、今度、下手げな球投げたら、ぶっとばすぞ」
巧は、豪に答えるかわりに右うでを大きく回した。肩は軽い。準備は充分にで

問8　――⑤「豪が、突然立ちあがった。～　豪の声は、低くて聞きとりにくかった」について。豪はどんな状態なのですか。「～状態」とつづくよう、のべなさい。

状態

問9　――⑥「豪の顔がまともに見られなかった」、――⑦「顔がほてった」について。これらから、巧のどんな気持ちが読み取れますか。次からもっとも適切なものをえらび、記号で答えなさい。

ア　豪の言い分に耳をかしてもいいが、しゃくにさわる
イ　豪の迫力におされ、反論できない自分が情けない
ウ　豪の言うことはもっともで、自分が恥ずかしい
エ　豪に口で言い負かされて、くやしい

きていた。豪が、かけ足で遠ざかる。巧は、足元の土を軽くならした。ここにはマウンドも投手板もない。野手もバッターもいなかった。なのに緊張する。試合前の高ぶりが、身体の奥から波のように盛りあがってきた。ふりかぶり、足を上げ、投げる。

「ああっ」

青波がさけんだ。豪が、とび上がって捕球する。バッターがいれば、頭の上をはるかにこしていく暴投だった。

「原田、サインどおりに投げえよ」

「サイン？」

「ど真ん中、ストレート」

夕ぐれ前の春の空き地に、その声はよくひびいた。まっすぐに、いちばん速い球をと豪は要求してきた。巧は、軽く息をすいこんで、うでをふり上げた。身体ぜんぶの力をのせて球を放つ。

ど真ん中。ストレート。

豪が短く声をあげた。うっとも、あっとも聞こえた。ミットに一度すいこまれたボールが、ぽろりと前に落ちた。

風がわずかにふいてきた。汗ばんだ首筋に心地よい風だった。

豪はミットをわきにはさみ、素手でボールをつかんだ。ていねいにどろをはらい、投げかえす。

「こぼすなよ」

巧が、声をかけた。

「一塁にランナーがいたら、完全に盗塁されてたぜ」

豪は、マスクをはずして、汗をぬぐった。熱でもあるように赤い顔をしている。

「なんじゃ、一塁にランナーを出すつもりなんか」

「そりゃあ、一試合にひとりやふたりは出るかもな」

「三人までなら、許しちゃる」

豪が、ミットを構える。巧が、投げる。ボールは、やはり前にこぼれた。豪は、ひとことも口をきかなかった。

三球目も四球目も同じだった。しかし、五球目は、落ちてこなかった。ミットにがちっととらえられて、動かなかった。豪が口笛をふく。それから頭をふって大声を出した。

「どうじゃ、原田。つかまえたぞ」

「みたいだな」

「たいしたもんだろが」

「おまえキャッチャーだろが。ピッチャーの球をとるのが役目なんだぞ。いちいち、自慢しててどうすんだ」

「けど五球じゃぞ。五球目でちゃんと、とったんじゃからな」
⑧そうだ、五球。たった五球でおれの球をつかまえた。
『おれが原田さんの球をちゃんとキャッチングできるようになるまで、どのくらい練習したと思ってるんですか』

中本修の涙声を思い出す。キャッチャーとしての力は修より豪のほうが上だ。それは、はっきりと感じていた。豪のミットに向かい合ったときほどの心の高ぶりを、修の構えに感じたことは一度もない。だから、修よりはるかに早く、豪が自分の球をキャッチングできるだろうとは思っていた。⑨しかし、五球とは。たった五球。

「おーい。ぼんやりせんと、がんがんいこうで」

問10 ――⑧「そうだ、五球。たった五球でおれの球をつかまえた」、――⑨「しかし、五球とは。たった五球」について。それぞれ巧のどんな気もちが読みとれますか。のべなさい。

⑧

⑨

何がおかしいのか、豪は、ひとり笑っている。

ちきしょう。ふいに思った。くちびるをかみしめる。

こんな、いなかの県大会の二回戦で負けたチームのキャッチャーじゃないか。

おれの球が、そんなにかんたんにつかまえられてたまるかよ。

しかし、豪はもう落とさなかった。巧の球は、まっすぐにミットに飛びこんで音をたてる。それだけだった。

巧の額から汗が流れだしたころ、豪がミットを横にふった。※インコース低め。

「少し、散らせ」

※アウトコース低め。

豪の指示した場所に、球はまっすぐに飛んでいった。⑩さっき感じた怒りは、いつのまにか消えていた。指示のままに全力をこめたボールを投げる。ほんとうに全力だった。自分の球を見せつけようとも、豪をたかがいなかのキャッチャーだとも思わなかった。自分の中にある力ぜんぶで、ボールを投げられる。そのことがうれしかった。［　B　］。そんな感情だった。

「原田。ちょっと休もうぜ」

豪がそばに来た。息があらい。顔じゅうが汗でぬれていた。日がかたむいて、空き地はオレンジの色に染まっていた。

（あさのあつこ『バッテリー』より）

※注　スパイク　…　底にびょうのついた競技用の運動ぐつ

キャッチャーマスク・プロテクター・レガース　…　キャッチャーがけがしないようにつける、顔・胴・すねの防具

インコース／アウトコース　…　バッターに近いコース／遠いコース

問11　――⑩「さっき感じた怒り」が書かれている文章を文中からさがし、その最初と最後の6字を書きぬきなさい。

［　　　　　　］～［　　　　　　］

問12　文中の［　B　］には一文が入ります。これにふさわしいものを次からえらび、記号で答えなさい。

ア　肩がほぐれ、自由自在に球をほうれる

イ　一対一の真剣勝負に勝利をおさめる

ウ　心の芯が熱を持ってリズムを打つ

エ　豪と仲直りできてほっとする

［　　］

第9章　人々の情熱3　なしとげる・のりこえる

学習のねらい ▼実現がむずかしいことにむかっていく人々の姿を読みとる

【基本問題　記録文】◆次の文章を読んで、下の問いに答えなさい。

一九九五年一月十七日午前五時四十六分、大阪・神戸地方に大地震が起こりました（阪神淡路大震災）。次の文章はその日のことを記録したものです。

● ある商船大生の行動

東灘区本山南町にある神戸商船大学※の学生寮で自治会長を務めていた三回生※の有田俊晃君は、机の上から落ちてきたラジカセが頭に当たって目が覚めた。昭和三十年代に作られた古い寮の建物を確認する義務が自分にはある、と即座※に敷地を一周した。幸い建物自体に被害はなかったが、少し離れた阪神深江駅前の商店街や国道2号線沿いの本庄町の方角から火の手が幾つか上がっているのを確認する。

これは非常事態だ、安否確認をしなくては、と中庭に寮生を集めて全員の無事を確認した。まだ日も上がらず電気も付かない状況の中で［　あ　］、と考えて、寮生が持っている車の中でラジオを聞いた。が、具体的な情報は当初、ほとんど流れてこなかった。

そうこうするうちに夜が（A）■けて、周囲の木造家屋※が軒並み倒壊していることに気付いた。慌てて走って見に行くと、何人もの住民が生き埋めになっている。救助しなくては、と再び寮生に招集※を掛けて、彼はハンドマイクで伝えた。

「安全靴を履いて、ヘルメットをかぶれ。二次災害に気を付けろ。一人では絶対に行動するな」と。

問1　文中の（A）（B）（C）（D）の■に、それぞれ適切な漢字一字を考えて書き入れなさい。

A	B	C	D

問2　文中の［　あ　］に入るのにもっとも適切な内容を次からえらび、記号で答えなさい。

ア　すぐには動きたくない
イ　むやみに動くのはマズい
ウ　ぜひとも行動しなくては
エ　そのうち何とかなるだろう

二階建てが潰れて一階建てと同じ高さになっている様子を見て、彼は考えたのだ。一階の人を助け出そうと中に入った瞬間、屋根が更に自分達の上にも落ちてくるかも知れない。見張り役を一人置くことは決して無駄ではなく、［い］必要なことなのだ、と。

船乗りを目指して港町神戸へやって来た四国出身の彼は、船舶実習の際に使う安全靴とヘルメットがこんな時に（B）■立つなんて、と思いながら作業服の上に防寒用のジャンパーを着て、軍手をはめた。停電している建物の中は暗いだろうから、※トーチカランプか懐中電灯を皆に持っていかせなくては、と判断した。

有田君のこうした冷静さは、非常ベルが各所でジリジリ（C）■っているのに、パトカーの音も消防車の音も救急車の音も（D）■然聞こえて来ない点にも向けられる。緊急車両が出払ってしまった消防署へバイクで駆け付けて、残っていた※ハンマーやバール、更には応急処置用の救急バッグを借り受けて活用した。

道路は亀裂や段差だらけだ。助け出した人々を医療機関に運ぶのに車は適さないと見るや彼は、寮にあったリヤカーや台車を総動員する。そうして、倒壊家屋の壁や瓦から出る土埃を防ぐためにマスクかタオルで口元を覆え、と救出活動に当たる寮生へ指示を出した。

すべては地震発生当日に二〇歳そこそこの青年が、目の前の状況に対して認識・判断した事柄なのだ。［う］、有田君には、生き埋めとなった近隣の人々の救出作業と並行してもう一つ、続々と敷地内に避難してくる地域の人々を〝捌く〟役目も課せられた。家屋が倒壊して、※着の身着のままで逃げ込んできた人々が大部分だ。

「事がどんなに重大で緊張していても、寒さは凌げないし、十数時間も経てば誰でもお腹は空いてくるし、飲み水だって欲しくなるんです。①そういったものをど

問3 文中の［い］・［う］に入るのにもっとも適切なことばを次から一つずつえらび、番号で答えなさい。

1 なぜなら
2 しかも
3 つまり
4 むしろ
5 たぶん

い［　］
う［　］

問4 この文章は記録文として事実を次々と書くことを中心にしてあり、筆者の意見を書くことはできるだけおさえてあります。

(1) これによってどんな効果が生まれていますか。次からもっとも適切なものをえらび、記号で答えなさい。

ア 読者が筆者の意見をおちついて考えられる効果
イ 読者がゆたかな情感をゆっくり味わえる効果
ウ 読者が登場人物になりきれるような効果
エ 読者が現場に立ちあっているような効果

［　］

(2) そんな中にも筆者が「有田君」の行動を高く評価していることがうかがわれる一文があります。その文の最初の5字を書きぬきなさい。

［　］［　］［　］［　］［　］

うやったら確保出来るんだろう、と考えるのも僕の立場だと思いました」

けがもなく全員無事だった寮生に三度、招集を掛けて、セーターやトレーナー、毛布等が余っていたら差し出して欲しい、と訴える。ほどなく、まとまった枚数が集まった。「避難してきた人たちに食べさせてあげよう」と買い置きしていたカップ麺やスナック、ジュース類を部屋から抱えて出てくる寮生も現われた。地震当日の夜の食料はこうして確保された。

同じ被災者とはいえ、※自分達には住む場所も帰る場所もある。住む場所も帰る場所もない人々にいつまでも食堂や廊下で寝泊まりしてもらっているなんて※忍びない。こうした気持ちを何日か後に抑え切れなくなった有田君は提案する。

学校も当分は再開されないのだから、寮生は出来る限り実家へ戻って、地域の人々に空いた部屋へ入ってもらおうじゃないか、と。そうして、初日に学生として設けた本部を残った寮生で続け、救援物資の配給や避難者名簿の作成を担当した。

「当たり前の事をしたまでです。※外板一枚破れれば、海の藻くずとなって消えてしまう船乗りは、一人一人が二四時間緊急態勢で事に当たれ、と教えられてきましたから」

※歌舞伎顔した彼は、そう言って謙遜する。

が、何ともみっともない対応しか出来なかった大人の政治家や※官僚はいっぱい居るのだ。

「お前さん達、夜遅くまで酒飲んで騒いどって、仕様もない若造どもだと今までは思っとったが、これで一生、文句言えなくなったわ」

②避難していたオヤジさんの一人に肩を叩かれて、苦笑いしながら言われたセリフを、有田君は覚えている。こそばゆいながらも、嬉しかった感覚と共に。

問5 ——①「そういったもの」とはどんなものですか。三種類を、それぞれかんたんに答えなさい。

・

・

・

問6 ——②「避難していたオヤジさんの一人に肩を叩かれて、苦笑いしながら言われたセリフを、有田君は覚えている。こそばゆいながらも、嬉しかった感覚と共に。」という結びの文章について。

（1）ここには次のどの表現技法が使われていますか。一つえらび、記号で答えなさい。

ア 擬声語　イ 擬態語　ウ 擬人法
エ 倒置法　オ くり返し　カ 体言止め

（田中康夫『神戸震災日記』所収「ゲンチャリ※にまたがって」より）

注※ 商船大学の学生寮 … 営業船用船員を育てる大学の、学生共同住宅
三回生 … 大学三年生
即座に … すぐに
木造家屋が軒並み倒壊して … 木でできた家がどれもみな壊れ倒れて
招集を掛けて … 呼び集めて
トーチカランプ … もとは軍事用の要塞内で使った灯り
ハンマーやバール … かなづちやくぎぬき
着の身着のままで … 着がえも荷物も持ち出せない状態で
住む場所も帰る場所もある … 寮も無事だし、他の府県出身の学生には帰る実家もある、ということ
忍びない … （もうしわけのない気もちで）たえられない
外板一枚破れれば、海の藻くずとなって … 船体の板一枚が破れたら（船は沈み）海のくずとなって
歌舞伎顔 … 歌舞伎役者のような、目やまゆのはっきりした顔
官僚 … 役人。一般に国の運営を進める立場にある公務員をさす
ゲンチャリ … 原動機（モーター）つき自転車の愛称。手軽に乗れるバイクやスクーターなど

（2）この表現のくふうによって、どんな効果があがっていますか。わかりやすくのべなさい。

どんなに暑くても、あとでエアコンで涼めると分かっていたらがまんできる。しかし、夜も気温の下がらない熱帯で、宿にもエアコンがないとなると、太陽が上がった瞬間から絶望的な気分になる。

【応用問題】◆次の文章を読んで、下の問いに答えなさい。

西アフリカ、チャドのバイリ村を訪れた。首都ヌジャメナから南に約三百キロの※サバンナ地帯で、電気も水道もない奥地だ。首都からの道路は[あ]舗装で、雨期には粘土質の泥道になり、車での通行は[い]可能になる。[そこ]に、植林のNGO（非政府組織）「※緑のサヘル」の日本人青年たちが三年前から働いていた。

彼らが村に苗木センターをつくったのは一九九二年二月だった。「まわりは半砂漠の状態ですが、バイリにはまだ緑が残っている。近くに川もある。そこから活動を始めようと思ったのです」と、※最古参のメンバーが説明した。

乾きに強いアカシアなど、約六十種類の苗木を、種から育てる。それでモデル植林区をつくると同時に、希望する村人に苗を分けるというシステムだ。

アフリカの農村では、枯れ枝ひろいや下枝切りは女性の重要な仕事だ。ガスや電気がないので、たきぎを炊事の燃料に使わなければならないからである。

彼らの間では、「樹木は自然からの授かり物」といった考え方が強い。木はおのずと生えてくるもので、自分たちが植え、育てるものではないという考えだ。

昔はそれでよかった。自然は人々に十分な燃料を提供し、再生するだけの余裕があった。【　A　】、人口が増え続けるとそうはいかなくなった。枯れ枝や下枝だけでは足りなくなり、人々は木そのものを切り始めたのである。木を切られた森や林は、たちまちサバンナに変わり、やがて砂漠化していく。

①「授かり物」という考えになじんでいる人々に、「木を植え続けないと大変なこ

問1　文中の[あ]・[い]・[う]に入る適切な漢字一字を次から一つずつえらび、書きなさい。

非　無　否　不　未

あ	い	う

問2　文中の【　A　】【　B　】に入ることばとして適切なものを次からえらび、記号で答えなさい。

A…　ア　しかし　イ　すると　ウ　たとえば　エ　なぜなら

B…　ア　皮肉にも　イ　苦しくとも　ウ　おせじにも　エ　うかつにも

A	B

問3　6行目の[そこ]とはどこですか。文中から10字以上15字以内で、具体的な場所を書きぬきなさい。

とになる」という意識を持ってもらうのは、根気のいる仕事だった。内戦続きの政府は[う]能力だ。地域で唯一の農業専門学校を、「教職員の給料が支払えない」という理由で閉鎖してしまうほどで、理解もないし、頼りにもならない。「緑のサヘル」は孤立無援の状態だった。

そんなある日、一人の中年の男が、小学校の子供たちを大勢連れてセンターにやってきた。「苗木を分けてほしい」というのである。聞くと男は村の農業指導官だった。子供たちは一人で一本ずつ苗を持ち帰り、学校や市場のまわりに植え、世話を始めた。

指導官のビヤズンベ・ダバさん(43)は、政府に閉鎖された農業学校の卒業生だった。

「木を植えなければいけないと、前からずっと思っていた。しかし、苗木は高くて私には買えない。種から育てるには技術がないし、人手もない。どうしようもなかったんだ。そこに日本の若者たちが来た。何をしに来たのかと思ったら、苗をつくり始めたじゃないか。うれしかったよ」

ダバさんと子供たちは、※頻繁にセンターにやってくるようになった。以来、三年間で彼らは四千本以上の木を植えた。

[それ]につられるように、②村人からの反応が出てきた。

「昔は家のまわりだけで簡単にたきぎがひろえた。いまは半日仕事になってしまった。たしかに木が減っている」

「昔はこの辺にも象がいた。それがいなくなったのは森がなくなったからだ」——。

苗を分けてもらいに来る村人が増えた。九三年からは、パパイアやオレンジ、マンゴーなどの果樹の苗木を増やした。現金収入につながるからだ。住民の関心

問4 ——①「『授かり物』という考え」の具体的な内容が書かれている一文を文中からさがし、その最初の5字を書きぬきなさい。

問5 38行目の[それ]がさす内容をのべなさい。

問6 ——②「村人からの反応が出てきた」とありますが、村人は、

(1) どういうこと(事実)に気づき、

(2) どうするようになったのですか。

解答らんにそれぞれ15字以内で答えなさい。

はさらに高まり、近隣の村からも苗木の希望が舞い込むようになった。二十ヘクタールで始めたモデル植林区は八十ヘクタールに広がり、村人が自主運営する小さな苗木センターもいくつかできた。植林の意識が定着するまで、もう一息だ。

　苗木センターに、③彼らの仕事を見に行った。午前十時に気温は四〇度を超した。汗が私の背中を伝わり、シャツを濡らしていく。その炎天下で若者たちは、現地スタッフとともに作業を続けていた。

　地元の農民は、朝早く畑に出て涼しいうちだけ働き、昼を過ぎると家に帰る。しかし、数万本の苗を管理している彼らは、適当に引き上げるというわけにはいかない。夕方まで働き、帰ってから宿舎の井戸端で※行水をする。エアコンがない宿舎では、それが唯一の涼なのである。

　エアコンがなくて平気なのか尋ねると、彼らは笑った。

「もう気にならなくなりました。暑さに体が慣れてしまったようです。井戸端で行水したあと、冷えたビールで一杯やる。それで十分涼しくなります」

　※破傷風の血清保存用に、プロパンガスで冷やす冷蔵庫がある。血清と並んで、そこにビールが三、四本入れてあった。しかし、アラジン社製のガス冷蔵庫の性能はいまひとつで、ビールは【　B　】冷えているとはいえなかった。（中略）

　夜、小屋の一軒が私の宿に割り当てられた。スチールパイプの簡易ベッドに横になったが、こもった熱気でとても寝られたものではない。せっかく行水したのに、また汗が流れてきた。そのとき、外から「こっちで寝ませんか」と声がかかった。

　雨期前の五、六月は猛烈に暑い。そのかわり、蚊が少ない。彼らはこの時期、いつも外で寝ているのだという。私も簡易ベッドを外に引きずり出し、仲間に入

（1）□□□□□□□□□□ことに気づき、

（2）□□□□□□□□□□ようになった。

問7　——③「彼らの仕事」について。

（1）「彼ら」とはだれですか。文中の15字以内のことばを書きぬいて答えなさい。

□□□□□□□□□□□□□□□

（2）「彼らの仕事」とはどんな内容ですか。具体的に書かれた段落をさがし、その最初の行の行数番号を算用数字で答えなさい。

□

れてもらった。熱帯夜であることに変わりはないが、小屋の中よりはよほどさわやかだ。ベッドのわきに置いたランプの灯に小さな虫が集まり、それを食べにカエルやトカゲが出てきて、見ているとあきない。

ランプを消した。星空が驚くほど低く見える。天の川が、濃い白色の帯になって空を横切っていた。流れ星がひょんひょんと落ちる。

「星が消えるまでに指を重ねて願いごとをいうんだろ。――とても間に合わない。難しいよ」

「何を頼んでいるんだよ。※巨人が負けませんように、かい」

他愛のない会話が続く。そのうち、彼らは静かになった。疲れていたのだろう。

④遠く、村の人たちの歌声や※さんざめきが聞こえる。ロバのいななき、赤ん坊の泣き声……。アフリカ奥地の夜は、意外ににぎやかだった。

（**松本仁一**『アフリカで寝る』所収「流れ星の下で　チャド」より）

※注

サバンナ　…　熱帯・亜熱帯地方にみられる乾そうした草原

サヘル　…　アフリカのサハラ砂漠の南にある草原地域

最古参のメンバー　…　いちばん古くからいる人

頻繁に　…　つぎからつぎへと

行水　…　水浴び

破傷風の血清　…　破傷風菌から命をすくう血の培養液

巨人　…　日本の野球チーム。ジャイアンツ

さんざめき　…　強まったり弱まったりするざわめき

問8　――④「遠く、村の人たちの歌声やさんざめきが聞こえる。ロバのいななき、赤ん坊の泣き声……。アフリカ奥地の夜は、意外ににぎやかだった」について。ここに表れている筆者の心情として、もっともふさわしいものを次からえらび、記号で答えなさい。

ア　日本の青年たちのねむりを見守りながら、その土地の人々のくらしの息づかいを味わっている。

イ　遠くから聞こえてくる音に、アフリカの貧しいくらしを実感し、気のどくに思っている。

ウ　疲れているうえに、しずけさを乱す音がさわがしくて、ざんねんに思っている。

エ　電気も水道もないアフリカの奥地まで来てしまったさびしさが身にしみている。

□

発展篇のまとめ　耳になじんだ調べを見直す　凝縮された心を読みとる

学習のねらい　▼事実がもつ重みや、人間のおく深さを味わう

【発展篇のまとめ問題1　俳句と解説】◆次の文章を読んで、下の問いに答えなさい。

第二次大戦の、沖縄戦ももう終末にちかいころのこと。

身をひそめている小さな洞窟の周囲には、夜となく昼となく敵の砲爆撃の音がひびき、傷つきながらも最後まで※行を共にして来た戦友も消えるように息を引きとってしまった。一片の食糧はもとより、戦友に与える※末期の水一滴さえもない。

一体、戦線はどうなっているのだろうか。一兵士の身としては皆目見当もつかないが、とにかく、自分の死が間近いことだけは確実。どうあがいても最早遁れるすべはない。そう思うと、①妙に気持が落着いてしまった。

どうせ死ぬなら、そう思って暗い洞窟から顔を出すと、外は抜けるような青空。何故か砲声も途絶えている。見ると、眼の前の雑草に一匹の天道虫。ふと、口を衝いて生まれた俳句らしいもの。

天道虫まだ生きている我が身かな

以上は、②■死に■生を得た老兵士の、戦後何年か経っての※述懐です。それ以前に俳句など作った経験はなく、それ以後にもない。これがそのひとの、生涯たったひとつの俳句だったそうです。

しかし、この句を思い浮べると、そのときの記憶がまざまざと甦って、ひとに

問1　——①「妙に気持が落着いて」とは、この場合どんなようすですか。次からもっとも適切なものをえらび、記号で答えなさい。

ア　なぜだか何ものにも動じない気分になって
イ　へんに悲しみがうすらいできて
ウ　ふしぎになごやかになって
エ　何となくしずみこんで

□

問2　——②「■死に■生を得た」について。

（1）■に別々の漢数字を入れ、慣用句を完成させなさい。

□死に□生を得た

（2）このことばの意味を、わかりやすく答えなさい。

□

問3　——③「でも、私にとって、いまは大事な宝」なのはなぜですか。その理由となる表現を文中から55字以内でさがして次の空らんに入れ、その最初と最後の3字を書きぬきなさい。

55字以内　□□□～□□□　から。

語れぬさまざまなおもいが胸に湧きあがってくるといいました。

「お恥ずかしいものです。俳句などといえたものではないでしょうね。③でも、私にとって、いまは大事な宝かもしれません」と静かにいいました。

なるほどこの句は、以上のような説明をきかなければ、十分に理解することは出来ないかもしれません。ことに戦争から遠く隔たったいまになると、※病後の感慨か、あるいは※老境のつぶやきと解する場合が多いのではないでしょうか。

④その意味では十全の作品とはいい難いかもしれません。しかし、俳句は、それでいいのではないでしょうか。※余命いくばくもないと思ったとき、天道虫が格別鮮やかに見えたという、たったそれだけの事実。その背後にどんないきさつがあるか、その説明は俳句の※埒外のことかもしれません。

たとえば辞世の句といわれる、

※旅に病で夢は枯野をかけ廻る　　芭蕉

にしても、作者名を除いて、作品の背景も知らず、初見の句として見るなら、「夢は枯野を」なんでかけ廻るのだろうと、いぶかしく思うのではないでしょうか。ただし、作品が持つ一種異様な気迫だけは誰もが感じとるにちがいありません。※同じことわりは天道虫の句にもありましょう。黒地に鮮やかな※赤斑を持つ小さな昆虫のかすかないのち。そこに見るわが身のひそかな生の証。まさに「見える」天道虫であるなら、それは立派な俳句ではないでしょうか。

俳句とは、日頃見馴れ聞き馴れているものが、思いがけず新鮮に見聞きされた一瞬のもの。くどくど説明する必要はありません。⑤その感銘を言い切ったらいいのです。すくなくとも古今の秀作名品といわれる俳句は、例外なくこのような姿

問4　——④「その意味では十全の（※十分で完全な）作品とはいい難い」の「その意味」とは、どんな意味ですか。次の空らんにあてはまるような表現を、文中から25字以内で書きぬきなさい。

という意味

問5　32行目のそこがさす内容を、文中から15字以内で書きぬきなさい。

問6　——⑤「その感銘（※感動）を言い切ったらいい」について。「その感銘」の「その」の言いかえとなる表現を文中から35字以内でぬき出し、最初と最後の3字を答えなさい。

～　感銘

を示しているように思われます。また、そこに俳句の限りない魅力が秘められているのではないでしょうか。

（飯田龍太『俳句の楽しみ』所収「巧拙を超えるとき」全文）

※注
行を共にして来た　…いっしょに行動して来た
末期の水　…　死にそうな人や死んだ人のくちびるをぬらしてあげる水
述懐　…　考えや思い（を述べること）
病後の感慨　…　病気をしたあとにふりかえる思い
十全の　…　十分で完全な
余命いくばくもない　…のこりの命がいくらもない
埒外の　…　はんい外の
旅に病で夢は枯野をかけ廻る　…　江戸時代前期の俳人、松尾芭蕉の辞世の句（世を去るときの俳句）。「旅の途中で病気に倒れている。動くことのできない自分の魂は、それでも夢の中では冬の枯れ野をかけめぐっている。」の意味
ことわり　…　ものごとのすじみち
赤斑　…　赤い斑点

問7　本文の題は「巧拙を超えるとき」となっています。「巧拙」とは「うまい・へた」という意味です。俳句に何がある時「うまい・へた」を超えることができると、筆者は考えていますか。文中から漢字2字で書きぬきなさい。

【発展篇のまとめ問題2　短歌】◆次の短歌を読んで、下の問いに答えなさい。

1 見わたせば花も紅葉もなかりけり浦の苫屋の秋の夕ぐれ　（藤原定家）

2 この里に手まりつきつつ子どもらと遊ぶ春日はくれずともよし　（良寛）

3 金色の小さき鳥のかたちして銀杏ちるなり夕日の岡に　（与謝野晶子）

4 こどもらは列をはみ出しわき見をしさざめきやまずひきいられ行く　（木下利玄）

5 垂れこめて重き曇りとなりし窓迷い入りくる黄色のインコ　（斎藤すみ子）

※注
花　…　さくらの花をさす
浦の苫屋　…　波のしずかな入り江にある、そまつな小屋
くれずともよし　…　暮れないでもいい
さざめきやまず　…　ざわざわするのがやまないで

問1　1は秋の短歌です。このほかに秋の短歌を一つ、番号で答えなさい。

□

問2　2の短歌を、次の俳句の例にならって線で区切りなさい。

（例）古池や／かわずとびこむ／水の音　松尾芭蕉

問3　5は季節がわからない（特定できない）短歌です。こうした短歌をほかに一つ、番号で答えなさい。

□

問4　1〜5の短歌にあてはまるものを次から一つずつえらび、記号で答えなさい。

ア　のどかな春の、わらべ歌のような情景
イ　遠足か何かで引そつされて元気に歩く子どもたち
ウ　秋の夕ばえのかがやきのなかに、静かな遠近が感じられる風景
エ　どんよりとした空気を動かす、色あざやかな小鳥のすがたと、不安げな動き
オ　そこにはない季節のいろどりがまぼろしのようにうかび、消える、さびしい風景

1	
2	
3	
4	
5	

【発展篇のまとめ問題3　伝記物語】◆次の文章を読んで、下の問いに答えなさい。

▼一ヵ年と三ヵ月の非常な※忍苦の結果、一九一二年一月十七日、※スコットの一行は地球の最も南端の極地にはじめて踏みこもうとしていた。①かれらは※勇躍、用意の国旗のひもをといて、行く手をいそいだ。その時、中尉バウワースの、するどい目が、はるか前方に一つの黒点を見つけだした。雪、雪、雪、その外には何ものもないはずである。その黒い一点は雪がつくるかげでないことはたしかであった。②一行はなんともいえぬ不安な気もちにおそわれた。行きついてみると、それは乗りすてられたソリにむすびつけられたノールウェイの国旗であった。あたり一面にソリのあと、スキーのあと、犬の足あとが縦横に残っていた。※アムンゼンがみごとに極地を征服して帰ったことがわかった。最初の南極征服者になろうとして十二年間たたかったスコットの労苦は無残にうちくだかれてしまった。一行③五人は、色あせた一本の旗を前にしてしばらくは口もきけなかった。

しかし、アムンゼンとノールウェイの※光輝のために、荒涼たる極地にひるがえっている国旗に手をふれて、これを引きたおすようなことをするものはひとりもなかった。この旗を立てた人たちも、自分たちと同じ寒さ、同じ苦しみをたえしのんできたのだ。喜びにふるえる手でこの旗をおし立てた時の心もちはどんなであったろう。――④五人は静かにかしらをたれて立っていた。その姿には自分たちをうちまかした勝利者に対する無限の敬意がこもっていたにちがいない。やがてかれらは雪を積みかさねて、ささやかな記念塔を築き、今は光のうすれたイギリス国旗をその上につき立てて、あこがれの極地に別れをつげた。アムンゼンの南極征服におくれること三十四日であった。▲

帰りの旅はいっそう困難であった。（中略）海軍兵曹イーヴァンスがおくれだした。隊にいた時は不死身の大尉といわれ、自分もそれを自慢にしていたほどのオ

問1　▼から▲の文章には、いつ、だれが、どこで、どうなった、と書かれていますか。答えなさい。

いつ

だれが

どこで

どうなった

問2　――①②③④から五人の気もちの流れを考え、それぞれにあてはまる内容を次から記号で答えなさい。

ア　くやしさ・むなしさ・ノールウェイ隊員への共感と敬意がまじった、重々しい気持ちにうたれている。

イ　南極点にイギリス国旗を一番に立てようと意気ごんでいる。

ウ　目の前の動かしがたい事実にぼうぜんとしている。

エ　もしかしたら……と、いやな予感がしている

①

②

③

④

ーツが、かぜをひいた上に、足をいためた。みんなスキーをつけてソリをひいて歩くのである。日に日に道ははかどらなくなった。こんなことで、食料や燃料がなくならぬうちに根拠地まで帰れるだろうか。隊長のスコットはひそかに心配しはじめた。⑤じつは五人とも顔にえみをうかべて励ましあいながら、心のなかでは※心配でたまらなかったのである。食料と燃料とを調べてみると、どうしても一日に九マイルずつ歩かなければならなかった。これぐらいの道のりは普通の陸地でならなんでもない。しかし、深い雪のなかを氷の針のような風にさされながらソリをひきずって、スキーをはいた重い足で、一歩々々たどって行くのだ。しかも天候は日ましに悪くなってくる。

イーヴァンス兵曹のおくれ方がひどくなった。雪の吹きだまりへ、たおれこんだとき、起きあがるのがだんだんむずかしくなってきた。ある日、とうとう、かれの姿が見えなくなった。一行はおどろいてさがしに帰った。かれは雪の上にひざをつき、目を異様に光らして前方をにらんでいた。そしてたすけ起こされると、すぐにまたころんだ。スコットもほかの人たちももうイーヴァンスが助からないことをよく知っていた。かれを［　A　］ば、これ以上天候の悪くならないうちに次の貯蔵所へ行きつけることもわかっていた。しかし、かれらはイーヴァンスをほうりだすようなことはしなかった。おしたり引いたり励ましたりして、かれをいっしょにつれて行った。むろん歩みはいよいよにぶった。食料と燃料とはますます不足をつげた。けれども、ついにイーヴァンスが息たえた時にも、かれらは死体をねんごろに雪の墓場に葬って、心をこめた祈りをたむけることをわすれなかった。（中略）

残った四人は、ふたたび出発したが、天気は悪く、大ふぶきがきそうな空模様になった。今度は「不死身のオーツ」が足を引きずりはじめた。

問3　――⑤「じつは五人とも顔にえみをうかべて励ましあいながら、心のなかでは心配でたまらなかった」の心配とは、どんな心配ですか。心のつぶやきのかたちで書かれている一文をさがし、その最初の5字を書きぬきなさい。

問4　［　A　］に入るのにふさわしい表現を次から一つえらび、記号で答えなさい。

ア　はげまして行け
イ　せおって行け
ウ　すてて行け
エ　早くさがせ

問5　［　B　］には次のどのことばを入れるのが適切ですか。一つえらび、記号で答えなさい。

ア　やすませておいてくれ、あとから行くから
イ　力をかしてくれ、手足の自由がきかないから
ウ　おれをおきざりにしないでくれ、たのむから
エ　何か食べ物をくれ、腹がへって動けないから

かれの顔には気味のわるい白いはん点があらわれていた。※寒さにかまれたあとである。手も足も自由がきかなくなっていた。その上、はげしい空腹になやまされていた。食事はもとより十分ではなかった。さすがのオーツも言いだした。

「　B　。」

三人はあたまをふって、かれをかれらのあいだにしっかりとはさんで歩きつづけた。この、はてしない雪の上に一度よこになったら、眠りっきりに眠ってしまうことがわかっていたからである。腹のへりきった四人の足は遅々として進まなかった。

大ふぶきがやってきた。次の貯蔵所まではまだだいぶ遠い。四人はテントを張ってふぶきを避けた。

テントを張る仕事に皆くたくたにつかれきった。かれらは、とぼしい食事をとると、荒れくるうふぶきがテントをゆするのを気にしながらも、すぐにスリーピング・バッグのなかへもぐりこんだ。スリーピング・バッグというのは、極地旅行者がすっぽりからだごとはいりこんで眠る、※状ぶくろのような皮製のふくろである。

自分のバッグへはいりながら、⑥「ぼくはもうこのまま目をさましたくないな。」と言ってさみしく笑って見せるオーツに、だれも答えることができなかった。深く死を覚悟しているオーツのこころが、他の三人の胸にせまった。

しばらくしてスコットがつぶやいた。

「あしたは、風が、やんでくれるといいが……」

あとは無言で四人とも目をとじた。

オーツのほかの三人は風の音で朝までにいくどか目をさました。たがいのようすでそれとなくあい手の目をさましていることがわかった。

問6 ――⑥「ぼくはもうこのまま目をさましたくないな」について。ここから読みとれるオーツの心情を、文中から10字ちょうどで書きぬきなさい。

問7 ――⑦「どこへ行く、このふぶきに」について。オーツはどうするために、ふぶきのなかへ歩きかけたのですか。「～ために」とつづくよう、文中の24字ちょうどを書きぬきなさい。

ために

問8 ――⑧「目と目が今にも焼きつくかと思われた」とありますが、どのようなようすを表現していますか。次からもっとも適切なものをえらび、記号で答えなさい。

スコットが、ひくい声で言った。

「オーツはよく眠っているようだな。」

「うん。」

短い返事をだれかがした。

みんな、※寝しなにオーツの言ったことばの意味を考えていたのであろう。

朝になると、目をさましたくないと言ったオーツもやっぱり起きた。

あい変わらずひどいふぶきがうずまいていた。

朝めしのしたくにかかろうとする時だった。オーツが、テントの支柱につかまるようにして立ちあがった。

「ちょっとそとへ出てくる。少しひまがかかるかも知れない。」

すわっている三人の目が同時にオーツの顔に向けられた。オーツはあぶなげな足どりで出ぐちのほうへ歩きかけた。スコットがたまりかねて声をかけた。

「⑦どこへ行く、このふぶきに。」

オーツはふりかえった。ウィルソンもバウワースもじっとオーツの姿を見ていた。立っているひとりの目がすわっている三人の目とぴったり向きあった。どの目もうるんでいた。⑧目と目が今にも焼きつくかと思われた。

その時、オーツの顔が少しゆるんだ。
※「用をたしてきたいのだ。」
バウワース中尉が※言下に答えた。

「ここでやれ、ちっともかまわん。」

オーツは苦笑したが、そのままテントのすそをくぐって出て行った。

スコットとバウワースは思わず立ちあがった。［C］、立ちあがっただけでその場から動けなかった。ウィルソン博士は祈ってでもいるように黙ってうつ向い

ア 苦しい気もちがこみ上げて、なみだがあふれそうなようす。
イ 悲しみのなみだがあふれてきて、目がしらが熱くなっているようす。
ウ つらい気もちでことばが出ず、じっと見つめ合っているようす。
エ どうしたらよいかわからず、長い間むかいあっているようす。

［　　］

問9 ［C］［D］［E］には、次のどのことばを入れるのが適切ですか。一つずつえらび、記号で答えなさい。

ア はたして　イ つまり　ウ だが　エ むろん

C	
D	
E	

問10 ――⑨「とめなければならない。とめたいのだ。しかも、今の自分たちにはとめることができない」について。

(1) このときの「しかも」の意味として、次からもっとも適切なものをえらび、記号で答えなさい。

ア それなのに、そのいっぽうで
イ しかし、それだからこそ
ウ もしかすると、ぎゃくに
エ そのうえ、どうしても

［　　］

ていた。

風がひときわはげしくテントをゆすって吹きすぎた。

オーツがこのさき※手あしまといになりたくないと思って、死ぬために出て行ったのだということは三人とも知っていた。[D]、⑨とめなければならない。とめたいのだ。しかも、今の自分たちにはとめることができない。⑩三人は泣くことさえできなかった。

[E]、それっきり、オーツはテントへ帰ってこなかった。かれらは二度と不死身のオーツの姿を見ることができなかった。

（山本有三『心に太陽を持て』所収「スコットの南極探検」より）

※注
- 忍苦　…　忍耐と苦しみ
- スコットの一行　…　イギリスの探検家スコット隊。この時点では五人
- 勇躍　…　心おどり、勇んで
- アムンゼン　…　ノルウェイの探検家。犬ぞりを使い、南極一番乗りをスコットときそっていた
- 光輝　…　かがやける栄光
- 九マイル　…　一マイルは約一、六km。九マイルだと約十四、四km
- 寒さにかまれたあと　…　寒さでひふや肉の一部が死ぬ「凍傷」のあと
- 状ぶくろ　…　ふうとう
- 寝しなに　…　寝る直前に
- 用をたしてきたい　…　小便や大便をしてきたい
- 言下に　…　（だれかが）言い終わったすぐあとに
- 手あしまとい　…　（手足にまとわりついて）じゃまになること。（今はふつう「足手まとい」と言う）

（2）なぜ「今の自分たちにはとめることができない」のですか。「今の自分たち」のおかれた状況を説明したうえで、理由をのべなさい。

問11　――⑩「三人は泣くことさえできなかった」とありますが。このときの三人の気もちとしてもっとも適切なものを次からえらび、記号で答えなさい。

ア　生き残るためにはしかたがないと言い聞かせている。
イ　悲しみの、あまりの大きさにうちのめされている。
ウ　深い罪の意しきと無力感にさいなまれている。
エ　ひどい状況に、なみだを流すゆとりもない。

この問題集でのタイトル	著者	おさめられている本	出版社	内容
注文の多い料理店 やまなし	宮沢　賢治	『宮沢賢治童話集　心に残るロングセラー名作10話』	世界文化社	「やまなし」「注文の多い料理店」「どんぐりと山猫」「よだかの星」などの名作10話です。
二ひきの鮭	新美　南吉	『新美南吉童話集　心に残るロングセラー名作10話』	世界文化社	「ごんぎつね」「おじいさんのランプ」「手ぶくろを買いに」「でんでんむしの悲しみ」などの名作10話。すべてふりがなつき。
おぼれかけた兄妹	有島　武郎	『一ふさのぶどう』	ポプラ社文庫 偕成社文庫	古典的名作はわすれたころに出題されます。表題作をふくむ6～7作品が入っています。
夢十夜	夏目　漱石	『夢十夜』	パロル舎	「こんな夢を見た」で始まる10のお話。金井田英津子の版画も印しょう的な画本です。
三国志	羅貫中・著／駒田信二・訳	『少年少女世界文学館24　三国志』	講談社	戦国の世のごうけつたちのたたかいや知恵くらべが、バンバンババンと語られます。
星の王子さま	サンテグジュペリ著／小島俊明訳	『新訳　星の王子さま』	中央公論新社	さばくに不時着したパイロットに、小さな星の王子さまが語る、詩のようなお話たち。
まつおかさんの家	辻　征夫	『みずはつめたい　辻征夫詩集　詩と歩こう』	理論社	やさしさ、ほのかなさみしさ…30作品を絵本のようにおさめた詩集です。
「ゆっくり」でいいんだよ	辻　信一	『「ゆっくり」でいいんだよ』	ちくまプリマー新書	効率やスピードばかりを追いかけてしまう私たちに、「ゆっくり」ということの豊かさを教えてくれる本。
ある夜の物語	星　新一	『おーい　でてこーい』	講談社 青い鳥文庫	気がるに読めて、最後は「えっ？」と思わせる。そんな短いお話が大集合！
はじめての俳句づくり	辻　桃子	『はじめての俳句づくり』	日本文芸社	題名どおり、初心者にやさしい俳句読本です。うしろページには【季語いちらん表】も。
言葉の虫めがね	俵　万智	『言葉の虫めがね』	角川文庫	時空をこえる・時空をつなげる「言葉のふしぎ」をつづった随筆集です。
ファーブル　虫の詩人の生涯	奥本大三郎	『ファーブル昆虫記8　伝記　虫の詩人の生涯』	集英社／ 集英社文庫	小中学生むきの伝記物語。ハードカバーはふりがなと多くのさし絵入り。文庫版だと第6巻めになり、ルビがなくなります。
科学者の目	かこさとし	『科学者の目』	童心社フォア文庫	41人もの科学者が見ぬいたこと。するどいまなざし…。かくちょう高い評伝集です。
バッテリー	あさのあつこ	『バッテリー』	教育画劇／ 角川文庫	少年野球の天才ピッチャーと、はらのすわったキャッチャーが出会い、物語は始まる…。
俳句の楽しみ	飯田　龍太	『俳句の楽しみ　NHK俳句入門』	日本放送出版協会	俳句の世界を、より深く味わってみたい人の為の解説集です。
スコットの南極探検	山本　有三	『心に太陽を持て』	新潮文庫／ ポプラ社	1935年に出版されて以来、今なお読みつがれている名作19本が収められています。
本を読むわたし My Book Report	華恵	『本を読むわたし　My Book Report』	ちくま文庫	本とともに過ごした小学生時代をえがいた、みずみずしいエッセイ集。

※　書店での入手がむずかしいものはこの表には載せてありませんが、別冊の解説らんで紹介しています。
また、この表にある本でも出版状況によって、品切れになる場合もあります。
それらの場合は、図書館でさがしてみましょう。

読書案内

この問題集でのタイトル	著者	おさめられている本	出版社	内容
ホンモノの日本語を話していますか?	金田一春彦	『ホンモノの日本語を話していますか?』	角川oneテーマ21	かけ算九九は日本語だからおぼえられる! 日本語の力と性質を説明した本。
名の世界	角田　光代	『これからはあるくのだ』	理論社/文春文庫	2〜3ページで読みおわる随筆が31本。「私流」の日々の、かざらない歩きかた。
エジソン	桜井　信夫	『エジソン』(おもしろくてやくにたつ子どもの伝記10)	ポプラ社	子どもの時「かわり者」と言われたエジソン。どのように「発明王」となったのでしょうか?
「いい人」をやめると楽になる	曽野　綾子	『「いい人」をやめると楽になる』	祥伝社/祥伝社黄金文庫	筆者の多くのエッセイから、はっとする部分を集めた本。しなやかな発想がみりょく的。
はじめてわかる国語	清水　義範	『はじめてわかる国語』	講談社/講談社文庫	西原理恵子のマンガつき国語読本。シャレのわかる人が読めば、思わずニヤリ。
魔女の宅急便	角野　栄子	『魔女の宅急便』	福音館/福音館文庫	13歳の魔女キキは、黒ネコのジジを連れてひとり立ちします。がんばれ!キキ!
西の魔女が死んだ	梨木　香歩	『西の魔女が死んだ』	小学館/新潮文庫	中学校に行けなくなった「まい」が、イギリス女性のおばあちゃんとのくらしで学んだこととは……。いやしと成長の物語。
どんどんほったら	阪田　寛夫	『サッちゃん』(現代日本童謡詩全集 8)	国土社	だれもがきいたおぼえのある歌、「サッちゃん」などの、童謡詩の絵本です。
若葉よ来年は海へゆこう	金子　光晴	『光村ライブラリー18 おさるがふねをかきました　ほか』	光村図書	光村図書の国語教科書からたくさんの詩が集められています。
ぼくの小鳥ちゃん	江國　香織	『ぼくの小鳥ちゃん』	あかね書房/新潮文庫	ちょっとわがままでかわいらしい「小鳥ちゃん」と「ぼく」の、幸せな冬の日々の物語。
花と苑と死/日向で	吉野　弘	『吉野弘詩集』	ハルキ文庫(角川春樹事務所)	「夕焼け」「奈々子に」「虹の足」…入試でおなじみの詩をふくむ、代表的作品集。
何を目標にするか	河合　隼雄	『おはなし　おはなし』	朝日文庫	心理学のはかせが、人の心と心をつなぐ「おはなし」の大切さについて語る随筆集。
行方不明	藤原　新也	『映し世のうしろ姿』	新潮社	現代日本のすがたをするどくえがいたこの本は、ハイレベルなものを読みたい人に。
アインシュタインの謎を解く	三田　誠広	『アインシュタインの謎を解く』	文春ネスコ/PHP文庫	宇宙とは。物質とは…? 科学のことを考え出したら止まらない人に。
記憶力を強くする	池谷　裕二	『記憶力を強くする』	講談社ブルーバックス	日々新たに研究が進む、脳(のう)や神経科学の基本を語った本。
いちばん大事なこと	養老　孟司	『いちばん大事なこと』	集英社新書	百年後を見すえた環境(かんきょう)問題への取り組みと、発想の転かんをせまる本。
野ばら	小川　未明	『小川未明童話集　心に残るロングセラー名作10話』	世界文化社	「野ばら」「月とあざらし」「金の輪」「赤いろうそくと人魚」などの名作10話です。すべてふりがなつき。

さあ、本を読もうよ!

1	読んだ本の題名	作者・筆者
	感想・メモ 読んだ日　年　月　日	

2	読んだ本の題名	作者・筆者
	感想・メモ 読んだ日　年　月　日	

3	読んだ本の題名	作者・筆者
	感想・メモ 読んだ日　年　月　日	

4	読んだ本の題名	作者・筆者
	感想・メモ 読んだ日　年　月　日	

5	読んだ本の題名	作者・筆者
	感想・メモ 読んだ日　年　月　日	

6	読んだ本の題名	作者・筆者
	感想・メモ 読んだ日　年　月　日	

7	読んだ本の題名	作者・筆者
	感想・メモ 読んだ日　年　月　日	

8	読んだ本の題名	作者・筆者
	感想・メモ 読んだ日　年　月　日	

9	読んだ本の題名	作者・筆者
	感想・メモ 読んだ日　年　月　日	

10	読んだ本の題名	作者・筆者
	感想・メモ 読んだ日　年　月　日	

啓明館の本

「小学国語」
（みらい）
好評発売中

読解の応用
（4～6年向け）
（株）みらい刊

読解の完成
（5・6年向け）
（株）みらい刊

ことばの学習
（小学校3年生～）
（株）みらい刊

「秘伝の算数」
（東京出版）
好評発売中

入門編（4・5年用）

応用編（5・6年用）

発展編（6年・受験用）

「小学社会」
「中学入試」
好評発売中

日本の地理【第4版】
（株）みらい刊

日本の歴史【第2版】
（株）みらい刊

現代社会【第4版】
（株）みらい刊

「新しい教養
のための理科」
（誠文堂新光社）
好評発売中

基礎編

応用編 Ⅰ

応用編 Ⅱ

受験編

◆啓明館（啓明舎）とは?

本書『小学国語読解の基礎』は、1984年に設立された中学受験専門塾「啓明舎」で作成されたオリジナルテキストです。

啓明舎は１学年150名程度の小規模塾ながら、難関校への進学実績と、高品質なオリジナル教材へのこだわりでは定評がありました。

2009年に大手予備校「さなるグループ」の傘下に入り、2020年に「啓明館」と名称変更。都内では文京区小石川と新宿の２校舎だけで生徒数1200名（2020年４月現在）が通う、屈指の人気塾となっています。

啓明舎（啓明館）が作成したテキストは、本書『読解』シリーズ・社会の『啓明館が紡ぐ』シリーズ（いずれも「みらい」刊）・『秘伝の算数』（東京出版）・『新しい教養のための理科』（誠文堂新光社）の４教科いずれも、中学受験におけるバイブルとして多くの塾や家庭で愛読され、版を重ね続けています。

啓明館が紡ぐ
小学国語　**読解の基礎**

2020年　7月　1日　初版第1刷発行
2024年　4月　1日　初版第3刷発行
監　修　啓明館
編　集　（株）さなる 教材研究室

発行人　荻原　太志
発行所　株式会社　みらい
〒500-8137　岐阜市東興町40番地　第５澤田ビル
TEL:058-247-1227（代）
https://www.mirai-inc.jp
印刷・製本　サンメッセ株式会社

ISBN978-4-86015-522-3　　定価はカバーに表示してあります

〔著作権許諾〕
日本文藝家協会著作権管理部
新潮社文芸コンテンツ部著作権管理室
日本ビジュアル著作権協会　J-G-2020-20200310000